KB247159

바보들을 대상으로 글을 쓰는 사람은
언제나 많은 독자를 확보한다.
—아르투어 쇼펜하우어—

RULE BREAKER INVESTING

HOW TO PICK THE BEST STOCKS OF THE FUTURE
AND BUILD LASTING WEALTH

규칙파괴자

20년간 45배 수익, 모틀리풀의 시장을 이기는 주식투자

데이비드 가드너 지음 | 김태훈 옮김

국일증권경제연구소

2020년 코로나19로 주식시장이 폭락하면서 탄생한 '동학개미 운동'이라는 말이 생긴 지도 벌써 5년이 지났다. 이 기간 동안 많은 투자자들이 국장, 미장을 넘나들며 '경제적 자유'를 쟁취하기 위해 공부를 하고 또 투자를 해왔다.

유달리 학구열이 높은 민족이라 각종 언론사가 주최하는 재테크 박람회 '주식투자' 섹션에는 아직도 남녀노소 할 것 없이 인산인해를 이루고 있고, 피터 린치의 『전설로 떠나는 월가의 영웅』과 같은 투자서는 이제 주식 시황과 무관하게 스테디셀러로 자리 잡고 있다.

이렇듯 식지 않는 '주식투자 열풍'에도 불구하고 지난 5년간 국내 투자자들의 투자수익은 매우 초라하다. 국내 주식시장에는 철강, 화학, 반도체처럼 경기에 민감하고 주가 변동성이 심한 '사이클 기업cyclical stocks'이 많은 점, 또 소액주주가치가 무시되는 기업 지배구조가 만연한 점이 부진한 투자수익률의 원인으로 거론되기도 한다.

하지만 사실 국내시장이든 미국시장이든 '벤치마크 지수'를 웃도는 투자수익률을 기록한 투자자가 채 10%도 되지 않는 점은 마찬가지다. 미국 아이비리그 출신의 고학력 헤지펀드 매니저들도 지난

10년간 S&P500 상승률에 턱없이 모자란, 부진한 수익률을 기록했다. 도대체 무엇이 원인일까? 대부분의 실패한 투자자들은 '정보의 부재', 'FED의 매파적 통화정책', '무질서한 국제정세', '불안정한 정치환경' 등이 원인이라 생각한다. 그러나 이 모든 '공통분모' 속에서도 분명히 성공한 투자자들이 우리 주변에 존재한다.

저자 데이비드 가드너는 '시장의 통념을 깨는 성공투자 법칙'으로, 1. 성공하는 투자자의 6가지 습관, 2. 대박 기업의 6가지 속성, 3. 현명한 투자를 위한 6가지 포트폴리오 원칙을 명쾌하게 제시하고 있다. 이 책을 읽는 동안 나 역시 시장의 통념과 나쁜 습관에 조금씩 물들어 가고 있었음을 발견하고, 성공투자의 습관과 법칙을 재정립하는 시간을 갖게 되었다.

초보투자자부터 자산운용사에 종사하는 펀드매니저까지 반드시 읽어야 할 투자 필독서로 강력히 추천한다.

박세익 체슬리투자자문 대표

우리 모두가 투자자다

나는 청중들에게 말했다. "투자자인 사람은 손을 드세요."

이 말에는 교묘한 노림수가 있다. 바로 투자는 '다른 사람들'이 하는 거라고 생각하는 사람들을 잡아내는 것이다.

투자란 나나 당신 같은 일반인이 아닌 '특별한 사람들'이 하는 행위일까?

아니다.

당신도 손을 들어라.

우리 모두가 투자자이며, 누구나 100배로 돈을 불릴 수 있다!

이 말의 뜻은, 앞으로 100배 이상 커질 회사에 당신의 돈을 투자할 수 있다는 것이다. 그렇게 확신하는 이유는 나 자신이 해봤기 때문이다. 나는 당신도 그렇게 할 수 있도록 돕기 위해 이 책을 썼다.

내가 만든 투자 자문사 '모틀리풀Motley Fool'은 오랫동안 수많은 사람들에게 투자 조언을 제공했다. 내가 선정한 종목들은 세계 최대 투자 자문 서비스 중 하나인 모틀리풀의 '스톡 어드바이저Stock Advisor'를 통해 공유돼왔고, 내가 은퇴할 무렵 그 종목들이 20년 동안 기록한 수익률은 연평균 21%였다20년간 약 45배. 같은 기간

S&P500의 수익률은 9%^{20년간 약 5.4배}에 불과했다.

이처럼 높은 수익률을 올릴 수 있었던 것은 월가의 통념에 맞서 다른 방향으로 움직이려 노력하고, 무엇보다 투자의 규칙을 깨트린 덕분이었다. 시장을 이기는 가장 확실한 방법은 '당대의 초대박 종목'을 찾아내는 것이었다. 그리고 나는 이 방법을 통해 한 개도 아닌 총 일곱 개의 수익률 100배짜리 종목을 확보했다.

우리는 돈뿐만 아니라 시간을 투자하는 투자자이기도 하다. 저 일이 아니라 이 일을 하겠다는 선택, 저 방식이 아니라 이 방식으로 투자하겠다는 선택, 모두가 투자이다. 아주 적은 돈으로 투자를 시작하더라도 하루에 주어진 시간은 누구에게나 똑같다.

지금부터 내가 알려줄 것은 당신이 가진 돈의 가장 든든한 우군인 당신의 시간을 최대한 효율적으로 활용하는 방법이기도 하다. 이 책은 당신이 나의 투자법을 있는 그대로 따라할 수 있도록 도와준다.

당신은 훌륭한 투자자의 6가지 습관, 아마존, 테슬라 같은 대박 종목의 6가지 속성, 포트폴리오를 구축하기 위한 6가지 원칙을 배우게 될 것이다.

투자자인 당신을 환영한다!

링의 재테크

ABC 방송국의 오전 장수 프로그램, 「더 뷰The View」에 새로운 진행자가 들어왔다. 때는 1998년이었다. 25살의 리사 링Lisa Ling은 바버라 월터스Barbara Walters, 메러디스 비에이라Meredith Vieira 같은 쟁쟁한 스타들로 구성된 출연진에 합류했다. 제작진은 리사에게 재미있는 모험을 시켜주고, 그 배움의 과정에 시청자들을 동참시키고자 했다. 그들이 생각한 모험의 대상은 '주식투자'였다.

제작진이 찾아간 주식투자 전문가는 바로 우리였다. 그러고는 모틀리풀Motley Fool● 의 상징인 광대 모자를 쓰고 뉴욕으로 와서 '링의 재테크Ling's Money Thing'에 출연해 달라는 요청을 했다.

제작진의 계획은 리사에게 주식투자를 시키는 것이었다. 그들은 이렇게 말했다. "리사를 시청자들이 보고 배울 수 있는 올바른 투

● 'fool'은 '바보'라는 뜻과 함께 '궁정의 어릿광대'를 가리키기도 함. 'Motley Fool'은 '알록달록한 옷을 입은 어릿광대'를 뜻함-옮긴이

자의 모범으로 만들 겁니다. 리사는 종목을 고를 줄 모르니까 여러분이 대신 골라주세요. 단, 리사가 좋아할 만하고 리사의 성향에 맞는 종목을 추천해 주세요. '아는 종목을 사라'는 게 모토입니다."

우리는 그 모토를 잘 알고 있었다. 피터 린치Peter Lynch가 1980년대에 출간한 저서 『전설로 떠나는 월가의 영웅One Up on Wall Street』을 통해 대중화시킨 슬로건이었다. 나 또한 그 책을 읽고 투자에 관심을 갖게 되었고 이후로 그 모토를 줄곧 좋아했다.

우선은 리사와 전화로 사전 인터뷰를 진행했다. 우리는 그녀에게 "어떤 브랜드의 옷을 입으세요? 취미가 뭔가요? 냉장고를 열었을 때 미소를 짓게 만드는 건 뭔가요?"라고 물었다.

여기서 말하는 '우리'란 그로부터 4년 전 서비스를 시작한 모틀리풀의 공동 설립자인 나와 내 동생 톰Tom Gardner을 말한다. 당시 우리는 「포츈Fortune」의 표지를 장식한 적 있었고, 개인 투자자들에게 종목 선정에 대해 조언하는 두어 권의 베스트셀러를 쓴 상태였다. 그럼에도 우리는 사람들 앞에서 기꺼이 다채색의 광대 모자를 썼다. 또한 거리낌 없이 「더 뷰」 같은 방송에 출연했다. 그래봤자 우리의 나이는 바버라 월터스보다 리사에 더 가까웠기 때문이다.

인터뷰가 끝난 후 제작진은 우리에게 말했다. "좋은 대화였어요. 리사가 즐거운 시간을 보냈대요. 다음 주에 출연해 주세요. 어떤 종목에 투자시킬 건지 정했어요?"

"네. 리사와 상의해서 종목을 정했어요."

"잘됐네요. 목요일에 봐요."

1998년 7월 2일은 우리가 처음 「더 뷰」에 출연한 역사적인 날이었다. 바야흐로 '링의 재테크'가 본격적으로 시작되려 하고 있었다.

우리는 녹화를 위해 대기실에서 기다렸다. 방청객들 앞에 설 마음의 준비를 하던 차에 녹화가 시작되었다.

"모틀리풀 운영자들을 모시겠습니다!" 방청객들이 환호했다. 방청을 해본 사람이라면 누가 나오든 환호성을 지르는 게 방청객이 해야 할 일이라는 걸 알 것이다. "리사가 투자할 종목을 고를 건데요. 오늘 초대한 두 분이 도움을 주실 겁니다. 데이비드 가드너와 톰 가드너를 박수로 맞이해 주세요!"

우리는 광대 모자를 썼고, 투자할 종목을 골라 놓았으며, 진행자와 나눌 활기찬 대화도 준비해 둔 상태였다.

이윽고 무슨 종목인지 말할 시간이 되었다. 우리는 종목을 밝혔다. 방청객들은 납득하는 분위기였다. 리사는 이미 우리의 사전 설명을 듣고 처음부터 좋아하던 터였다. 뒤이어 5, 6분 동안 방송이 원활하게 진행되었다.

우리가 세트장을 나오자마자 프로듀서가 외쳤다. "잘하셨어요. 정말로요. 다시 모실 테니까 그때 이야기를 이어가 봅시다."

우리가 고른 종목의 주가는 이후 6주 동안 33% 하락했다.

우리가 「더 뷰」에 두 번째로 그리고 마지막으로 출연한 1998년 8월

16일은 마찬가지로 역사적인 날이었다. 우리가 다시 출연했을 때는 리사의 돈 중 3분의 1이 날아간 상태였다.

그래도 우리는 기꺼이 그 사실에 대해 이야기하려 했다. 원래 나는 손실 종목에 대해 이야기하는 걸 좋아한다. 손실에 대한 의견을 나누면서 이야깃거리가 떨어진 적은 한 번도 없기 때문이다이 책에서도 그럴 것이다.

이번에도 생방송 스튜디오의 방청석은 활기로 넘쳐났다. "그분들이 나오십니다! 리사의 주식에 대해 이야기하러 다시 돌아왔습니다." 리사는 들뜬 표정으로 미소를 지었다. 그녀는 우리가 어떤 말을 할지 알고 있었다. 그럼에도 기꺼이 함께해 주었다.

하지만 방송이 시작되자 우리의 표정은 점차 어두워졌다.

방송은 이런 식으로 진행되었다.

"여러분, 모틀리풀 운영자들이 돌아왔습니다. 지금부터 링의 재테크 시간을 시작하겠습니다!"

'야! 와! 와!'

"이분들이 리사가 산 종목의 현황을 전해주실 겁니다."

더 많은 환호.

"리사가 산 종목의 주가는 …하락했습니다!"

그때였다. 주가가 33% 하락했다는 사실이 밝혀지자 방청객들이 장난스럽고도 시끄러운 야유를 보냈다.

「더 뷰」를 가끔 보는 내 친구는 아직도 "내가 본 「더 뷰」 출연자들 중 진짜로 야유를 받은 건 너희들뿐이야"라고 말하곤 한다.

우리는 우리에게 주어진 짧은 시간인 지난 6주 동안 일어난 일들에 대해 이야기했다. 회사 자체는 괜찮았지만 7월 실적 발표에서 CEO가 향후 전망치의 '하한선'에 더 무게를 둔 듯한 발언을 하면서 투자자들이 겁을 먹었다. 그 결과 주가가 하루 만에 14%나 급락한 데 이어, 계속 하락세를 이어간 것이다.

이러한 지점을 설명한 뒤에는 '그럼에도 그 회사에 오랫동안 투자할 것'이라고 강조했다.

이제 문제의 그 종목이 무엇인지 밝히도록 하겠다.

1998년 7월 우리가 링의 재테크 코너에서 고른 종목은 '스타벅스 Starbucks'였다. 우리는 링에게 스타벅스에 투자하도록 조언한 것이었다.

스타벅스는 1998년 여름에 힘든 시간을 보냈다. 실적이 나빴기 때문이 아니라 CEO인 하워드 슐츠 Howard Schultz 가 실적 전망을 보수적으로 낮춰 제시했기 때문이었다. 하지만 실제 실적은 그보다 훨씬 나았다. 이듬해 여름, 스타벅스의 주가는 하락분을 만회했을 뿐 아니라 40%나 상승했다!

하지만 우리는 그 사실을 방송에서 알리지 못했다. 출연 요청이 다시 오지 않았고 환호하는 방청객도 다시 모이지 않았다. '링의 재테크' 코너는 슬그머니 사라지고 말았다.

그래도 계속 나아간 것이 있었으니, 바로 스타벅스였다.

스타벅스의 교훈

사실 스타벅스에 대한 리사의 투자는 가상으로 이루어진 것이었다. 하지만 거기서 얻을 수 있었던 교훈은 진짜였으며, 그 교훈은 시간이 지날수록 더욱 강력한 힘을 발휘했을 것이다.

그 교훈 중 하나는 스타벅스처럼 좋은 주식은 '복리효과'를 발휘한다는 것이다. 계속 보유하기만 한다면 말이다. '무슨 일이 있어도 끝까지.' 나는 그렇게 한다. 여러분도 그렇게 하게 될 것이다.

우리가 「더 뷰」에 출연한 날, 스타벅스의 주가는 주당 42달러였다. 그 이후로 4번의 2대1 주식분할이 이루어졌다.

주식분할은 주식의 실질적인 가치 측면에서 보면 의미 없는 이벤트에 불과하다. 하지만 어찌 됐든 주식 수를 늘리고 그에 맞춰 주당 가격을 변동시키기에 투자 성과를 논할 때 따져봐야 할 부분인 것은 맞다. 1998년 여름에 스타벅스 주식 1주를 보유한 주주리사?는 이제 16주를 보유하게 된다. 그에 따라 42달러였던 당시 주가는 오늘날을 기준으로 2.63달러로 평가된다분할 조정 가격.

그렇다. 우리가 리사를 위해 골라준 스타벅스의 주가는 2.63달러였다. 이 책이 출간되는 시점 기준으로 스타벅스의 주가는 91.25달러이다. 3,470%, 즉 34배나 주가가 오른 것이다!

사실 이는 배당 재투자를 포함하지 않은 수익률이다. 스타벅스는 2010년 4월 이후로 배당을 지급했다.•

한편 주식시장을 대표하는 S&P500의 같은 기간 상승률은 배당금을 재투자한다고 했을 때 700%였다. 이 또한 나쁘지 않은 상승률이긴 하지만 그래도 내가 왜 인덱스펀드index fund●● 보다 개별 종목에 투자하길 선호하는지는 알 수 있을 것이다. 그날 이후로 우리가 「더 뷰」에 출연하는 일은 없었기에 시청자들은 이 부분을 놓쳤다.

스타벅스의 주가는 1998년 이후로 등락을 거듭했다. 하지만 이 책의 2부에서 소개할 종목들과 마찬가지로, 떨어진 것보다 훨씬 더 많이 올랐다. 현재 스타벅스의 시가총액은 1,000억 달러를 넘는다.

그리고 지난 20여 년 동안 인내심 있는 주주들은 스타벅스 주식을 계속 보유하거나 심지어 추가 매수했을 것이다. 그들은 좋은 자리에 앉아서 투자의 핵심과 의미를 배울 수 있었다. 그것은 아주 수지맞는 자리였다. 이 책은 그런 자리를 찾아서 계속 지키는 방법을 알려줄 것이다.

HELLO (AGAIN), WORLD!

내 이름은 데이비드 가드너이다. 1990년대 중반, 인터넷은 여명기를 지나 당대의 지배적 기술이 되어 있었다. 그때부터 나는 줄곧 하나의 과감한 목표를 추구해왔다. 그것은 주식투자로 시장수익률을 넘어서고, 다른 사람들도 그렇게 할 수 있도록 가르친다는 것이다.

● "Dividend & Stock Split History", investor.starbucks.com. tinyurl.com/3hvhernn
●● 주가지수를 추종하는 펀드-옮긴이

나는 모틀리풀의 공동 설립자이자 공동 의장으로서 매달 종목을 선정했고 모든 성패를 투명하게 낱낱이 기록했다. 지금도 당신은 인터넷에서 나의 모든 홈런_{나중에 이야기할 것이다}과 삼진_{이것도 이야기할 것이다}에 대한 기록을 손쉽게 확인할 수 있다.

나는 '규칙 파괴 투자_{Rule Breaker Investing}' 전략을 활용하여 꾸준히 탁월한 수익률을 기록했다. 그러다 2021년 5월 종목 선정 작업을 그만두고 나서부터는 그동안의 수많은 메모를 정리하며 지난 몇 해를 보냈다. 거기에는 이야기, 교훈, 투자 성과, 그리고 온갖 '규칙 파괴자다운 생각들'이 포함되어 있었다.

어서 당신에게 그것들에 대해 이야기하고 싶다.

과거의 나는 사람들에게 '추천 종목'만 골라줬다.

미국 공영 라디오 방송 NPR에서 「모틀리풀 라디오쇼_{Motley Fool Radio Show}」를 듣는 사람들이 우리에게 무엇을 바랐겠는가? 힘든 하루를 보낸 후 늦은 시간에 좋은 투자 기회를 찾아 모틀리풀 사이트를 훑어보는 사람들은 무엇을 바랐겠는가? 투자 컨퍼런스나 세미나 또는 웨비나에서 참석자들이 질의응답 시간에 우리에게 자주 요청한 건 무엇이었을까?

바로 '추천 종목'이었다. 사람들은 늘 우리가 선정한 종목과 그 이유를 알고 싶어 했다. 그렇게 해서 우리의 사업이 시작되었고 우리는 언제나 종목 선정 서비스를 제공했다.

리사 링과 「더 뷰」가 원한 것 또한 무엇이었는지 돌이켜보라.

그들에게 정말로 필요한 것은 올바로 행동하는 법, 성공의 토대 위에서 유익한 습관을 기르는 법이었다.

내가 어떤 종목을 가령 스타벅스? 선정했는데 6주 동안 주가가 떨어져서 그냥 포기해 버렸다고 치자. 아예 모든 주식을 팔고 인생에서 재테크란 단어를 지워버렸다고 치자. 그러면 세상에서 가장 좋은 종목을 선정했다고 해도 커피 값조차 벌지 못할 것이다.

세상은 추천 종목을 원했고, 나는 분명히 그것을 제시했다. 하지만 사람들은 돈을 벌 수 있는 방식으로 행동하지 않았다. 나는 그럴 때마다 오스틴 파워 Austin Powers●처럼 '똑바로 행동해!'라고 소리치고 싶었다.

그렇기에 이 책의 구성은 다음과 같다.

이 책에서 기대할 수 있는 것

이 책은 총 3부로 구성되어 있으며, 처음에 보너스로 0장이 들어가 있다. 재미로 넣은 부록 같은 장으로 일부러 1부 앞에 두었다.

● 코미디 영화 「오스틴 파워」 시리즈의 주인공-옮긴이

0장의 취지는 당신이 투자에 대해 그리고 당신 자신에 대해 '이미 안다고 믿는 것'들을 다시 생각해 보라는 데 있다. 그래야 마음가짐을 새로이 하여 앞으로 나올 내용들을 소화할 수 있다.

그다음에 1부가 나온다.

1부는 '규칙 파괴자'의 6가지 습관을 소개한다.

누군가가 어떤 종목을 어떤 이유로 선정했는지 파악하는 것은 아주 중요하다. 하지만 그에 앞서 내가 여러분에게 줄 수 있는 보다 가치 있는 것이 있다. 그것은 바로 이 질문에 대한 대답이다.

투자자로서 탁월한 성공을 거두기 위해 가져야 할

올바른 마음가짐, 올바른 습관은 무엇인가?

이 책을 다 읽은 후 이 질문에 자신 있게 대답할 수 있다면, 그것만으로도 충분하다.

1부는 투자라는 즐겁고도 혼란스러운 세계로 여러분을 초대한다. 1부에서는 왜 훌륭한 주식도 때로는 무너지는지부터, 수학적 측면과 생물학적 측면에서 어떻게 나쁜 투자가 부추겨지는지까지 폭넓은 주제를 다룰 것이다.

또한 왜 '저점 매수, 고점 매도'가 기회를 놓치게 만드는 식상한 구호인지, 투자자로서 시장의 하락을 어떻게 받아들여야 하는지, 험난한 투자 여정에 대비하는 일은 어떠한 흥분을 안기는지에 대해서도 살필 것이다.

그리고 '이익보다 중요한 것은 목적이다'라는 말은 무슨 뜻인지, 시장이 마구 요동칠 때도 최소한 20개 종목에 투자하는 게 왜 중요한지에 대해서도 _{진짜 20개다!} 알게 될 것이다.

2부는 '규칙 파괴 기업'의 6가지 속성을 소개한다.

이 부분은 이 책의 핵심이기도 한데, 이는 다음 질문에 답하는 것으로부터 시작된다.

모든 시대에 걸쳐 최고의 종목,

즉 규칙 파괴 기업을 정의하는 속성은 무엇인가?

2부에서는 오랜 세월에 걸쳐 그 유용성이 검증된, 즉 '세월의 시험'을 견딘 주식투자 방법론들을 깊이 탐구할 것이다. 여기서 말하는 방법론에는 '스냅-콜라 테스트Snap Cola Test'같은 게 있는데 이것들은 모두 엉뚱하면서도 시사하는 바가 크다. 그리고 반대로 세월의 시험을 견디지 못하고 어느 순간 날아가버린 방법론들에 대해서도 살펴볼 것이다.

또한 우리는 지속적인 경쟁우위를 지닌 기업을 포착하는 기술에 대해서도 살펴볼 것이다. 그리고 왜 단 한 가지 속성만 살펴서는 투자할 만한 기업을 발굴할 수 없는지에 대해서도 탐구할 것이다_{콘서트처럼 여러 속성이 동시에 갖춰질 때 의미가 있다.}

여기에 더하여, 여러분은 소비자에게 강력한 구매 호소력을 지닌 상품이 왜 중요한지에 대해 치약 시장을 예시로 살펴볼 것이고, 이어서 훌륭한 경영자를 판별하는 법을 배워볼 것이다. 그리고 '고평가되었다overvalued'는 말이 주식시장에서 건넬 수 있는 최고의 농담인 이유도 알게 될 것이다.

올바른 마음가짐1부과 올바른 종목2부은 자연스럽게 세 번째 요소인 포트폴리오에 대한 관심으로 이어진다. 이 책을 읽는 대다수 사람들은 투자자의 마음가짐과 종목 선정에 대해서는 많이 배워봤어도 포트폴리오를 구축하는 법에 대해서는 무지한 경우가 많을 것이다.

내가 진행하는 팟캐스트 「룰브레이커 인베스팅Rule Breaker Investing」의 신규 청취자들이 가장 많이 하는 질문이 있다. 바로 '포트폴리오를 구성하는 종목의 수는 몇 개가 적절한가요?'이다힌트: 정해진 숫자는 없다. 이 문제는 나중에 다룰 것이다.

3부는 '규칙 파괴 포트폴리오'를 구성하는 6가지 원칙을 소개한다.

3부는 앞서 다룬 모든 내용을 종합한다. 결국 투자의 핵심은 포트폴리오이다! 3부에서는 대다수 사람들이 갖추지 못한 '투자의 토대'를 여러분에게 제공할 것이다. 그렇다면 우선 다음 질문에 대한 답을 제시해야 한다.

어떤 원칙에 따라 포트폴리오를 구축하고 관리할 것인가?

3부에서는 앞서 다룬 모든 내용을 종합하여 포트폴리오를 구성하는 법을 알려줄 것이다.

포트폴리오에는 '최고의 미래 비전'이 반영되어 있어야 한다. 최고의 미래 비전이란 당신의 가치관이 그리는 미래 산업 지형도이며, 이는 헨릭Henrik의 '티셔츠 테스트'를 통해 검증해볼 수 있다.

또한 우리는 투자의 이면에 있는 '투자의 목적'을 명확히 할 것이다. 다방면에서 당신의 투자 역량을 강화시킬 것이며, 3단계로 매수하는 법을 배울 것이다.

그다음으로는 당신의 '숙면 지수sleep number'를 정할 것이다. 이게 무엇인지에 대해서는 잘 달리는 말은 밀어주고 못 달리는 말은 은퇴시키는 '비중 조절의 묘리'를 살피며 알아볼 것이다.

마지막으로 투자가 단거리 경주가 아닌 장거리 경주인 이유를 살필 것이다. 그러고 나서 당신의 시간관리 능력을 비약적으로 상승시켜줄 '5와 3 프레임워크Five-and-Three Framework'를 소개할 것이다.

책의 마지막을 장식하는 '기억해야 할 것들'에서는 이 책의 핵심적인 교훈들을 다시 한번 만나볼 수 있다. 또한 지식의 폭을 넓혀주고 재미도 선사할 '규칙 파괴 투자 용어집'도 마련되어 있다.

여기까지 다 읽었다면 '폭등Spiffy-Pop●의 축배'를 터뜨릴 준비가 된 것이다.

● 모틀리풀에서 사용하는 용어로 주가의 일일 상승폭이 자신의 매수가보다 더 큰 경우를 뜻함. 이 책에서는 '폭등'으로 번역-옮긴이

폭등!

폭등은 투자 성공의 성배이다. 하지만 대다수 사람들은 총 '18가지 이유'로 살면서 한 번도 폭등을 경험하지 못한다.

그들은 투자 성공에 필요한 습관을 형성하지 못했다18가지 이유 중 6개가 여기 속한다.

그들은 올바른 속성을 지닌 종목을 매수하지 않는다여기도 6개.

그들은 확고한 원칙을 갖고 포트폴리오를 구축하지 않는다이건 몇 개일까?.

잠깐만, 여러분은 아직 그게 뭔지도 모르는데

왜 나는 계속 이러쿵저러쿵 얘기를 할까?

이 책을 계속 읽어보라.

어떻게 투자해야 하는지투자 습관, 어떤 기업에 투자해야 하는지종목 선정, 그리고 투자 전반을 어떻게 관리해야 하는지포트폴리오 다루는 것은 야심찬 일이다. 각각의 주제만으로도 한 권의 책을 채울 수 있다. 그래도 나는 단 한 권의 짧은 책으로 이 모든 주제를 엮음으로써 더욱 강력한 결과를 얻어내고자 했다. 그리고 이는 분명 시도할 가치가 있는 일이었다.

그러면 시작해보자.

목차

한국어판 추천사 4

우리 모두가 투자자다 6

머리말 8

0장   기초 다지기 ————————————————————26

1부 | 규칙 파괴자의 6가지 습관

1부 들어가며 ————————————————————44

1장   대박 종목은 일단 계속 가도록 놔둬라 ——————46

2장   물타기는 두 번 다시 하지 말고, 불타기를 하라 ———78

3장   최소한 3년은 보유하라 ———————————89

4장   의식 있는 자본주의의 4가지 신조를 따르라 ———102

5장   신규 포지션은 최대 5%만 할애하라 ——————117

6장   60%의 정확도를 추구하라 ————————126

1부 마무리 ————————————————————134

🌿 두 투자자 이야기 ——————————————136

2부 | 규칙 파괴 기업의 6가지 속성

2부 들어가며 —————————————————————— 144

7장　주요 신흥 산업의 최강자이자 선두주자 ————— 147

8장　지속가능한 경쟁우위 ————————————— 164

9장　과거의 눈부신 상승 ————————————— 183

10장　훌륭한 경영자와 똑똑한 후원자 ——————— 201

11장　강력한 상품 호소력 ————————————— 216

12장　'고평가되었다' ———————————————— 227

2부 마무리 ————————————————————— 249

　🖋 **두 투자자 이야기** ——————————————— 252

3부 | 규칙 파괴 포트폴리오의 6가지 원칙

3부 들어가며 —————————————————————— 260

13장 당신의 최선의 비전을 반영한 포트폴리오 ———— 263

14장 목적을 알고 명시하라 ————————————— 284

15장 공정한 출발선에 세워라 ————————————— 294

16장 숙면 지수를 정하라 ——————————————— 312

17장 전체 경주에 걸쳐 투자하라 ————————— 325

18장 분기마다 점검하고, 적절하게 관리하라 ———— 341

3부 마무리 —————————————————————— 353

두 투자자 이야기 ——————————————————— 355

X장   엑셀시오르 —————————————————————— 364

맺음말   다른 희망이 있다 379

기억해야 할 것들 385
규칙 파괴 투자 용어집 387
참고자료 397
감사의 말 398

0

기초 다지기

이 장은 건너뛰어도 된다. 어쨌든 0장이니까!

이 책의 초고를 보여준 사람들 중 절반은 아래와 같은 반응이었다.

'그냥 본론으로 들어가! 머리말도 있잖아. 그러니까 바로 1장으로 시작해서 첫 번째 규칙 파괴 습관을 제시해.' 이들을 A그룹이라 부르도록 하자.

A그룹은 전부터 나의 팟캐스트를 들어온 사람들이다. 그들은 나의 투자 실적과 통념에 도전하는 광대 정신 및 바보스러움 Foolishness을 익히 알고 있었다. 그들 자신도 이미 규칙 파괴자들이었다. 그랬기에 그들은 0장이 아니라 바로 1장을 원했다.

반면 나에 대해 잘 모르는 B그룹은 A그룹과 다르다. 그들은 '규칙을 파괴해서는 안 된다'고 배웠다. 게다가 '바보와 바보의 돈은 곧 헤어진다'는 말도 살면서 여러 번 들어왔다.

그들은 이렇게 생각할 것이다. '이 책을 읽어야 할 이유는 무엇일까?' '이 책은 도대체 무엇을 말하려는 것일까?'

0장은 바로 B그룹에 속하는 사람들에게 선사할 만한 환영카펫 같은 것이다.

사실 내 안의 광대와 규칙 파괴자는 책을 만들 때도 주체할 수 없었다. 대부분의 책은 1장부터 시작한다. 하지만 이 책은 다르다. 0도 하나의 숫자다. 그렇기에 나는 0장을 추가하기로 했다.

또한 '0'은 숫자로도 읽을 수 있지만 알파벳 'O'로도 읽을 수 있다. 여기서 알파벳 'O'는 '선택사항optional'을 뜻한다.

더구나 이 책은 'X장'으로 마무리될 것이기 때문에 O, X로 수미의 대칭을 맞추는 데도 도움이 된다!

즉, 이 챕터는 바보스러운 매력에 관심 있는 사람만 읽어보면 되는 속성 강의이다. 거기에 해당되지 않는 사람은 1장에서 만나자.

당신의 부모는 틀렸다

참고로 나의 부모도 틀렸다.

나는 어린 시절, 여름에 점심을 먹고 나면 이런 말을 자주 들었다. '음식을 소화시켜야 하니까 30분 동안은 수영장에 들어가지 마.'

그 이유는 식후에 바로 수영을 하면 경련이 일어나 익사할 수 있
다는 것이다. 하지만 실제로 그렇다는 과학적 근거는 거의 없다. 밥을
배불리 먹은 후에도 얼마든지 수영할 수 있다. 나의 부모는 틀렸다.

다음은 어린 시절 가족이나 다른 사람들에게 들었던 잘못된 말
들의 대표 사례이다.

- 당근을 먹으면 야간 시력이 좋아진다.

- 우리는 뇌의 10%만 쓴다.

- 희미한 조명에서 글을 읽으면 눈이 나빠진다.

- 껌을 삼키면 7년 동안 위장에 남아 있다.

- 감기는 추운 날씨 때문에 걸린다.

'과학'이라고도 불리는 여러 연구들은 이러한 속설들이 틀렸음을
증명했다. 모두가 사실이 아니다. 그럼에도 나는 어린 시절 내내 권
위자들로부터 이런 말들을 들었고, 또 사실이라 믿어왔다.

그래서 요지가 뭐냐고? 지금부터 나는 당신이 돈과 맺은 관계,
그리고 올바른 투자법이 무엇인지에 대한 생각을 재고하게 만들
것이다. 외부에서 주입된 지혜는 일종의 '통념conventional'이라 할 수
있다. 이 중에는 투자에 관한 수많은 잘못된 생각들도 있다. 앞으
로 나는 이 통념이라는 거대한 탑을 무너뜨려 나갈 것이다.

아마 당신은 주식시장에 대해 많은 말들을 들어왔을 것이다. '주
식투자는 일반인이 하기에 너무 위험하다'거나, '시장수익률이나 인

덱스펀드 수익률보다 나은 수익률을 올리는 것은 그냥 운일 뿐'이
라거나, '시장의 타이밍을 맞추는 게 성공의 열쇠'라는 둥.

하지만 내가 보기에 이런 말들은 반박당해야 마땅한 도그마에
불과하다. 그래서 나는 기꺼이 반박하고자 한다.

'껌을 삼키면 7년 동안 위장에 남아 있는다'거나, '우리는 뇌의
10%만 쓴다'는 통념은 근본적으로 틀렸다. 내가 말하는 '규칙 파
괴'는 이러한 오류의 발견 과정과 밀접하게 연관되어 있다. 그리고
그렇기에 규칙 파괴 투자는 실제로 재미있을 뿐 아니라 투자에 성
공하는 데, 그것도 크게 성공하는 데 필수적이다.

가령 나는 '저점 매수, 고점 매도'라는 투자의 상식을 벌집으로
만들 것이다. 사람들이 사실이라고 확신하던 말이 틀린 것으로 드
러날 때, 그전부터 다르게 생각하던 사람들은 엄청난 이득을 얻는
다. 이 패턴은 앞으로 여러 번 제시될 것이다.

나는 그걸 직접 경험했다. 나는 1990년대부터 '사람들이 분명히
인터넷에서 신용카드를 쓸 것'이라는 주장을 해왔다. 나의 주장은
당시에는 급진적인 것으로 여겨졌다.

당시의 통념에 따르면 전자상거래는 실패할 수밖에 없었다. 사람
들이 온라인으로 신용카드 번호를 공유하는 것을 불안해하기 때
문이었다. 같은 맥락에서 이베이_eBay_의 사업모델도 결코 성공할 수
없었다. 설령 당신이 인터넷에서 신용카드를 쓰는 정신 나간 짓을
한다고 해도 모르는 사람이 돈을 받고 나서 물건을 보내줄 거라고

믿을 수 없었기 때문이다.

하지만 결과적으로 이베이는 내가 추천한 최고의 종목 중 하나
가 되었다.

재무설계사도 틀렸다

당신의 부모뿐 아니라 당신에게 투자에 대한 조언을 하는 수많
은 재무설계사들도 틀렸다.

그 대표적인 사례로 모틀리풀의 커뮤니티 게시판에 자신의 초기
투자 실패담을 공유해준 데이비드 노스웨이David Northway의 얘기
를 하고자 한다.

   ❋ 나는 대학생이던 1970년대 초에 처음 주식을 샀다. 당시에
는 거래 수수료가 100달러를 넘었다. 이후 나와 나의 여자친구는
재테크에 점차 관심을 갖게 되었다. 나는 적립식 분할 매수법으로
여러 뮤추얼펀드mutual fund●에 투자했고, 나의 여자친구는 애플,
마이크로소프트, 나이키, 펩시 같은 개별 종목을 매수했다.

그 이후의 상황은 다음과 같았다. 수익이 나자마자 중개인은 내
게 팔라고 설득했다. '수익을 확정 지으세요'라는 말은 그의 만트

● 여기서는 주로 펀드매니저가 자산을 적극적으로 운용하는 펀드를 가리킴-옮긴이

라와도 같았다

몇 년 후 나는 중개인의 말대로 주식을 팔지 않고 원래의 포지션을 유지했다면 현재 나의 자산가치가 얼마일지를 계산해 보았다. 그 금액은 무려 1,000만 달러 이상이었다.

데이비드의 글은 계속해서 이어진다.

＊ 우리는 일반 중개인을 통해 투자한 게 실수였음을 깨달았다. 그래서 제대로 된 재무설계사를 물색했다. 어렵사리 구한 재무설계사는 자신만 아는 신호와 계산에 따라 MMFMoney Market Fund●와 대형주 펀드 사이를 오가며 적극적으로 우리의 자금을 운용했다. 때로는 하루에 몇 번씩 갈아타는 경우도 있었다. 우리는 그가 사기죄로 재무설계사 자격을 잃기 전까지 약 2년 동안 그에게 돈을 맡겼다. 그나마 다행인 점은 그가 우리의 돈을 2개의 대형주 펀드에 투자해놓고 있었는데, 그가 체포된 후에 계속 수익률이 잘 나왔다는 것이다. 오히려 그의 마켓 타이밍market-timing●● 전략에 따라 자금을 운용할 때보다 수익률이 훨씬 좋았다 당연한 얘기!.

그다음에 우리가 돈을 맡긴 사람은 「배런스Barron's」가 선정한 '올해의 신진 금융관리사 10인' 중 한 명이었다. 지금은 믿기 어려운 일이지만, 그는 카오스 이론과 바다 민달팽이의 움직임을 연구

● 주로 만기 1년 미만의 채권 등 단기금융상품에 투자하는 펀드-옮긴이
●● 시장의 등락 시점을 예측하여 매매하는 것-옮긴이

한 자신의 박사학위 논문을 토대로 마켓 타이밍 전략을 구사했다. 그때를 생각하면 헛웃음만 나온다. 당연히 그는 여러 해 동안 거의 실적을 올리지 못했고, 우리는 그를 버렸다. 적어도 그는 사기를 치지는 않았다.

그 무렵 우리의 친구이자 우리 딸의 친구의 아빠인 사람이 투자 회사를 차렸다. 친구들 중 다수가 그 회사의 '모모_{Momo, momentum의 줄임말}' 펀드에 돈을 투자했다. 그는 매달 투자 현황 보고서를 제시했는데 꾸준히 수익이 나고 있었다. 그러다가 2년차 말에 전체 투자자를 모아놓고는 자신이 심한 도박중독에 빠졌으며, 사실 투자금을 전부 잃었다고 털어놓았다. 그러고는 아빠가 감옥에 갇히면 자기 딸_{우리 딸의 친구}이 얼마나 슬퍼하겠느냐며 경찰에 신고하지 말아달라고 간청했다. 다행히 우리는 그 사기꾼에게 모든 자산을 맡기지 않고 다른 뮤추얼펀드들에도 꾸준히 투자해온 참이었다.

그러나 2000년대 초에 닷컴 버블이 붕괴하면서 우리가 투자한 뮤추얼펀드조차 큰 손실을 입었다. 그제서야 나는 모틀리풀에 대한 논평을 읽고 관련 정보를 찾아보기 시작했다. 그 후로는 일이 잘 풀렸다.

나와 톰이 처음 광대 모자를 쓰고 「CNBC」에 출연한 것도 1990년대 중반이었다. 우리는 금융산업에 맞서는 급진주의자로 여겨졌다. 당시 모든 재무설계사가 부패하거나 무능한 것은 아니었다. 내 친구들 중에도 주식중개인이 있었다. 하지만 당시에는 시스템 자체가 부실했고, 많은 측면에서 뿌리부터 썩어 있었다.

주식중개인들은 수수료를 벌기 위해 잦은 매매를 유도했다. 매니저가 운용하는 뮤추얼펀드들은 터무니없는 선취 수수료를 뜯어낼 뿐 아니라, 추가로 해마다 투자수익을 과도하게 챙겨갔다.

폰지를 위시하여 과도한 수수료를 떼어가는 불투명한 금융시스템이 유지된 이유는 일반인들이 돈을 관리하는 법을 배우지 못했기 때문이다. 결국 사람들은 경찰조차 신뢰할 수 없는 유흥가 같은 금융시장으로 발을 들일 수밖에 없었다.

당신의 부모는 가끔 틀렸을지 모르지만 대개 나쁜 의도로 그랬던 것은 아니며, 당신을 사랑했다. 반면 당신의 돈을 맡은 최악의 투자 전문가들은 알면서도 틀린 말을 했으며, 오로지 당신의 돈만 사랑했다.

그런 점에서 '인덱스펀드 수익률이 뮤추얼펀드 수익률을 이긴다'는 명제는 사실이다. 우리 회원인 한 오페라 가수는 이걸 가사로 삼아 노래를 만들었는데, 우리는 그 노래를 NPR에서 진행하던 라디오 프로그램에 틀곤 했다.

우리는 뱅가드Vanguard 설립자로서 '인덱스펀드 혁명'을 일으킨 존 보글John Bogle을 존경한다. 그리고 그가 추구하고 실천한 일들을 깊이 존중한다. 그는 나쁜 재무설계사들과 그들을 부추기는 보상 시스템을 세상에서 몰아내려고 애썼다.

그러나 그가 주장한 한 가지 요점, 즉 '개인 투자자는 개별 종목을 매수하지 말아야 한다'는 데에는 동의하지 않는다. 우리는 매수해야 한다고 생각한다!

모든 1달러는 64달러

돈 이야기를 더 해보자. 돈과 관련된 두 가지 중요한 사실을 전하겠다. 하나는 부정적이고, 다른 하나는 긍정적인 얘기다.

첫째, 돈은 시간이 지남에 따라 가치를 잃는다. 이는 나쁜 소식이다. 당신의 증조할아버지가 1925년에 가졌던 1달러는 지금에 비해 아주 큰 가치를 지녔다. 물가가 훨씬 쌌기 때문이다. 그때의 1달러는 지금의 17달러와 같다.

대다수 정부는 해마다 새로운 돈을 찍어낸다. 그만큼 통화 공급량이 늘어나서 각각의 달러는 점차 가치를 잃는다. 이를 인플레이션이라 한다. 당신도 이 사실을 잘 알고 있을 것이다. 대다수 사람들이 아는 사실이다.

둘째, 이 사실은 대체로 덜 알려져 있다. 돈을 투자하면 복리효과가 발생하여 기하급수적으로 불어난다는 점이다. 그래서 잘 투자하면 인플레이션을 넘어서는 속도로 불어난다.

주식시장은 역사적으로 연 10% 수준의 수익률을 기록했다. 이는 주식시장에 투자하면 평균적으로 7년마다 2배로 불어난다는 것을 뜻한다. 이 사실을 알면 1달러를 바라보는 시각이 완전히 바뀐다!

나는 42년 후를 내다보는 것을 좋아한다. '42'는 옛날부터 좋아하던 숫자이기 때문이다. 더글러스 애덤스Douglas Adams*에 따르면 '42'는 삶과 우주 그리고 모든 것에 대한 궁극적인 질문의 답이다. 또한 이 책을 쓰는 지금으로부터 42년 후 내 나이가 100살이 된다여러분은 그보다 더 오래 살기를 바란다. 뭐든 여러분이 좋아하는 숫자를 골라라.

42년이면 7년 단위의 2배 증가가 6번 이루어진다. 이는 어떤 의미일까? 당신이 오늘 그냥 들고 있거나, 스타벅스에서 쓰거나, 주식에 투자하는 모든 1달러가 실제로는 미래의 당신에게 64달러의 가치를 지닌다는 것이다.

그러한 의미에서 모든 세상 사람들은 두 부류로 나눌 수 있다세상에는 이와 같은 이분법적 분류 시도가 많은데, 이것 또한 그중 하나다. 자신이 투자자임을 인식하고 모든 1달러를 64달러처럼 대하는 사람과 그렇지 않은 사람이다.

당신이 아직도 그 사실을 깨닫지 못했다면 이 책이 도움이 되기를 바란다.

● 『은하수를 여행하는 히치하이커를 위한 안내서(Hitchhiker's Guide to the Galaxy)』의 작가-옮긴이

한 페이지로 설명하는 돈 관리

돈 관리를 잘해야 주식투자에 성공할 수 있다!

그러나 이 책은 돈 관리 지침서가 아니라 투자서이다. 그래서 돈 관리에 관한 걸 자세히 다루지는 않을 것이다.

한 페이지도 필요 없다. 다음 한 줄이면 된다.

매일 절약하며 살아라.

절약하는 습관은 재정적 회복력을 갖추고 장기적으로 부를 쌓도록 해준다. 절약하는 습관이 없으면 아무리 좋은 투자를 해도 재정적 스트레스로부터 자유롭지 않다. 무엇보다 주식을 사기 전에 이자율이 두 자릿수인 카드빚은 반드시 없애야 한다!

이런 기본적인 습관은 투자를 하는 데 필수적이다. 투자 포트폴리오는 당신의 재정적 삶을 윤택하게 해주는 텃밭과 같다. 그러니 당신은 태풍과 가뭄이 들이닥치더라도 텃밭에 심어놓은 작물을 보호해야 한다. 비상 자금이 없어서 투자한 돈을 거둬들이는 짓은 비극적인 실수이다.

세간에는 돈 관리를 다룬 좋은 책들이 많다. 아니면 그냥 인터넷에서 자료를 찾거나 AI에게 물어보라! 신뢰할 수 있고 이용자가 많은 무료 재테크 사이트와 앱들이 당신의 우군이다. 그중 가장 좋은 3개를 꼽자면 다음과 같다.

1. 모틀리풀 www.fool.com

2. 너드월렛 www.nerdwallet.com

3. 인베스토피디아 www.investopedia.com

우리는 정보가 넘쳐나는 시대에 산다. 기본적인 정보를 갖추면 현명하게 작물을 심어서 텃밭이 풍성해지는 것을 지켜볼 수 있다.

거시경제학

어떤 사람들은 돈 관리를 잘하고 있으면서도 아래와 같은 말들 때문에 투자를 꺼린다.

- '연준이 쓸데없이 금리 인하를 늦추고 있다.'
- '물가상승률 때문에 금리 전망이 흔들리면서 주가가 하락하고 국채 수익률이 급등했다.'
- '인플레이션에 대한 투자자들의 우려가 줄면서 주식과 채권의 추세가 엇갈리고 있다.'
- '골드만, "미국의 GDP-GDI 격차가 타격을 주지는 않을 것이다."'

위는 이 글을 쓰는 날 아침, 실제로 한 금융지에서 추린 기사 제목들이다. 이밖에도 비슷한 내용의 기사가 많다.

이런 기사들이 지닌 함의는 두 가지이며, 둘 다 좋지 않은 쪽이다.

① 당신은 아마 이 모든 용어들을 이해하지 못할 테니_{경제학을 전공하지 않}
_{았다면?} 절대 주식을 사지 마라.

② 이 용어들 중 일부 또는 전부를 이해한다고 해도 각 주제에 대해 식견
과 깊이를 갖춘 관점이 있는가? 그 관점은 정확한가? 그렇지 않다면
절대 주식을 사지 마라.

경제 전반의 현상을 연구하는 거시경제학은 훌륭한 학문이다.
'기초 경제학'•을 공부해두면 살아가는 데 아주 큰 도움이 된다. 수
요와 공급 같은 개념 그리고 '공짜 점심은 없다' 같은 말은 언제나
진실을 볼 수 있게 해주기에 명심할 필요가 있다.

하지만 내년 가을에 금리가 어느 수준일지 또는 특정 통화의 가
치가 오를지 내릴지 아니면 향후 유가가 어떻게 될지는 다른 문제
이다. 이런 문제를 따지느라 시간을 들일 필요가 없다. 적어도 당신
이 이 책에서 소개하는 방식대로 투자한다면 말이다.

그 주된 이유는 거시경제에 관한 거의 모든 논의가 단기적 여건
에 초점을 맞추기 때문이다. 때때로 그들은 오로지 그것에 집착하
기도 한다. 현재 우리가 특정 주기의 어느 위치에 있는지는 전문가
들이 논쟁할 거리이다. 이런 문제들은 전문가들이 TV에서 실컷 떠

• 토머스 소웰(Thomas Sowell)이 쓴 명저의 제목이기도 하다.

들도록 놔두자. 나는 아예 경제 프로그램을 보지 않는다.

종목을 선정하고 포트폴리오를 구축하는 일은 기차에 객차를 하나씩 연결하는 일과 같다. 우리는 그 기차에 올라탄다. 철로는 이미 깔려 있다. 우리는 전국 일주를 마칠 때까지 내리지 않을 것이다. 우리가 탄 기차는 목적지에 도착할 때까지 모든 또는 대부분의 객차를 유지할 것이다승무원실은 없앨지도 모른다.

우리가 전국을 돌아다닐 때 날씨거시경제는 계속 변할 것이다! 이것은 긴 여행이다. 세인트루이스에 눈이 내릴지 초조해하거나, 애리조나의 기온이 얼마나 오를지 예측하는 것은 우리의 목적지에 비추어 볼 때 아무 의미가 없다. 나는 날씨보다 기차에 관심이 많고, 기차보다 목적지에 관심이 훨씬 많다.

오늘의 거시경제 뉴스보다 평생에 걸쳐 꾸준히 투자하는 것이 훨씬 중요하다. 거시경제 상황이나 인터넷에서 본 불길한 예측 때문에 투자를 꺼리게 되면, 당신의 미래에 심각한 재정적 타격이 생긴다.

당신이 참고해야 할 말이 있다.

"거시경제에 대한 의견을 갖추거나, 거시경제 또는 시장에 대한 다른 사람의 예측을 듣는 것은 시간 낭비이다."

어떤 인간이 이따위 말을 했을까?
바로 워런 버핏Warren Buffett이다.

우리가 규칙을 파괴하는 이유

내가 처음 어렴풋한 인상을 품은 뒤, 그것이 다음과 같은 구체적 의문으로 가다듬어지기까지는 몇 년이라는 세월이 걸렸다.

왜 과거에 높이 평가받은 투자서들이
독자로 하여금 당대 최고의 주식을 놓치게 만들까?

예컨대 『현명한 투자자The Intelligent Investor』 같은 고전의 애독자라면 1998년 스타벅스, 1997년 아마존Amazon, 2011년 테슬라Tesla, 2004년 넷플릭스Netflix, 2005년 엔비디아Nvidia를 고르지 않았을 것이다. 실제로 내가 미국 최고의 투자자라고 생각하는 워런 버핏조차 당시에, 혹은 그 이후에도 대개 이 종목들을 선택하지 않았다. 그럼에도 이 종목들은 분명 당대의 '최고'였다. 그리고 나는 그 시점에 이 종목들을 사서 지금까지 보유하고 있다.

이 질문의 해답은 이렇다. 아무리 이치에 맞는 생각과 가정일지라도 그것이 지나치게 절대화되면 하나의 복음이 되고, 널리 가르쳐지는 통념으로 번지며, 마침내 습관적 행동으로 굳는다. 즉, 규칙이 된다.

지난 30년 동안 나와 내 뒤를 따랐던 이들이 투자에 성공한 이유는, 다윗처럼 골리앗에 맞섰기 때문이다. 여기서 골리앗이란 『현명한 투자자』 같은 고전이나, 워런 버핏처럼 과도하게 참조되는 인물이다물론 그들의 명성은 마땅한 것이다. 이러한 골리앗들은 규칙을 만들고 강력한 틀로 세상을 좌우한다. 링컨이나 처칠의 말에 묵직한 권위가 실리듯, 워런 버핏이나 벤저민 그레이엄Benjamin Graham의 이름이 붙은 모든 말은 곧 규칙이 된다. 학계는 '가치 투자'라는 이름으로 그 규칙을 가르치고 강화한다.

하지만 말콤 글래드웰Malcolm Gladwell이 『다윗과 골리앗How David Beats Goliath』에서 주장한 대로, 골리앗이 정한 규칙에 따라 그와 경쟁하면 질 수밖에 없다. 골리앗을 이기는 유일한 길은 다윗처럼 규칙을 파괴하는 것이다. 남들이 가지 않은 길을 가는 것이다. 달리 말하자면 현자들의 세계에서 바보처럼 구는 것이다. 다윗은 그렇게 해서 골리앗을 이겼다. 규칙 파괴 투자의 성공 비결은 이처럼 통념을 뒤집는 데 있다.

그런 점에서 버핏이 실로 놀라운 투자자라는 사실은 오히려 내게 유리하게 작용했다. 그의 서사는 한 세대에 걸쳐 무수한 이들에게 강력한 확신을 주었다. 그들은 주가수익비율PER, price-to-earnings ratio이 높고, 과거 상승이 눈부시며, 리스크 높은 신기술을 추구하는 이른바 '고평가 종목'을 본능적으로 의심하고 피했다. 그러나 바로 그런 종목들이 2000년 이후 나에게그리고 전 세계적으로도 최고의 수익을 안겨주었다. 자세한 이야기는 뒤에서 하고, 지금은 내 요지만 기억해주면 된다. 요점은 망할 규칙을 깨야 한다는 것이다.

좋다. 그럼 이제 1장으로 들어가보자.

1부
규칙 파괴자의
6가지 습관

1부 들어가며

초등학교 4학년 때의 일은 대체로 기억나지 않지만, 절대 잊을 수 없는 게 한 가지 있다.

나는 워싱턴DC에 있는 세인트올번스스쿨St. Albans School에 다녔다. 4학년 담임선생님이었던 호스킨슨Hoskinson 선생님은 손수 우리에게 주식시장에 대해 가르쳐주었다. 당시는 신문에 주가가 소수가 아닌 분수로 표기되던 시절이었다.

호스킨슨 선생님은 학급 투자 대회를 열었다. 각자 10개 종목으로 포트폴리오를 만들어서 몇 달 동안 점수를 매기는 방식이었다. 우리는 매주 목요일 점심을 먹은 후 「워싱턴 포스트The Washington Post」의 비즈니스 면을 펼쳤다. 거기서 자기가 선택한 10개 종목의 주가를 찾은 다음, 그래프지에 연필로 한 줄씩 기록했다. 이러한 가상 투자는 문법을 배우는 일보다 훨씬 재미있었다!

시한이 되어 대회가 끝났다. 우리는 정성껏 주가를 기록한 장부를 제출했다. 호스킨슨 선생님은 최종 결과를 계산했다. 우리 반에는 약 25명의 아이들이 있었다. 그중에서 내가 1등이었다! 사실은 모든 종목을 골라준 아버지 덕이었다

내가 절대 잊지 못하는 장면은 초대형 허쉬Hershey's 초콜릿 바를 받을 때다. 끝내주는 최고의 상이었다. 호스킨슨 선생님, 감사합니다!

나는 어릴 때부터 부모님을 보고 주식에 흥미를 갖게 되었다. 몇 년 후 아버지는 우리에게 종목 추천만 해준 것이 아니라, 주식을 보는 안목과 아버지만의 포트폴리오 원칙까지 전수해주었다.

나는 습관을 기르는 법을 배웠다.

습관은 1부의 핵심 주제다. 좋은 투자 습관이 주는 보상은 호스킨슨 선생님이 준 초콜릿 바처럼 달콤하고 즐겁고 엄청나게 크다.

그것이 1부의 내용이다. 투자에서 초콜릿 바를 따낼 수 있는 습관 말이다.

1

대박 종목은 일단
계속 가도록 놔둬라

엔비디아는 당신이 알아야 할 모든 것을 말해준다. 지금부터 귀를 쫑긋 기울이기 바란다.

엔비디아는 한 세대에 한 번 나올까 말까 하는 대박 종목이자, 나의 경력을 대표하는 종목 중 하나이다. 다만 내가 이 이야기를 하는 이유는 내 투자 실력을 자랑하려는 것이 아니다. 사실 워낙 변동성이 심한 종목이라 주가가 6년 후는 고사하고 당장 6개월 후에 어떻게 될지도 모른다. 답은 오직 시간만이 알 것이다.

내가 말하려는 바는 엔비디아 같은 대박 종목은 일단 계속 가도록 놔둬야 한다는 것이다. 그것이 좋은 주식을 대상으로 규칙 파괴 투자를 성공시키는 유일한 방법이다.

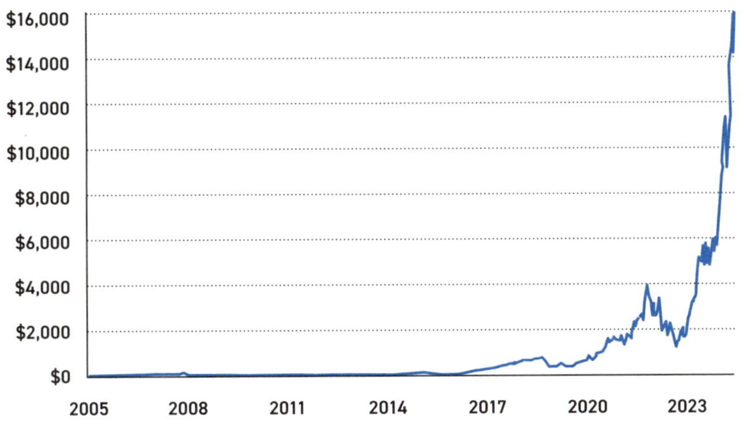

엔비디아(2005~2024)

2005년 4월 15일, 엔비디아는 주당 21.35달러에 거래되었다. 내가 이 사실을 아는 이유는 그날 모틀리풀의 '스톡 어드바이저' 코너에서 처음 엔비디아 종목을 추천했기 때문이다. 그후로 엔비디아는 이 시대 최고의 주식 중 하나가 되었다.

전형적인 규칙 파괴 기업인 엔비디아는 우리가 추구하는 6가지 속성을 모두 지니고 있었다. 바로 그래서 내가 엔비디아를 고른 것이다! 그러나 이는 종목 선정에 관한 얘기이니 2부에서 다루도록 하겠다.

이 장의 목적은 종목을 분석하는 것이 아니라 투자의 습관을 형성하는 것이다. 습관 형성은 가장 먼저 해야 하는 일이자, 아마도 가장 중요한 일일 것이다. 이러한 습관이 없으면 엔비디아를 알아도 놓치거나, 너무 일찍 매매하거나, 시장의 잡음에 흔들린다.

99.9%의 투자자주로 전문 투자자들과 함께 말이다. 그러면 당신은 꿈 같은 수익률, 즉 온 세상을 이기고, 눈이 휘둥그레지고, 경제적 자유를 선사하는 일생일대의 수익률을 놓치게 된다.

다시 말하자면 이 장의 핵심 내용은 엔비디아 같은 종목을 찾는 방법이 아니라, 그런 종목을 계속 들고 있을 방법이다! 그러기 위해서는 규칙 파괴자의 첫 번째 습관을 길러야 한다.

습관①: 대박 종목은 일단 계속 가도록 놔둬라

엔비디아 이야기를 이어가 보자.

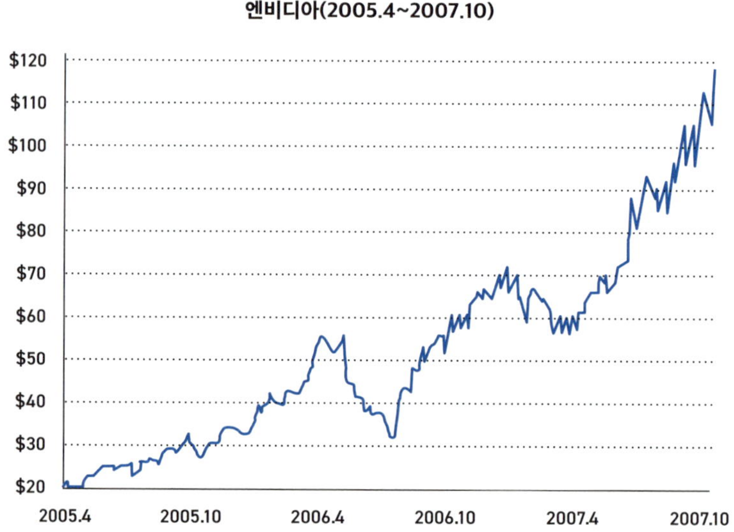

엔비디아(2005.4~2007.10)

2007년 10월, 엔비디아의 주가가 120달러에 이르면서부터 나는 세간의 주목을 받기 시작했다. 2년 만에 약 6배나 주가가 오른 결과였다. 우리는 '배거bagger'라는 표현을 만든 피터 린치를 기리는 의미에서 엔비디아를 '식스 배거six-bagger'라 불렀다.

배거라는 말은 야구에서 나온 표현이다. 야구에서 홈런을 '포 배거four-bagger'●라고 한다. 나처럼 야구팬인 린치는 이를 투자 분야에 적용하여 주가가 4배 오른 종목을 '포 배거'라는 속어로 불렀다.

그렇다고 린치가 '포 배거'라는 표현을 그대로 쓴 것은 아니다. 그는 투자자가 노려야 할 대박 종목을 '텐 배거ten-bagger'라 불렀고 이 말이 투자자들 사이에 유명해졌다. 야구에서는 4개보다 많은 베이스를 밟을 수 없지만 투자에서는 훨씬 많은 베이스를 밟을 수 있기 때문이다.

엔비디아(2007.10~2008.10)

● 4개 베이스의 백(bag)을 밟는다는 뜻-옮긴이

그러다가 공포의 2008년이 되었다. 당시에 주식투자를 했던 사람들이 아니라면 실로 그 상황이 어땠는지 가늠할 수 없을 것이다. 엔비디아의 주가는 18달러까지 떨어졌다! 엔비디아의 주가는 한때 6배나 올랐지만, 3년 반이 지난 후에는 지하실까지 내려갔다.

한창 잘나가던 우리는 순식간에 그냥 멍청한 놈들이 되었다.

2009년 12월이 되면서 엔비디아는 주가를 회복하기 시작했다. 나는 이때 '월간 스톡 어드바이저 추천 종목' 코너에서 다시 엔비디아를 추천했다. 나는 2002년부터 2021년까지 이 코너를 통해 매달 두 종목씩 추천했는데, 그 달에 투자해야 할 두 종목 중 하나로 엔비디아를 고른 것이다.

당시 나는 추천 이유를 이렇게 설명했다.

　＊　타이밍이 맞고, 가격도 맞다. 엔비디아는 3분기 연속 적자 이후 막 흑자로 돌아섰으며, 탄탄한 재무제표와 강력한 현금흐름을 유지해왔다. 애널리스트들의 추정에 따르면 엔비디아는 1월 말 기준 2011년 회계연도에 주당 약 2.22달러의 순이익을 낼 것이다. 하지만 우리가 보기에는 그들의 추정치가 너무 낮다. …Mac 사용자든 PC 사용자든 엔비디아의 그래픽카드가 필요하다. 엔비디아처럼 매력적인 종목을 당신의 포트폴리오에 넣어두어야 한다.

이후 엔비디아의 주가는 50달러까지 반등했다.

여기서 이야기를 멈추고 하나 물어볼 것이 있다. '대박 종목'은 정확히 무엇을 말하는 걸까? 엔비디아 주식은 극단적인 변동성을 보였다. 우리가 보유하고 있는 동안 주가가 80%나 떨어지기도 했다!

그렇다면 엔비디아 주식은 어떤 의미에서 오래 들고 있을 만한 가치가 있는 종목이었을까?

거기에는 3가지 이유가 있다.

① 가장 중요한 요소로서, 주가가 어떻든 간에 회사는 사업적으로 계속 성공을 거두면서 성과를 내고 있었다.

② 주가 하락이 대체로 전체 시장의 동향에 따른 것이었다. 2008년에는 전체 주식시장이 절망적인 상황에 빠져 있었다. 따라서 엔비디아 주식의 변동성은 전체 시장의 여건과 궤를 같이한 것이었다.

③ 사실 내가 재추천할 무렵 엔비디아의 주가는 19.50달러에서 47달러로 2배 넘게 오른 상태였다. 이는 내가 말하는 습관②에 해당하는 것인데, 이에 대한 내용은 나중에 설명하도록 하겠다.

5년 후인 2014년 말, 엔비디아의 주가는 마침내 60달러에 이르렀다. 맞다. 나는 2009년 주가가 50달러일 때 엔비디아 주식을 재추천했었다. 그 후로 5년이라는 긴 시간 동안 주가는 20%밖에 오르지 않은 것이다.

물론 처음 추천한 2005년 기준으로는 약 3배쓰리 배거 올랐지만, 여전히 7년 전 주가120달러에 비하면 절반에 불과한 수준이었다.

2016년, 엔비디아의 주가는 마침내 120달러 선을 넘어서면서 9년 전인 2007년에 우리가 축하한 '전 고점'을 재탈환했다.

영화 「샤이닝The Shining」에 나오는 잭 니콜슨Jack Nicholson 처럼 소리 질러 보자. '다시 돌아왔~지!'

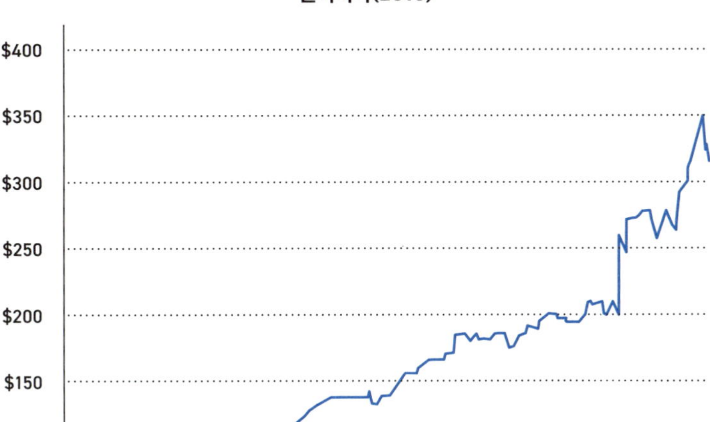

그해 말, 엔비디아의 주가는 3배나 더 올랐다. 96달러로 시작한 주가가 319달러로 마감한 것이다. 이는 S&P500 전체 종목 중에서 단연 최고의 상승률+198%이었다. 나의 추천에 따라 21.35달러에 처음 진입하고, 50달러에 재진입한 사람들은 약간 더 우쭐해졌다.

때때로 나는 위험할 만큼 바보스러운Foolish 충동을 느끼곤 한다. 통념에 맞서 중대한 사실을 증명하고자 하는 것이다. 그럴 때면 나는 위험을 감수해야만 한다성공할 때도 있고, 실패할 때도 있다!.

2016년 말이 그런 때였다. 나는 '평균으로의 회귀regression to the mean'를 거론하는 수많은 친구들을 목격했다. 그들은 '지금은 엄청

비싸!'라거나 '올라간 건 반드시 내려오게 되어 있다'는 식으로 말했다. 혹은 '작년의 최고 상승 종목들이 올해에는 시장수익률을 하회하기 마련'이라는 연구 결과를 언급하기도 했다.

나는 그 말이 맞을 수도 있다고 생각한다. 하지만 나는 누군가가 말한 게 틀렸을 때 그 사실을 지적하는 게 너무 좋다. 그 이유는 첫째로 그 말을 했던 사람들이 충격을 받는 게 재미있고, 둘째로 통념에 맞선 후 당신이 옳은 것으로 드러날 때 가장 많은 돈을 벌 수 있기 때문이다.

언론은 엔비디아가 S&P500 구성 종목 중에서 2016년 가장 높은 수익률을 기록했다고 요란스레 떠들었다. 바로 그 다음 달인 2017년 1월, 나는 엔비디아를 '신규' 월간 추천 종목으로 재선정했다세 번째 추천이었다.

다분히 자신감을 내세운 추천이었고, 이번에도 통했다. 단지 2017년만을 위해 엔비디아를 추천한 것은 아니었다. 이제는 당신도 잘 알겠지만 우리는 중간에 내리지 않는다.

그럼에도 그 해에 추천 당시 가격인 307달러에서 580달러까지 오르는 것을 지켜보는 일은 아주 즐거웠다. 엔비디아의 주식은 2017년에 83% 상승하면서 S&P500 구성 종목 가운데 상승률 10위를 기록했다.

'오르면 내린다'는 말, 귀에 딱지가 앉도록 들었다. 하지만 포인트는 이거다. ① 다들 통념을 진리처럼 믿고, ② 우리는 거기에 반대하고, ③ 그들의 믿음이 틀렸다고 판명 나면, ④ 남들이 뒤늦게 깨닫든 말든, ⑤ 우리 눈엔 스크루지 맥덕 Scrooge McDuck ●처럼 달러 표시가 번쩍!

규칙 파괴 기업에게 있어서, 상승은 더 큰 상승을 불러온다.

'대박 종목은 일단 계속 가도록 놔둬라'라는 첫 번째 습관이 너무나 중요한 이유가 거기에 있다.

2005년부터 지금까지 이어진 이 놀라운 이야기를 계속해 보자. 앞서 말한 대로 엔비디아 종목은 2016~2017년에 96달러에서 580달러까지 올랐다. 그리고 2018년에는 850달러를 넘어섰지만… 거기서 버티지 못하고 385달러까지 쭉 떨어졌다쿵! 아야. 하지만 2020년 초에 다시 850달러 위까지 올라갔다. 2020년의 종가는 1,560달러였다.

맞다. 우리는 여전히 원래 매수가인 21.35달러에 엔비디아 주식을 보유하고 있다. 이제는 2,135달러까지 100배 홈런을 날릴 가능성이 보인다. 그러나 결과적으로 이 가격도 사실 너무 낮은 것이었다. 2021년에 주가가 3,600달러를 넘어섰기 때문이다!

2022년 초, 엔비디아의 주가는 3,600달러를 약간 넘는 선에서 출발했다. 하지만 몇 달 후 주가가 1,500달러 밑으로 급락하더니 연

● 월트디즈니 「도널드 덕」에 나오는 돈만 밝히는 부자 오리-옮긴이

초 가격의 절반인 1,800달러에서 연말을 맞이했다. 약한 자여, 그
대 이름은 엔비디아이니라….

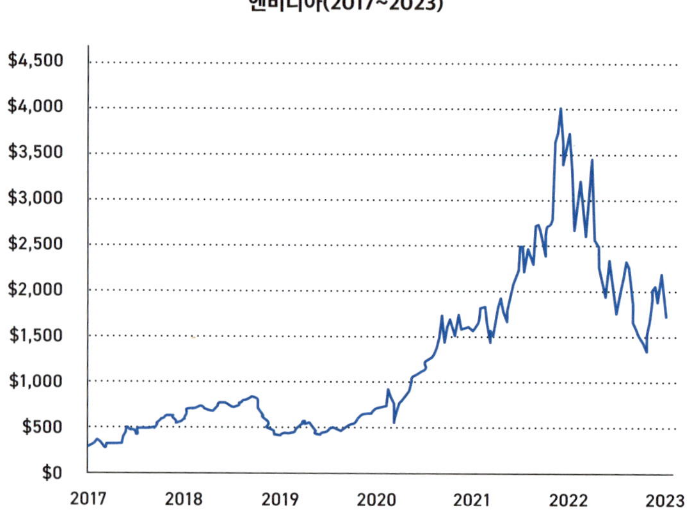

우리가 얼마나 많은 고비를 넘어왔는지 알겠는가? 알았기를 바
란다. 또한 우리가 얼마나 많은 돈을 벌었는지도 알겠는가? 계속
알아주기 바란다.

이야기를 마무리하기 전에 잠시 엔비디아 주식이 보인 엄청난 변
동성을 되돌아보자. 엔비디아는 중요하고 거대하며 성공적인 기업
이다. 그럼에도 주가가 한 해에 3,600달러에서 1,800달러로 급락했
고, 시가총액은 7,500억 달러에서 3,750억 달러로 급감했다. 1년 만

에 수천억 달러가 '뻥'하고 모조리 날아간 것이다.

사실 그 정도는 아무것도 아니었다. 2025년 1월 27일에 중국의 AI 부문 경쟁사인 딥시크DeepSeek가 주목을 받으면서 엔비디아의 주가가 17%나 급락한 적 있다. 하루 만에 5,000억 달러가 날아간 것이었는데뻥! 이는 주식시장 역사상 단일 기업이 하루 동안 기록한 최대 손실액이었다.

이는 시장이 얼마나 비효율적일 수 있는지를, 그러니까 얼마나 말도 안 되게 미칠 수 있는지를 보여주는 놀라운 사례였다. 맞다. 시장은 미쳤다. 하지만 그렇다고 해서 엔비디아 이야기에서 배울 게 별로 없다는 얘기는 아니다.

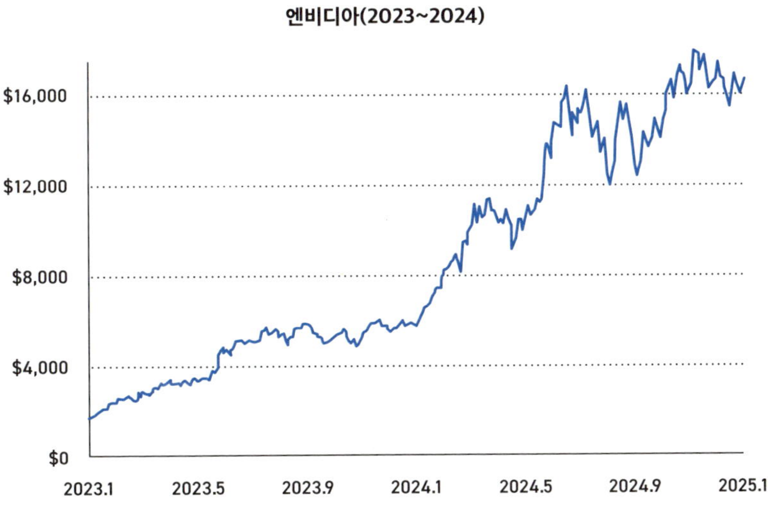

이 책이 출간될 무렵 엔비디아의 주가는 주당 1만 6,115달러를

기록했다. 우리는 여기서 세 가지 사실을 간추릴 수 있다.

첫째, GPUGraphics Processing Unit, 그래픽 처리장치 기술은 처음 시작할 때와 달리 게임뿐 아니라 인공지능, 데이터센터, 자율주행차 같은 성장 분야에서도 핵심적인 요소가 되었다. 이 속성에 대해서는 2부에서 자세히 살필 것이다. 2부는 해당 속성을 지닌 종목이 계속 가도록 놔둬야 하는 이유를 설명할 것이다.

둘째, 시장은 엔비디아와 같은 규칙 파괴 기업의 가격을 지나치게 높이거나 낮추기도 한다. 그리고 그 사이의 기간은 1, 2년밖에 되지 않는다.

셋째, 2005년에 21.35달러에 거래되던 엔비디아는 엄청나게 싼 주식이었다. 처음 추천한 이후로 엔비디아 주식은 750배짜리 홈런을 날렸다. 각각 50달러2009년, 307달러2017년에 거래되던 재추천 시점에도 엔비디아는 엄청나게 싼 주식이었다. 매번 가격이 오르기는 했지만 여전히 아주 좋은 주식이었다이 부분도 2장에서 자세히 다룰 것이다.

사실 잘 생각해 보면 그 사이에 속한 다른 모든 해에도 엔비디아는 엄청나게 싼 주식이었다.

앞으로 엔비디아 같은 주식을 갖고 싶다면 다음과 같은 습관을 들여야 한다.

습관①: 대박 종목은 일단 계속 가도록 놔둬라

사실 이 습관은 아예 안 지켜도 된다. 내가 알고 존경하는 일부 투자자들은 이 습관을 전혀 지키지 않는다그밖에 내가 존경하지 않는 대다수 투자자들도 이 습관을 지키지 않는다.

다만 이러한 습관을 들이지 않으면 절대 '초대박have the moon'을 치지 못할 것이다. 이 표현은 제이슨 로버트 브라운Jason Robert Brown●에게서 가져온 것이다. 나는 수익 종목을 팔아치울 때 언급되는 '위험 조정 수익률risk-adjusted-returns'이라는 개념도 마음에 들지 않는데, 이를 꼬집는 칼럼을 쓸 때 비슷한 비유를 사용했다.●●

한 가지 더 말할 게 있다. 지금까지 엔비디아 주가가 처음 추천할 당시의 21.35달러부터 1만 6,115달러까지, 거의 20년 동안 750배로 상승하는 과정을 설명했다. 당신이 이야기를 이해하기 쉽도록 배당에 대해서는 얘기하지 않았는데 엔비디아도 약간의 배당을 지급한다. 이를 반영하면 나의 매수가는 사실상 19.56달러가 된다. 따라서 2024년 종가 기준으로 총 823배 오른 셈이 된다.

앞서 스타벅스 사례에서 언급한 대로 대다수 대박 종목은 주식을 분할한다. 엔비디아도 예외는 아니어서, 지난 20년 동안 4번의 주식분할이 있었다. 2006년에 2대1 주식분할, 2007년에 3대2 주식

● 미국의 뮤지컬 작곡가로서 꿈같은 목표를 달에 비유함-옮긴이
●● "초대박도 위험 조정해 보라(Risk-Adjust That Moonshot)", fool.com, 2016.12.21.

분할, 2021년에 4대1 주식분할, 2024년에 10대1 주식분할이 있었다. 그 결과 내가 처음 추천한 2005년의 1주는 현재 120주가 되었다.

주식분할을 하면 주가가 내려가는 반면 반대 비율로 보유 주식 수가 늘어난다. 즉, 피자의 크기는 그대로 남는 대신 조각이 늘어난 다. 따라서 주식분할이 없었다면 엔비디아의 주가는 1만 6,115달러 가 되었을 것이다. 주식분할 덕분에 현재는 134달러 수준에서 거래 되고 있다.

반대로 주식분할에 따라 우리가 처음에 매수한 가격을 낮추면 어떻게 될까? 사실상 16센트로 줄어든다그 이후로 16은 내게 특별한 숫자가 되었다. 신규 투자자들은 걱정하지 마라. 엔비디아는 동전주 penny stock였던 적이 한 번도 없다동전주는 사지 마라!.

다만 우리 같은 규칙 파괴자들에게 있어서 주식분할은 오래 보 유한 후 매수가를 다시 계산해야 하게끔 만드는 '골칫거리'이다. 단 아주 반가운 골칫거리다.●

쪽배 증후군

'쪽배 증후군The Rowboat Syndrome'은 존 보글에게서 빌려온 멋진 표현이다. 존 보글은 뱅가드 설립자이자 투자 대가 그리고 모틀리

● 자세한 내용은 다음 링크를 참고할 것. www.fool.com/terms/s/stock-split

풀의 좋은 친구이다. 나는 그에게서 좋은 말을 많이 배웠다. 쪽배 증후군도 그중 하나이다.

다만 나는 그 말에 나만의 의미를 더할 것이다.

우선은 존이 말한 쪽배 증후군에 대해 설명해보겠다. 우리는 투자자로서, 배를 타고 인생의 강을 건너가야 한다. 당신은 어떤 배를 타고 싶은가? 애석하게도 대부분의 사람들은 쪽배를 탄다.

그렇다면 쪽배를 타고 노를 저어 갈 때 어느 방향을 보게 될까? 쪽배를 타고 노를 젓기 위해서는 뒤를 바라보게 된다. 그래서 수많은 시장 논평가와 사람들은 투자자와 비투자자를 포함해 주식시장을 바라보는 모든 이들은 '이미 일어난 일'에 집착한다.

그러면 어떤 일이 일어날까? '쪽배 증후군'이 정확히 무엇을 말하는지는 여기서 드러난다.

주가가 오르기 시작한다. 하지만 쪽배에 탄 사람들은 아직 투자하지 않았다. 그들은 뒤를 바라보기 때문에 한참 지난 일만 아주 잘 볼 수 있다. 주가가 더 오른다. 그들은 노를 젓다가 때를 놓친다. 이제는 상승세가 뚜렷하다! 그런데 세상에 뭐? 주가가 1년이나 더 오른다놀라운 일은 아니다. 주식시장은 평균적으로 3년 중에 2년은 오른다.

첫해에 상승할 때는 시장의 변동성 쯤으로 치부했다. 하지만 두 번째 해의 상승을 놓친 것은 자신의 탓이다. 쪽배에 탄 사람들은 조정을 기다린다. 하지만 조정은 결코 오지 않는다. 그래서 그들은 하염없이 노를 저으며 망했다고 생각한다. 진작 투자했어야 했다고

자책한다. 뒤돌아보니 시장에 들어가지 않은 게 큰 실수였다그들이 유일하게 지닌 관점. 그래서 마침내 그들은 주식을 사들인다.

그러면 어떤 일이 일어날 것 같은가?

맞다. 주가가 막 떨어질 참이다. 지난 2년 동안 신나게 달렸다! 주식은 심하게 고평가되었고, 시장에는 어리석은 경향도 생겼다. 설립자의 허풍으로 무장한 부실한 기업이 투자자들을 대상으로 과한 홍보를 하며 헛된 관심을 끈다.

그러다가 약세장이 시작된다. 약세장은 평균적으로 18개월 동안 지속되며, 전혀 재미있지 않다.

주가는 언제나 오를 때보다 더 빠르게 떨어지지만,

결국 떨어진 것보다 더 많이 오른다.

쪽배에 탄 사람들은 이 사실을 모른다. 그들은 지금까지 꼬박 3년 동안 인생의 강을 지나왔다. 첫 두 해 동안은 시장 밖에 머물렀다. 그러다가 딱 돈을 잃기 좋은 때에 시장에 들어갔다. 그 뒤로 그들이 맞이하는 것은 폐허이다. 그들은 자신을 탓한다어떻게 보면 그게 맞다. 그렇게 '12개월 동안의 시련' 끝에 주식을 산 날을 후회하며 갖고 있던 주식을 팔아치운다. 그다음에 어떤 일이 일어날 것 같은가? 당신도 알고 있을 것이다.

이런 양상은 우리 모두가 갖고 있는 심리적 결함에서 비롯된다. 그리고 이는 개인 투자자들이 '고점 매수, 저점 매도'를 하는 근본적인 이유이기도 하다. 결국 우리는 같은 실수를 몇 번이고 반복할 수밖에 없다.

이것이 바로 쪽배 증후군이다.

이제 나는 습관①을 뒷받침하기 위해 나만의 방식으로 이 비유를 확장하고 싶다. 나는 쪽배를 탄 사람들에게 이렇게 말하려 한다.

쪽배를 버리고 카누라도 타요!

카누를 타면 앞을 보게 된다. 올바른 방향을 보며 앞으로 나아가기에 강의 굽이 너머에서 다가오는 지형들을 알아차릴 수 있다. 그러면 쪽배를 탄 하찮은 사람들처럼 이미 일어난 일에 집착하다가 앞으로 일어날 일을 놓치는 실수를 저지르지 않게 된다. 당신은 앞에 놓인 것을 볼 수 있고, 그것을 향해 뒤가 아니라 앞을 보며 곧장 나아간다. 이는 분명한 발전이다.

하지만! 거기서 멈추면 안 된다. 나는 학창 시절 여름캠프 때 메인 주의 여러 호수에서 카누를 탔다. 그래서 카누보다 나은 것이 있다는 사실을 안다. 카누로는 아주 빨리 또는 아주 멀리 가지 못한다. 가끔은 물살을 타고 나아가기도 하지만 대부분의 시간은 힘들기 그지없다. 계속 패들을 저어야 하고, 나뭇가지나 뱀처럼 난데없이 나타나는 장애물도 조심해야 한다.

카누는 쪽배보다 낫지만 많이 나은 것은 아니다. 무엇보다 물에 빠지지 않으려면 계속 균형을 유지해야 한다. 그래서 나는 배에 대한 비유를 한 번 더 들고자 한다. 패들을 집어던지고 카누를 차서 옆으로 치워라!

강을 훨씬 효율적으로 내려가는 수단이 있다. 그것은 바로 돛단배이다!

주식시장을 연구한 사람이라면 누구나 공감하는 주식시장의 장점이 있다. 바로 장기간에 걸쳐 연 10%씩 오르는 경향이 있다는 것이다. 당신은 아무 일도 할 필요가 없다. 그래도 바람이 뒤에서 불게 되어 있다. 그 힘을 이용하는 것이 합리적이지 않을까?

장기적 시장수익률이 바로 당신의 뒤에서 부는 바람이다. 이 바람의 역학은 결코 완전히 예측할 수 없다. 하지만 확고한 논리적 토대 위에서 평생 동안 반복적으로 불어온다. 또한 가끔 방향을 바꾸지만 앞보다 뒤에서 불어올 때가 훨씬 많다.

쪽배를 탄 사람들은 이 사실을 모른다. 그들에게 바람은 항상 얼굴 쪽으로 불어온다. 카누를 탄 사람들도 마찬가지다. 그들에게 바람은 크게 중요치 않다.

하지만 당신과 나는 돛단배를 골랐다. 우리는 거기에 같이 탔고, 당신은 술을 가져왔다! 존 보글도 모든 보글주의자 및 지수 추종자들과 함께 이 배에 탔다! 돛이 펼쳐지고 기분 좋은 산들바람이 뒤에서 불어온다.

우리는 투자자로서 아주 멋진 여행을 즐기게 될 것이다. 그저 자리에 앉아서 바람이 배를 밀어주도록 놔두기만 하면 된다. 멋진 복리효과가 바람을 더 거세게 만들 것이다. 그렇게 바람을 타고 끝까지 흘러가면 된다. 물론 날씨가 나쁠 때도 있다. 가끔은 방향을 틀어야 할 때도 있다. 하지만 장기적으로는 그것은 장기적인 여정이 될 것이다 경치와 동지애를 한껏 즐기게 될 것이다. 또한 바람이 앞으로 밀어주는 사이에 함께 부자가 되는 재미를 누릴 것이다.

"항해를 계속해, 은빛 소녀여."•

좋은 주식에 나쁜 일이 일어날 때는 어떻게 해야 할까?

엔비디아의 추이를 살펴보면 좋은 주식에 투자할 경우 실제로 어떤 양상으로 진행되는지를 잘 알 수 있다. 또한 앞선 쪽배·카누·돛단배 비유는 평생에 걸쳐 투자하는 것이 어떤 양상으로 진행되는지를 생생하게 보여준다. 이 사례들이 습관①을 기르는 데 도움이 되기를 바란다!

엔비디아 주식을 1, 2년만 들고 있다가 익절하는 사람들은 주가가 올랐든 내렸든 상관없다. 어차피 그들은 '일찍 은퇴할 기회'를 놓친 것이다 카누를 타고 패들을 젓는 셈이다. 이는 습관①을 정반대로 따르는 것이다. 그들은 대박 종목이 계속 가도록 놔두지 않는다. 대부분의 경우, 이는 '트레이딩'에 해당한다.

• 포크 듀오 사이먼 & 가펑클(Simon & Garfunkel)의 「험한 세상 다리가 되어(Bridge over Troubled Water)」의 한 구절로, 은빛 소녀는 막 흰머리가 나기 시작한 사이먼의 아내를 가리킴―옮긴이

많은 사람들은 두 단어를 같은 의미로 쓰지만, 나는 그러지 않는다. 나 자신 그리고 오랫동안 수십 년 동안 나와 같이 돛단배를 탄 동료들의 투자 결과가 두 단어의 다름을 증명한다.

투자는 트레이딩을 매일 이기지는 못할 수 있다. 하지만 그 이유는 오로지 트레이딩 자체가 매일 매매하는 것이기 때문이다! 하지만 수 주, 수 년, 수십 년에 걸쳐서는 투자가 트레이딩을 반드시 이긴다. 그렇기에 투자의 기간이라는 건 무조건 '장기'가 옳다.

내가 제시하는 장밋빛 비유가 무책임할 정도로 낙관적인 것일까? 분명 나는 '매수 후 보유' 방식을 너무 후하게 평가하고 있다.

행동경제학에 따르면 손실의 고통은 수익의 기쁨보다 3배나 크다. [•]

사고는 터지기 마련이다! 시장은 폭락한다. 트레이더들은 기민하다. 그들은 차트를 살피며, 손실 종목을 오래 들고 있지 않는다.

엔비디아 주식은 2005~2024년 동안 몇 년씩 횡보하기도 했다. 그동안 계속 샀다 팔았다 했다면 큰돈을 벌 수 있었다. 또한 엔비

[•] 대니얼 카너먼(Daniel Kahneman)과 아모스 트버스키(Amos Tversky)는 1979년에 이를 '전망 이론(prospect theory)'으로 정립했다. '손실 회피' 및 그와 관련된 개념들은 현재 폭넓게 인식·인용되고 있다.

디아는 채 1년이 안 되는 기간 동안 주가가 50% 넘게 떨어지는 적도 여러 번 있었다. 시장 전체가 정기적으로 하락할 때도 있었는데, 이럴 때는 대개 적어도 10년에 한 번은 지하실까지 내려갔다!

배를 탄다고? 무슨 배든 뒤집힌다. 기차를 탄다고? 기차도 탈선할 수 있다. 홈런 타자도 삼진을 당한다. 천하의 베이브 루스Babe Ruth라 해도 말이다.

홈런 대 삼진

스포츠를 좋아하지 않거나 미국인이 아니라도 '베이브 루스'라는 이름은 들어보았을 것이다. 그는 1914년부터 1935년까지 프로선수로 뛰면서 야구 역사상 누구보다 많은 홈런을 날렸다. 혼자서 아메리칸 리그의 다른 모든 팀보다 많은 홈런54개을 친 해도 있었다. 그가 세운 총 714개의 홈런 기록은 수십 년 동안 유지되다가 1974년에 마침내 행크 아론Hank Aaron에게 깨졌다. 베이브 루스는 배트만 휘두른 게 아니라 투수도 겸했다. 게다가 성격도 호방해서 오랫동안 최고의 지위를 누렸다. 지금도 그는 역대 최고의 야구선수로 평가받는다. ●

● 이 자리 역시 빼앗길지도 모른다. 오늘날의 대선수인 오타니 쇼헤이는 최고 리그에서 모든 기록을 갈아치우고 있다. (나를 포함한) 팬들은 투타 양면에서 보여주는 그의 탁월한 능력에 경탄을 금치 못한다. 그는 거의 100년 만에 베이브 루스의 길을 따라가고 있다. 다만 전설의 반열에 오르기 위해서는 오랜 시간이 필요하다.

베이브 루스는 타자로서 엄청나게 많은 홈런을 날리며 성공을 거두었다. 하지만 그와 동시에 쌓아올린 다른 역대 최고 기록도 있으니, 바로 1,330회에 달하는 삼진 기록이다. 스트라이크를 3번 당하면 삼진 아웃이 된다. 베이브 루스보다 그 사실을 잘 아는 사람은 없을 것이다.

베이브 루스가 1,000번 넘도록 숱하게 삼진을 당하고, 야유 속에 쑥스러운 미소를 지으며 덕아웃으로 걸어가는 모습을 그려보라. 분명 욕도 많이 먹었을 것이다. '역대 최고 타자'가 홈런보다 훨씬 많은 삼진을 당했다는 사실을 어떻게 받아들여야 할까? 그래도 존경할 만한 사실일까?

각각의 결과가 미치는 효과를 따져보면 답이 나온다. 메이저리그 경기에서는 평균적으로 5점을 내면 승리한다. 홈런을 치면 그 자체로 1점을 딸 뿐 아니라 루상에 나가 있는 다른 주자들까지 불러들일 수 있다. 따라서 1점 홈런은 승리 확률을 20% 이상 높여준다. 반면 삼진 아웃은 9이닝 동안 각 이닝에 팀이 당할 수 있는 3개의 아웃 중 하나에 불과하다. 물론 삼진은 안 좋다! 그래도 하나의 삼진은 패배 확률을 3.7%_{27분의 1} 높일 뿐이다.

둘의 차이는 아주 크다. 1점 홈런은 삼진 아웃보다 훨씬 큰 영향력을 미친다. 실제로 타자가 한 경기에서 4번 삼진을 당한다 해도 이를 '골든 솜브레로golden sombrero'라고 부른다 5번째 타석에서 홈런을 친다면, 해마다 MVP 후보 명단에 오를 것이다.

이 사실은 야구보다 투자에서 더욱 유효하다. 투자의 세계에서는 하나의 홈런의 가치가 더더욱 극명하기 때문이다.

야구의 '포 배거홈런'와 피터 린치가 말한 투자의 '포 배거'가 지니는 가치를 따져보자. 야구의 포 배거는 1점을 올린다떙!. 타자는 공이 아무리 멀리 날아갔더라도 홈베이스에서 멈춘다. 반면 투자에서 포 배거는 계속 불어날 수 있다떙! 떙! 떙! 떙!. 아주 오랫동안 계속 말이다. 이미 앞서서 그 대표적인 사례를 살펴보았다. 앞으로도 더 살펴볼 것이다.

사람들이 진실을 잘 이해하지 못하는 이유 ①
: 지능 이슈

2018년 12월 11일, 모틀리풀은 트위터에서 하나의 질문과 두 개의 선택지로 구성된 간단한 설문조사를 했다.●

다음 중 어느 쪽이 더 마음에 드십니까?

• 하나의 텐 배거 종목과 하나의 70% 손실 종목

• 각각 40% 상승한 두 개의 종목

● tinyurl.com/4nbmv54b

당신은 어느 쪽인가?

총 2,574명이 설문에 참여했으며 결과는 막상막하였다. 응답자의 50.2%가 첫 번째 선택지대박 종목 하나와 쪽박 종목 하나를 선택했고, 49.8%가 두 번째 선택지두 개의 중박 종목를 선택했다.

내 친구 호지스Hodges, @Hdgs는 "결과를 보니 슬프다"라는 댓글을 달았다지금도 이 댓글을 볼 수 있다.

큰 하락 없이 꾸준히 수익을 내는 종목을 선호하는 것도 분명 일리가 있다. 질문 내용에 들어간 '텐 배거'라는 단어가 참여자들에게 혼란을 주었을 가능성도 있다내가 작성하지 않았다. '900% 수익 종목과 70% 손실 종목'이라고 했다면 결과가 달라졌을지도 모른다.

응답자 애런Aaron, @PegasusJockey은 다음과 같이 상황을 잘 정리한 댓글을 달았다. "그렇게 어려운 선택이 아냐! 두 종목에 각각 2,000달러를 투자한다고 쳐. 1번 시나리오는 2만 600달러를 벌고, 2번 시나리오는 5,600달러를 벌어."

홈런과 삼진의 가치를 비교하는 경우처럼 그 차이는 엄청나다.

사람들이 진실을 잘 이해하지 못하는 이유 ②
: 생물학적 이유

당신이 위 질문의 진실을 쉽게 파악했다면 스스로에게 '칭찬 스티커'를 주어라. 아마 우리 독자들은 대부분 칭찬 스티커를 붙였을 것이다. 하지만 자만하지 마라. 생물학적 측면의 이슈는 모두에게 해당된다. 구체적으로 말하자면 이 문제는 수많은 연구 결과●가 뒷받침하는 아래의 명제와도 연관되어 있다.

손실의 고통은 수익의 기쁨보다 3배나 크다.

이는 대단히 중요한 사실이다. 우리는 타고난 생존 본능으로 인해 심리학자와 행동경제학자들이 말하는 '손실 회피' 성향을 타고나게 되었다. 다시 말해 당신이 여기에 존재하는 이유는, 진화 과정에서 '손실 회피' 성향을 지닌 조상들이 살아남았기 때문이다. 그리고 그 성향은 당신의 DNA에 새겨져있다. 물론 모든 연구 결과가 정확히 3배라는 수치에 동의하는 것은 아니다. 내가 양쪽으로 약간 에누리를 했다. 수치보다 전반적인 요지가 훨씬 중요하다.

이 성향은 진화적 근거를 지닌다. 과거에는 음식이나 주거지를 얻지 못하거나 사회적 지위를 잃으면 생명을 잃을 수도 있었다. 따라서 우리는 뭔가를 얻는 데 따른 잠재적 편익을 추구하기보다, 뭔가를 잃는 데 더 민감하게 반응했다. 그렇게 우리의 생물학적 속성은 보상을 얻을 수 있는 불확실한 가능성보다 생명을 보전할 수 있

● 나는 긍정적 감정에 대한 세계적 권위자, 바버라 프레드릭슨(Barbara Fredrickson)의 팬이다. 그녀는 한 놀라운 강연(tinyurl.com/4d6m859e)에서 우리의 '쪽배 비유'와 잘 어우러지는 자신만의 비유를 들었다. 이 주제와 관련하여 『긍정적 지능(Positive Intelligence)』을 쓴 쉬르자드 샤민(Shirzad Chamine)의 연구도 도움이 된다. 물론 비슷한 연구 결과는 그밖에도 많다 (tinyurl.com/yc89uyk4). 가령 카너먼과 트버스키에게 노벨상을 안긴 행동경제학 분야의 연구가 있다.

는 주의와 안정을 선호하게 됐다.

그러나 투자의 맥락에서 이 문제를 이야기해 보자. 나쁜 종목 선택으로 당신이 잃는 최대치는 100%이다나는 거기에 근접한 적이 있다. 이게 최악의 결과, 최대로 당할 수 있는 삼진이다.

최선의 결과는 무엇일까? 수백 배의 돈을 버는 것이다. 엔비디아가 좋은 사례이다. 우리는 이미 엔비디아 주식의 엄청난 수익률을 확인했다. 구체적으로 말하자면 무려 7만 5,379%, 750배에 이른다지금도 계속 오르는 중이며, 우리는 여전히 보유하고 있다.

따라서 최악은 -100%이지만, 최선은 말 그대로 무한대이다.

인간 본성에 따르면 손실의 고통은 수익의 기쁨보다 3배나 크다. 일상에서 이는 우리에게 도움이 된다. 하지만 투자의 세계에서는 독이나 마찬가지다. 우리가 돈에 대해 가져야 하는 올바른 관점의 정반대인 결론을 도출하기 때문이다.

수익의 기쁨은 손실의 고통보다 무한히 커질 수 있다.

이 문장을 다시 읽어라. 머리에 박힐 때까지 계속 읽어라. 나처럼 머릿속에 새겨질 때까지, 지갑에 손을 델 때마다 입으로 읊어라.

손실에 대한 우리의 본능적인 불편감은 수익의 기쁨보다 훨씬 강할 수 있다. 대부분의 무지한 사람들특히 트레이더들을 조종하는 '내면의 비율'은 이렇게 형성된다.

하지만 규칙 파괴 투자는 이를 뒤집는다. 나는 실패보다 성공을 통해 중대한 교훈을 배웠고 투자, 사업, 인생 뭐든, 당신도 그렇게 되기를 바란다. 나는 최악의 종목을 선정한 사실을 투명하게 인정하고, 손실로 처리한 다음 잊어버렸다. 투자 게임을 제대로 하면 손실보다 수익이 훨씬 커진다. 실패에 연연하는 것보다, 통하는 방식에 집중하는 것, 긍정적 지능을 발휘하여 자신 또는 다른 사람들의 성공 사례에서 배우는 것이 훨씬 도움이 된다.

이제 대다수 사람들이 진실을 잘 이해하지 못하는 이유를 알았을 것이다. 어떤 사람은 지능적 문제 때문에 이해하지 못한다. 대다수 사람은 멘탈리티mentality를 조종하는 생물학적 문제 때문에 이해하지 못한다.

이 점을 염두에 두고 이 책에서 가장 긴 장을 마무리하도록 하자. 그 전에 내가 가장 좋아하는 이야기 주제를 소개하고 싶다.

수익을 위한 손실

당신은 규칙 파괴자로서 손실을 입을 것이다. 그것도 많이.

모틀리풀에서 해온 종목 추천을 그만둘 무렵부터, 나는 팟캐스트에서 위와 같은 사실을 알리는 데 주력했다. 2020년 11월에 나간 해당 방송은 '수익을 위한 손실'이라는 적절한 제목을 달고 있었다.•

나는 매달 2개씩, 2004년 10월 이후로 총 389번의 종목 추천을 했다. 그리고…눈을 돌려주기 바란다. 볼 게 못 된다. 아래 문장을 건너뛰고 두어 문단 뒤부터 읽어라. 대단히 감사하다.

389번의 종목 추천 중 50% 이상 손실을 낸 경우는 63번이다.

나는 이 사실이 싫다. 고통스럽고 부끄럽다. 사람들은 나의 조언에 따라 투자했다. 나 또한 나의 방식대로 투자했다. 하지만 그때도 말했고 지금도 말할 것이다. 규칙 파괴 투자를 하려면 손실을 입을 마음의 준비를 해야 한다. 그렇지 않으면 진정한 규칙 파괴 투자를 할 수 없다. 기꺼이 손실을 입을 수 있어야 한다.

그 이유를 말해주겠다. 나는 16년에 걸쳐 389번의 추천 중에서 63번무려 63번! 50%가 넘는 손실을 냈다. 그 후로 몇 년이 지났기 때문에 지금은 그 수치가 더욱 두드러졌다. 그래도 이면의 진실은 변하지 않는다.

하지만 좋은 소식이 있다. 반대로 내가 추천한 종목 중 상위 63번째 수익 종목은 허브스팟HubSpot이다. 이 종목은 방송 시점 기준 402% 상승했다. 그럼에도 내가 추천한 최고의 종목이 아니었다. 심지어 수익률 상위 50위에도 들지 못했다. 그런데 수익률 63위인 허브스팟은 손실률 63위인 50%보다 4배나 많은 역수치를 기록했다이 글을 쓰는 지금은 904%로 늘어났다.

- "Losing to Win", 2020.11.18. tinyurl.com/2pbp6can

계산이 되는가? 당신이 49.2%의 트위터 설문 응답자보다 똑똑하다면 할 수 있을 것이다.

투자에서 최악의 결과는 100%를 잃는 것이다. 그런데 내가 실패한 63개 종목 중 거기까지 간 종목은 하나도 없다. 반면 수익률 63위 종목이 402%의 수익을 올렸다. 그렇다면 어이없을 만큼 종목 추천을 여러 번 잘못했음에도 나의 규칙 파괴 투자가 최고인 이유를 알 것이다.

허브스팟은 겨우 수익률 63위에 불과하다는 사실을 기억하라. 비슷한 시기 우리의 최고 수익 종목은 테슬라로, 무려 125배나 주가가 상승했다. 나는 2011년 11월에 규칙 파괴 기업의 6가지 속성을 토대로 테슬라를 추천했다.

테슬라 한 종목의 수익만 해도

50% 이상의 손실을 낸 63개 종목 전체의 손실보다 크다.

정확하게는 나의 모든 끔찍한 손실을 합친 것보다 3배 이상 많은 수익을 냈다.

이만한 수익을 내는 유일한 방법은 장기간에 걸쳐 규칙 파괴 투자법을 충실히 수행하는 것이다. 그래야만 몬테크리스토 백작이 동굴에서 발견한 것과 같은 황금을 발견할 수 있다. 찾기 어렵고 수수께끼 같지만 엄청나게 큰 가치를 지닌 황금 말이다.

당시 나의 주장을 확고하게 만들어 줄 수익률 2위 종목은 메르카도리브레 MercadoLibre였다. 이 종목의 주가는 103배 올랐다. 그리고 허브스팟401.8%과 테슬라, 메르카도리브레 사이에는 4배에서 103배까지 주가가 오른 60개의 다른 종목이 있었다.

여전히 회의적인 사람들에게 알려줄 사실이 있다. 내가 운영한 모틀리풀의 '스톡 어드바이저' 서비스는 그보다 이전에 시작되었고 2002년 3월, 테슬라보다 높은 수익률을 기록한 종목들도 있었다나중에 알려주겠다.

요점은 이것이다. 우리의 종목 추천은 정확하게 동일한 역학을 가지고 이뤄졌다. 즉, 창피한 손실 종목의 손실을 모두 합쳐도 최고 수익 종목전에는 넷플릭스, 지금은 엔비디아의 수익에 완전히 가려진다.

규칙 파괴 기업을 찾아내는 데 더하여 주가가 오를 때까지 시간을 두고 기다리는 습관①을 체득하면, 이런 일이 일어난다. 나와 같이 다시 한번 말해보자! '규칙 파괴 투자에서는 성공에 따른 수익이 실패에 따른 손실을 완전히 지워버린다.'

하지만 대다수 사람들은 진정한 투자 교육을 받지 못한다. 그들은 거시경제를 호도하는 신문 기사나 '매수 후 보유 전략은 치명적'이라는 TV 논평가들의 이기적인 말에 위축된다. 이 불쌍하고 불행한 사람들거의 모든 사람들은 타고난 멘탈리티 때문에 손실에 대한 두려움에 사로잡힌다. 그래서 쪽배를 타고 뒤로 앉은 채 시간의 강을 건너가면서 너무 잦은 매매를 하고 만다.

다른 한편, 투자와 관련된 수학적 사실은 우리의 타고난 멘탈리티를 멋지게 거스른다. 가능성은 엄청나다. 성공에 따른 수익은 실패에 따른 손실을 훌쩍 뛰어넘는다. 하지만 시야를 넓혀서 이 사실을 깨닫지 못하면, 또 확신을 갖고 과감하게 행동하지 못하면, 숱한 약세장과 폭락에도 불구하고 지난 수십 년 동안 시장이 우리 사회에 베푼 번영을 누릴 수 없다. 엄청난 수익을 누릴 수 없다.

이제 진실이 보이는가? 그 깨달음을 행동으로 또는 무행동으로 옮길 수 있겠는가? 접근법을 개선하여 새로운 습관을 기를 수 있겠는가? 당신이 지닌 모든 돈을 투자하지는 않더라도 나는 항상 그런 방식으로 투자했지만 일부만이라도 지금 시작할 수 있겠는가? 수익을 위한 손실을 받아들일 뿐 아니라 진정으로 즐길 수 있겠는가?

위 질문들 중 적어도 두어 개에 '네'라고 대답할 수 있다면 새로운 투자법을 시도하고, 새로운 습관을 들일 준비가 된 것이다. 그러면 당신의 미래에는 새로운 이야기가 펼쳐질 것이다!

엔비디아는 수많은 사례 중 하나일 뿐이다. 앞으로 나는 엔비디아 같은 성공담들을 더 많이 들려줄 것이다. 서두에서 말한 대로 엔비디아는 '당신이 알아야 할 모든 것을 말해준다. 귀를 기울이기만 한다면.'

습관①: 대박 종목은 일단 계속 가도록 놔둬라

2

물타기는 두 번 다시 하지 말고,
불타기를 하라

습관②는 언뜻 보면 그다지 복잡하지 않다. 하지만 그것을 실천하는 건 복잡하다.

습관 ② : 물타기는 두 번 다시 하지 말고, 불타기를 하라

새로 생긴 돈을 어떻게 할지 고민하는 것은 행복한 일이다! 나는 당신이 월급날마다 그런 고민에 빠지기를 바란다. 무엇보다 '새로 생긴 돈' 자체가 점점 많아지도록 당신의 인생을 발전시켜라. 그러기 위해서는 당신의 가치를 키워서 직장과 세상에서 중요한 존재가 되어야 한다.

본격적으로 새로 생긴 돈을 어떻게 처리할지 생각해보자. 일단 월급의 일정 부분을 자동으로 저축하라. 총 저축액은 최소한 월급의 5%는 되어야 한다우리 회원들은 10% 이상을 추구한다. 그러고 남은 돈을 새로운 종목 또는 이미 보유한 기존 종목에 투자하는 것이다.

지금 당장 포트폴리오를 짜지는 않을 것이다. 그 작업은 3부에서 할 것이다. 지금은 당신의 투자 방식 자체에 초점을 맞추고 있다.

기존 보유 종목에 추가로 돈을 넣는다면 어떻게 넣어야 할까? 이때 물타기를 하지 말고 불타기를 해야 한다. '물타기double down'란 손실 종목을 추가로 매수하는 행위를 가리키고, '불타기add up'란 수익 종목을 추가로 매수하는 행위를 가리킨다.

그래야 하는 이유가 무엇일까?

저점 매수, 고점 매도

당신이 지금 읽고 있는 책은 '규칙 파괴'에 대한 것이다. 그러니 나의 접근법이 인간의 심리와 기대 그리고 통념, 특히 '저점 매수, 고점 매도'라는 상투적인 구호에 어긋날 것이라고 예상해야 한다.

'저점 매수, 고점 매도'는 트레이더들이? 순진한 대중을 바보fool로 만드는 가장 해로운 구호이다.

나는 '대문자 바보Fool'와 '소문자 바보fool'를 엄격하게 구분해 사용한다. 나는 '바보스러움Foolishness'을 칭송하며, 궁정 광대와 같이 '남들과 다르게 생각하는 바보'가 되려고 노력했다. 스티브 잡스의 '다르게 생각하라'라는 말이 나의 의도를 대변한다. 반대로 일반적인 바보, 그러니까 멍청이, 백치, 얼간이 등 전통적인 종류의 바보가 되기를 원치는 않는다.

어찌됐든 '저점 매수, 고점 매도'는 '어떻게 하면 주식투자로 부자가 되나요?'라는 질문에 대한 당연한 답이자, 아무 생각 없는 뻔한 조언으로 제시된다.

어떤 사람들은 매도 목표가를 정해야만 매수에 나선다. 이를 '매도 원칙'이라고 부르는데, 오늘날 매도 원칙은 '자신을 투자자라 부르고 싶다면 반드시 지켜야 하는 무언가' 쯤으로 여겨진다. 진지한 전문가들투자자들이나 저널리스트들은 안경 너머로 당신을 바라보며 '당신의 매도 원칙은 뭔가요?'라고 묻는다.

문제는 '매수사실은 저점 매수도 아니고 고점 매수. 자세한 내용은 9장에서' 바로 다음에 '매도'가 나온다는 것이다. 1장의 요점을 다시 반복하지는 않을 것이다. 그러나 당신은 대박 종목이 일단 계속 가도록 놔둬야 한다는 사실을 이미 알고 있다. 이는 매도 원칙특히 저점 매수, 고점 매도이라는 단어 자체를 깨부수는 말이다.

당신이 외워야 할냉장고에 붙여둬야 할 구호는 '고점 매수, 매도 자제'이다. 규칙 파괴 투자는 장기적으로 우상향하는 종목에 초점을 맞춘다. 투자금을 추가할 때도 이런 종목에 투자한다. 꾸준히 상승하는 종목 말이다.

그러나 대다수 사람들은 반대로 한다. 즉, 저점에서 매수하여 손실이 나도 계속 돈을 넣는다. 이처럼 하락한 종목에 추가로 돈을 넣는 것을 물타기라 한다. 물타기를 하는 이유는 포트폴리오에 있는 다른 수익 종목과 균형을 맞추기 위해서이다. 분산 투자를 하는 뮤추얼펀드는 대규모로 물타기를 한다.

나의 아버지는 내가 아주 어릴 때 물타기가 뭔지, 그게 얼마나 해로운지를 설명해주었다 고마워요, 아버지. 물타기는 망한 투자에 소중한 돈을 태우는 것이다. 물타기를 하면 장기적으로 시장수익률보다 못한 수익률을 올리게 된다.

물타기는 본전을 되찾고 싶어 하는 인간의 욕구를 반영한다. 이 욕구를 '매몰비용의 오류'라 부른다. 손실이 났을 때 '본전을 되찾아야 한다'는 생각은 잘못된 것이다. 그럼에도 많은 투자자들은 그렇게 생각한다. 나는 오랫동안 컨퍼런스나 저자 사인회, 온라인에서 그들과 대화를 나누었고, 그들의 통념에 반박했다.

본전을 되찾으려고 애쓰지 마라.

이미 벌어진 일이 아니라 앞으로 벌어질 일에 초점을 맞춰서 모든 투자를 재평가하라. 주가가 80% 올랐든 아니면 내렸든 간에 거기에는 당신의 돈이 걸려있다. 당신의 목표는 최적의 수익률을 올리는 것이다. 진입 가격에 집착하거나 본전을 찾는 데 골몰하지 마라.

대신 투자할 돈이 생기면 '어떻게 하면 앞으로 최선의 결과가 나오도록 투자할 수 있을지' 고민하라. 과거의 수익과 손실은 이 문제와 무관하다. 시장은 당신이 얼마를 지불했는지 신경 쓰지 않는다. 그만큼 당신이 거둘 수 있는 수익에도 한도가 없다.

또한 80% 손실이 난 종목의 주가가 본전으로 되돌아와야 할 이유도 없다. 하지만 사람들은 80% 손실을 확정하는 것을 두려워한다. 그래서 길게는 몇 년 동안 계속 돈을 묶어둔다.

이는 새로 생긴 돈에 적용할 바람직한 투자 심리가 아니다. 과감하게 미련을 접고, 앞으로 성공을 거둘 수 있는 방향으로 나아가야 한다.

나는 투자한 종목의 주가가 떨어지면 알아서 회복하도록 놔두는 것을 선호한다. 마치 자녀를 혼내는 부모처럼 '네가 이런 지경을 자초한 거야! 그러니까 스스로 빠져나와'라고 꾸짖는다.

이 책 전반에 걸쳐 소개하는 규칙 파괴 기업들에게는 더욱 그렇게 한다. 이 종목들은 투자 세계의 불사신 같은 존재가 아니다. 펠로톤Peloton이나 고프로GoPro 같은 신흥 혁신기업의 주가는 뭔가 문제가 생기면 폭락했다가 다시 반등하지 못한다. 그것이 규칙 파괴 투자의 속성이다.

나는 월마트Walmart, 보잉Boeing, 마이크로소프트Microsoft 같은 대마불사 기업도 높이 평가한다. 이 기업들은 오랫동안 심각한 주가 침체와 고질적인 경영 문제에 시달렸다. 그럼에도 불구하고 장기적으로는 다시 살아났다. 반면 핏빗Fitbit, 로제타스톤RosettaStone, 블루에이프런BlueApron, 티보TiVo 같은 기업은 그렇게 하지 못했다.

답은 간단하다. 상승한 종목에 추가로 돈을 넣고, 하락한 종목은 스스로 궁지에서 벗어날 때까지 무시하라. 이는 돈을 잃는 것이 아니라 버는 지점까지 오르도록 기다리는 것을 뜻한다.

어떤 사람들은 망하게까지 만들었지만, 나는 절대 저지르지 않았고 앞으로도 저지르지 않을 실수가 있다. 그것은 망한 투자에 소중한 돈을 태우는 것이다. 절대 본전을 되찾으려고 하지 마라. 그 길로 가면 거지가 될 뿐이다.

습관②를 기르는 것이 대단히 중요한 이유가 거기에 있다.

습관 ②: 물타기는 두 번 다시 하지 말고, 불타기를 하라

습관②를 달리 표현하면 이렇다.

흥한 투자에 소중한 돈을 더 넣어라!

오직 수익이 난 종목, 잘나가고 있는 종목에만 추가로 돈을 넣어라. 절대 반대로 하지 마라. 하지만 대부분의 사람들대다수 전문가와 분산 투자 요건을 지켜야 하는 거의 모든 대형 뮤추얼펀드은 반대로 한다. 그들은 소위 비중 조절과 물타기를 하면서 옛말처럼 '꽃을 자르고 잡초에 물을 준다.' 꽃에 물을 줘서 성장을 촉진해야 한다. 그래야 당신이 투자한 돈이 더욱 힘을 낼 수 있다!

기회 > 헐값

영국 시인 새뮤얼 존슨Samuel Johnson은 '언어는 사고의 옷이다'라고 말했다. 나는 영문학을 전공했기에 내 머릿속에 남아있는 이런 말들이 계속해서 나의 삶에 도움을 줬다.

사고의 질은 대개 우리가 사용하는 언어와 연계된다. 반대로 우리가 사용하는 언어의 질은 대개 사고의 질에 영향을 미친다. 당신 그리고 다른 사람들이 어떤 말을 쓰는지 주의 깊게 살펴라. 언어는 중요하며, 금보다 귀하다추상적이고 무게가 없다는 점을 감안하면 더욱 그렇다.

'헐값'이라는 단어가 좋은 사례이다. 많은 투자자는 이 단어를 좋아한다. 마치 동네 마트 매장에 걸린 '30% 할인!'이라는 광고판처럼 말이다. 그들은 주식이 헐값에 팔릴 때를 항상 기다린다. 그들이 보기에는 주가가 100달러일 때 '그냥 좋았던 종목'이라면, 52달러일 때는 '사랑해야 마땅한 종목'이 된다.

때로는 그들의 생각이 옳다. 그때는 헐값 매수자들의 천국이 열린다. 하지만 그런 때는 자주 오지 않는다. 거의 모든 주가는 10년 단위로 분석해보면 3년 중 2년 동안에는 매일 오른다. 즉 우리가 투자해야 할 규칙 파괴 기업 중 다수는 대부분의 기간 동안 그들이 말하는 헐값으로 거래되지 않는다.

그러나 만약 그 기업이 초기 단계에 있다면 투자 인생에서 접하기 힘든 엄청난 기회를 제공한다.

내가 '기회'라는 단어를 좋아하는 이유가 여기에 있다. 나는 헐값이 아니라 기회를 추구한다. 시장을 압도하는 수익률을 올리는 데 있어서 기회는 언제나 내게 헐값보다 더 큰 도움을 주었다.

'기회'를 말하고 좇기 시작하면 실제로 그것을 찾을 가능성이 훨씬 높아진다. 이런 마음가짐은 기존 보유 종목에 불타기를 할 때 큰 도움이 된다. 습관②는 '헐값'이 아니라 '기회'를 좇는 것이다. 내 말이 명확하게 전달되었기를 바란다.

또한 이해하는 것과 실천하는 것은 다른 문제이다. 당신이 실천의 고비를 잘 지날 수 있도록 사례를 하나 들어보겠다.

조정을 기다리면 랠리를 놓친다

주가가 조정받을 때 사려고 하는가? 대다수 투자자들은 그렇게 한다. 하지만 나는 아니다.

우선, 어떤 종목들의 경우 적어도 한동안은 조정이 나오지 않는다. 논리적으로 보면 그런 종목은 대개 최고 상승률을 기록한다_{한 번도 조정받지 않았으니 당연하게도}. 즉, 조정을 기다리다가는 랠리를 놓친다.

나는 조정보다는 랠리를 좇는다. 만성적으로 조정을 기다리는 사람들은 어느 시기든 최고 상승 종목을 놓치기 마련이다. 혹은 뒤늦게 좇아갈 확률이 아주 높다.

2000년대 중반 무렵, 우리가 추천한 규칙 파괴 기업 중에서 단연 두드러진 종목은 치폴레Chipotle였다. 나의 명민한 동료, 릭 무나리즈Rick Munarriz가 2007년 1월 17일에 치폴레를 추천했다우리는 지금도 보유하고 있다.

그 시점의 주가는 1.212달러다. 그러나 이는 주식분할 후에 계산한 가격으로, 릭이 추천할 당시의 실제 주가는 같은 숫자가 2번 반복되는 60.60달러였다. 치폴레는 상장 후 30년 동안 한 번도 주식분할을 하지 않다가 2024년 6월에 50대1이라는 뉴욕증권거래소 역사상 최대 규모의 주식분할을 단행했다. 여기서는 주식분할 후의 가격을 기준으로 얘기하겠다.

릭이 추천한 후 조정을 기다리며 매수를 미룬 사람들은 그보다 6개월 후인 7월 중순에 기회를 맞았다. 치폴레의 주가는 1.80달러에서 1.60달러로 11% 하락하면서 '세일' 수준이 되었다. 기간은 단 2주였다. 시기만 정확하게 맞추면 되었다. 아마도 소수 투자자는 조정기 때 1.60달러에 치폴레 주식을 사들였을 것이다.

그러나 우리의 매입단가는 1.212달러였다. 즉, 조정기에 매수한 사람들은 처음부터 매수한 사람들보다 33%나 더 많은 돈을 지불해야 했다.

다른 한편, 나와 나의 동료들이 2007년에 추천한 최악의 종목은 시네론메디컬SyneronMedical, 포스프로텍션ForceProtection, 존스소다 JonesSoda였다. 이 종목들은 곧바로 30%에서 40%씩 하락하면서 저가 매수 기회를 제공했다. 조정을 기다리는 저가 매수자들은 이 최악의 종목들을 쉽게 많이 사들일 수 있었다.

끔찍한 시장 여건에서 우리가 고른 이 형편없는 추천 종목들은 2개는 내가 골랐다 각각 최종적으로 -77%, -92%, -82%를 기록했다. 그리고 이렇게 주가가 내려가는 동안 저가 매수자들은 '더 큰 기회가 왔다'며 더 많은 자산을 끌어다 이 종목들에 투입했을 것이다.

이런 식으로 주식을 고르고 자산을 배분하다보면 수익 종목을 놓치고, 손실 종목을 사고, 돈을 잃고, 결국 시장에서 밀려난다. 그렇게 그들은 '종목 선정은 나한테 맞지 않아'라고 말하며 인덱스펀드에 올인한다. 이 책은 바로 이런 잘못된 생각들을 바로잡을 것이다!

이 장을 마무리하기 전에 전하고 싶은 사실이 두 가지 더 있다. 첫째, 1장에서 말한 '수익을 위한 손실'이라는 나의 핵심 신조가 여기서도 빛을 발한다. 만약 당신이 투자한 세 개의 종목이 -77%, -92%, -82%의 손실률을 기록했다면, 아마도 당신은 완전히 망했다고 생각했을 것이다나도 약간은 그랬다!.

하지만 네 번째 종목인 치폴레가 그때까지 4,875% 상승했다. 많은 사람들은 한 종목이 -75%의 손실을 내는 것을 두려워한다. 같은 해에 고른 3개의 종목이 그보다 더 많은 손실을 내는 것은 말할 필요도 없다. 하지만 +4,875%라는 네 자릿수 수익과 합쳐서 평균하면 -77%, -82%, -92%의 손실은 눈 녹듯 사라져 버린다.

장기적으로 큰 수익을 올리기 위해 끔찍해 보이는 두 자릿수 손실을 겪어야 한다면 나도 이것들이 끔찍하다고는 생각한다, 얼마든지 감수할 수 있다.

다시 말하지만 핵심은 조정이 아니라 랠리이다. 우리는 '룰브레이커' 코너에서 한 달에 두 종목씩 추천했다. 위에서 언급한 종목들은 그 중 2007년의 최대 손실 종목 3개와 최대 수익 종목 1개이다. 그 해에 우리가 추천하여 지금도 보유하고 있는 6개의 다른 수익 종목도 있다. 이 종목들은 100%에서 1,400%의 수익률을 기록했다.

습관 ②: 물타기는 두 번 다시 하지 말고, 불타기를 하라

'당신이 소유하고 싶은 기업'의 주식에 투자해야지 '조정 때나 매수하려는 주식'에 투자해서는 안 된다. '주가 예측자'가 아니라 '투자자'가 되어라. 최고의 주식을 보유했다면, 거기에 계속 돈을 넣는 것이 가장 확실한 방법이다.

그러면 조정을 기다리며 치폴레 주식을 바라보기만 하는 사람이 아니라, 치폴레 주식으로 돈을 버는 투자자가 된다.

'케소queso●는 빼주세요!'

● 스페인어로 치즈를 뜻함-옮긴이

3

최소한
3년은 보유하라

광고 시간에 동료 진행자가 내게 물었다. "어제 일을 겪고도 여전히 클라우드 컴퓨팅 주식을 좋아하세요?"

나는 똑똑하고 젊은 앵커와 함께 CNBC의 아침 주식 방송을 진행하고 있었다. 우리의 관점은 너무나 달랐다. 나는 첫 광고 시간에 세일즈포스Salesforce 등 내가 좋아하는 몇 개의 주식을 언급했다. 그러자 그녀의 입이 쩍 벌어졌다. 전날 클라우드 컴퓨팅 업종이 7%에서 10%나 급락했기 때문이다.

"어제 일을 겪고도 여전히 클라우드 컴퓨팅 주식을 좋아하세요?"

그 동료 진행자는 데이트레이더나 고빈도 매매를 하는 슈퍼컴퓨터가 아니었다. 그녀는 학벌 좋고 잘나가는 방송인으로서 새벽에 일어나 주식 뉴스를 전달했다. 사람들은 그날의 기업계 동향과 시황을 알기 위해 그녀의 말에 귀를 기울였다.

하지만 어떤 의미에서 그녀는 데이트레이더였다. 주식 뉴스를 전하면서 먹고사는 사람이 '어제 일을 겪고도 그 주식을 좋아하냐'는 식으로 다른 사람의 투자 의견을 비꼰다고? 그녀는 주식을 데이트레이딩하는 것이 아닌 주요 기사, 추세, 화제를 데이트레이딩한다고 말할 수 있었다.

그녀의 일은 돈을 받고 투자 자문을 해주는 것이 아니다. 우리는 그녀와 같은 일을 하는 사람들을 투자 전문가로 혼동하거나, 그들의 말에 따라 투자해서는 안 된다. 대부분의 CNBC● 시청자들은 이 부분을 모르겠지만 말이다.

미식축구 경기를 분 단위로 좇아가다 보면 모든 움직임, 패스, 슛, 태클이 중요한 의미를 지니는 것 같아 보인다. 그래서 그 의미를 확대해석하게 된다. 이와 비슷한 효과가 그녀와 주식시장 사이에서도 일어나는 것이다.

사실 그녀는 자기 일을 아주 잘한다. 어느 시간대든 생방송을 진행하는 건 아주 힘든 일이다. 아마 그녀는 삶의 대다수 측면에서 예의 바르고 모범적인 사람일 것이다. 하지만 유독 주식시장과 관련해서는 자신 그리고 우리의 이익에 상반되는 생각과 행동을 한

● 주식 및 비즈니스와 관련된 프로그램을 주로 방영하는 미국의 방송사-옮긴이

다. 아이러니하면서도 약간 어이없는 일이다.

우리 같은 일반인이 월가와 지수의 수익률을 뛰어넘는 방법이 무엇인지 궁금하다면, 이제는 그 답을 알 것이다. 장기적으로 시장을 이기는 가장 확실한 방법은 삶의 다른 측면에서 그러하듯, 돈에 대해서도 똑같은 평정심과 관점을 유지하는 것이다. 어쩌면 '변하지 마Don't go changing'라는 빌리 조엘Billy Joel의 노랫말은 가장 훌륭한 투자 비결인지도 모른다.

단기 매매를 하지 말고 주식을 사서 계속 들고 있어라! 아래 규칙을 지키면 훨씬 좋은 결과를 얻을 것이다.

습관 ③: 최소한 3년은 보유하라

최소 보유 기간이 3년보다 짧다면 투자를 잘못하고 있는 것이다.

인베스티레: 투자는 유니폼을 입는 것

우리는 '투자'의 의미가 무엇인지, '투자한다'는 것이 어떤 양상인지부터 다시 배워야 한다.

'투자investment'의 라틴어 어원은 '인베스티레investire'이며, 그 뜻은 '옷을 입다 또는 의상을 걸치다'이다. '성직자의 의복priestly vestments'

같은 어구와 관련이 있다.

팬들이 좋아하는 팀의 유니폼을 입은 모습을 떠올려 보라. 그들은 자기 팀의 유니폼을 입고 경기장에서 자기 팀을 응원한다. 팀이 이기든 지든 유니폼을 계속 입는다. 시즌 성적이 좋든 나쁘든 유니폼을 계속 입는다. 왜 그럴까?

깊이 애착하기invested 때문이다.

아이러니하게도 인생에 있어 훨씬 큰 가치를 지닌 주식보다 스포츠 팀에 애착하는 사람들이 더 많다. 스포츠팬들은 자기 팀이 모든 경기를 이기거나 모든 시즌을 우승하지 못한다는 사실을 안다. 그렇지만 그 팀을 계속해서 응원한다.

규칙 파괴자들 또한 자신이 투자한 주식들이 모두 성공할 수 없다는 사실을 안다. 그러나 좋은 팀을 꾸렸다면 그대로 계속 간다. 스포츠팬들이 그런 것처럼.

'옷을 입는다'는 원래 의미 그대로 투자하는 사람들도 있다. 어떤 사람은 애플Apple 로고가 찍힌 물건을 사고, 룰루레몬Lululemon 옷을 사랑하며, '할리Harley' 문신을 어깨에 새긴다한 명이 다 한다는 건 아니다. 당신의 옷장에도 기업 로고가 인쇄된 옷이 있을지 모른다.

내가 당신에게 바라는 바는 어떤 주식을 샀으면, 옷보다는 오래 보유하라는 것이다.

기업 로고가 찍힌 셔츠가 있든 없든 간에, 당신이 투자하는 회사에 애정을 가져야 한다. 나의 포트폴리오에는 세상에 좋은 일을 하고, 목적의식이 있고, 장기적 관점에서 경영하고, 회복탄력성이 있고, 다양한 선택지를 열어두는 기업들의 주식이 들어있다. 나는 그 기업들의 성공이 더 나은 세상으로 이어진다고 믿는다.

당신도 나처럼 '애착'한다면, 그 기업이 힘든 시기에도 계속 유니폼을 입게 되어있다. 스포츠 팀을 평생 응원하듯 주식에 투자하는 사람들은 더 현명해지고 행복해지고 부유해질 것이다.

어떤 사람들에게는 단기 매매가 합리적으로 보일 수 있다. 증권가와 방송가에서 경마식 시황 보도로 투자가 아닌 트레이딩을 유도한 결과다. 이러한 행태는 실로 안타깝다. 그로 인해 생기는 불행한 일이 얼마나 많을지는 헤아리기 어렵다.

트레이딩이 아니라 투자가 기본이 되어야 한다.

그렇다고 해서 트레이딩 자체가 없어져야 한다는 건 아니다. 특히 채권 트레이더나 선물 트레이더 같은 전문 투자자들이 하는 트레이딩은 더욱 그렇다. 그들은 시장을 움직이고 뒷받침한다. 원활한 매매와 풍부한 유동성을 위해서는 트레이더들이 필요하다.

그들 덕분에 주식투자자들은 1초 만에 포지션을 드나들 수 있다. 이는 집을 매매할 때보다 약 423만 3,600배 더 빠른 속도이다.집을 파는 데 걸리는 시간은 평균 49일.●

● Josephine Nesbit, "How Long Does It Take to Sell a House?", 「U.S. News & World Report」, 2024.6.28.(2021 Ellie Mae Insight Report에서 재인용)

그러나 대다수의 주가 폭락과 사기 또한 트레이더들 때문에 발생한다. 그들은 자산 시장을 한껏 부풀리고 그 가치가 부풀려졌음이 세상에 알려지기 전에 보유 물량을 빠르게! 처분하려 한다. 대부분의 문제가 이 과정에서 생긴다.

뛰어난 개미 트레이더는 실로 드물다. 설령 당신이 거기에 해당한다고 해도, 트레이딩은 시간을 너무 많이 잡아먹는다.

우리 같은 일반 투자자들에게는 투자에서 벗어나 이 세상에 머무는 짧은 인생을 훨씬 흥미롭게 보낼 수 있는 수많은 방법이 있다. 그런 일들을 하는 것이 차트의 작은 움직임을 주시하거나, 동료 진행자와 모닝커피를 마시거나, 습관처럼 주식시장, 암호화폐시장, 외환시장을 살피는 일보다 훨씬 가치 있다.

이는 좋은 소식이다! 만약 현재 당신이 단기 매매에 매달리는 습관을 갖고 있다면, 그 습관을 습관③으로 바꿔라. 그러면 삶을 더 즐길 뿐 아니라 투자수익률도 높일 수 있다. 나는 뭔가를 내줄 필요가 없는 '유리한 교환'을 좋아한다.

당신이 막 고향 스포츠 팀의 팬이 되었다고 상상해보라. 얼마 후 당신의 할머니나 삼촌 같은 현명한 사람이 당신을 앉혀놓고 근엄하면서도 애정 어린 목소리로 이렇게 말한다. '이제 우리 팀의 팬이 되었으니 최소 3년은 응원하는 것을 진지하게 고민해줬으면 좋겠다.'

웃기는 말 아닌가? 어차피 당신은 고향 팀이라서 최애하는 브랜드라서, 운동이라서, 사상 또는 사람이라서 팬이 된 것이다. 그런데 최소 3년이라는 제약을 거는 것은 웃기는 일이다.

내가 보기에는 습관③을 기르라고 굳이 말하는 것도 웃기는 일이다그래도 말하련다!.

습관 ③ : 최소한 3년은 보유하라

꿀밤 때리기 운동

이 책에 담긴 좋은 내용은 대부분 내가 본보기로 삼는 나의 아버지, 피터 린치, 워런 버핏, 개구리 커밋Kermit the Frog●, 고대 그리스인에게서 빌린 것이다.

하지만 내가 독창적으로 개발한 것도 있다. 나는 주식책 저자 중에서 최초로 '꿀밤을 때려달라' 부탁하는 사람이 되려고 한다구체적인 조건에 따라 때려달라는 거지, 그냥 때려달라는 게 아니다!.

조건은 이렇다. 내가 '장기 투자자' 또는 '장기 투자'라고 말할 때마다 꿀밤을 때려도 좋다. 내게로 와서 주먹으로 꿀밤을 때려라. 그러면 잠깐은 아프고 멍하겠지만 곧 깨달을 것이다. '장기 투자자'라고 말해서 맞은 거라고. 나는 이것을 '꿀밤 때리기 운동'이라 부른다.

● 「세서미 스트리트(Sesame Street)」에 나오는 개구리 캐릭터-옮긴이

왜 이런 운동을 하냐고?

'투자'라는 단어를 존중하고 보호하기 위해서다. 투자의 어원은 앞서 설명했다. 내 말을 이해했다면 당신은 대다수 사람들이 모르는 영원한 진실도 알고 있는 것이다. 투자는 본질적으로 장기적이라는 진실 말이다.

따라서 '장기 투자'라는 말은 동어 반복이다. 또한 장기 외에 다른 형태의 투자도 가능하다고 암시하기 때문에 오해를 초래할 수 있다. 그런 것은 없다. 그렇다면 '단기 투자'는 무엇일까? '형용 모순'이라 할 수 있겠다.

한 번은 팟캐스트 방송에서 이런 질문을 받은 적이 있다. '단기 트레이딩으로 돈을 벌어서 그 돈으로 장기 투자를 하는 것은 좋은 전략인가요?'

고등학교 2학년 때 내게 작문을 가르쳤던 케릭_{Kerrick} 선생님은 단순한 문장을 좋아했다. 그는 위 질문에서 두어 개의 단어를 지워서 더 간략하게 줄였을 것이다. '트레이딩으로 돈을 벌어서 투자를 하는 것은 좋은 전략인가요?'라고 말이다.

혹은 이렇게 표현할 수도 있겠다. '나쁜 일을 해서 좋은 일에 이르는 것은 좋은 전략인가요?' 나는 마키아벨리주의자가 아니다. 그러니 이 질문에 내가 어떻게 대답할지도 알 수 있을 것이다.

또 다른 팟캐스트 청취자는 몇 마디 안 되는 말로 내게는 아주 극진한 칭찬을 해주었다. 그가 한 말은 "당신 덕분에 트레이딩과 투자의 차이를 알게 되었다"는 것이었다. 아트 버크Art Burke! 고마워요.

몇 년 전, 마크 레이건Mark Reagan이라는 어린 직원이 우리 회사에 들어왔다. 그는 올바른 가정교육을 받고 자란 청년이었다. 그의 멋진 어머니는 그에게 이렇게 물었다고 한다. "마크, 돈을 버는 3가지 수단이 있어. 하나는 머리, 다른 하나는 몸, 또 다른 하나는 돈이야. 너는 어느 걸 선택할래?"

마크는 '돈으로 돈을 버는' 세 번째 선택지에 매료되었다. 돈으로 돈을 벌다니, 우리는 얼마나 멋진 세상에 태어난 걸까!

하지만 돈보다 더 소중한 것이 있다. 바로 우리의 시간이다.

나는 트레이딩을 '50% 확률로 돈을 벌려고

많은 시간을 들이는 것'이라고 정의한다.

아마 트레이딩은 마크의 어머니가 제시한 돈 버는 방법 목록에 들어있지도 않을 것이다.

평범한 투자자도 아주 뛰어난 트레이더보다 나은 수익률을 올린다. 그것도 훨씬 적은 노력으로. 더 말할 필요도 없다. 증권사 계좌 통계만 봐도 수동적으로 투자하는 계좌가 적극적으로 트레이딩하는 계좌보다 수익률이 높다는 걸 알 수 있다. 투자자는 시간을 적이 아닌 우군으로 삼는다. 또한 투자는 세금 측면에서 훨씬 유리하다. 그밖에도 수많은 장점이 있다!

나는 주식을 오래 보유하는 게 불가능하다고 생각하는 사람이 많다는 것이 놀라울 따름이다. 무슨 큰 기술이 필요한 것도 아닌데 말이다. 사실은 아무런 노력을 하지 않아도 된다. 오히려 매도하려면 그리고 다시 사들이려면 노력이 필요하다.

주식을 사서 오래 들고 있는 것이 투자이다. 이 멋진 단어에 쓸데없이 수식어를 붙일 필요가 없는 이유가 거기에 있다.

아직 나한테 꿀밤을 때린 사람은 한 명도 없지만 나도 말실수를 할 가능성은 있다. 그리고 그 재미를 나 혼자만 누리고 싶지 않다. 혁명에 동참하여 당신의 꿀밤 때리기 운동을 시작하라. 가족과 친구들을 도와주어라!

주식시장의 롤러코스터

습관③의 핵심은 실천하는 것이며, 또 다른 핵심은 자신이 장기적 게임을 하고 있음을 인식하게 만드는 최소한의 기간을 정하는 것이다. 3년은 최소치이다. 나는 30년을 선호한다.

이 최소치는 '시장이 3년 단위로 1년 동안 하락한다'는 고전적 통계와 연관되어 있다. 길게 보면 10년에 걸친 시장의 환상적인 롤러코스터 코스는 우리의 속을 뒤집어놓기도 한다. 거기에는 반드시 '추락'이 포함되어 있다.

하지만 이 사실을 알고 있다면 당신이 언제 주식을 매수하든 두려움에 휩쓸리지 않을 수 있다. 습관③은 하강 구간 때문에 멋진 목적지에 도달하지 못하는 일이 없도록 당신의 의지를 다져준다.

다만 투자와 실제 롤러코스터 사이에는 한 가지 큰 차이점이 있다. 그 점을 알아보기 위해 잠깐 롤러코스터를 같이 타보자. 소지품은 가까운 보관함에 넣어라.

환영한다! 탑승차에 올라타서 안전띠를 매고 안전바가 고정되었는지 확인하라. 신나는 시간을 즐길 마음의 준비를 하라. 원래는 손이나 발을 허공으로 들면 안 되지만, 하고 싶으면 해도 된다.

인터넷으로 검색해 보면 전체 탑승자 중 절반은 롤러코스터를 즐기지 못한다고 한다. 그래도 3분밖에 안 되는 시간을 즐기기 위해, 몇 시간이나 줄을 서지 않았나?

자, 그러면 출발!

당신은 계속 올라가다가 힘들게, 천천히 마지막 고비를 넘어간다. 그러다가 슈우웅!!!!! 정말로 빠르게 내려간다!주식시장이 가끔 그러듯 뒤이어 갑자기 오른쪽으로 360도 회전하더니휘이익! 다시 왼쪽으로 360도 회전한다! 그리고 다시 올라가다가 힘들게, 천천히 마지막 고비를 넘은 다음 슈우웅! 내려간다. 또 다른 하강 구간이 2연속 360도 회전 구간으로 이어진다세상에!.

나머지 구간도 마찬가지로 불안과 흥분이 교차하는 순간들로 가득하다. 다행히 중간중간 한숨 돌릴 구간이 있다. 그러다가 속도가 줄더니 마침내 종착지에 도착한다. 이제 우리 모두 내려야 할 시간이다.

우리가 겪는 주식시장은 이처럼 숨 가쁜 롤러코스터와 너무나 닮았다. 어린 시절에 타던 롤러코스터 말이다.

그러나 당신이 인식하지 못하고 있는 사실이 있다. 숱한 360도 회전과 연속 360도 회전, 느린 상승과 토할 것 같은 급하강에도 불구하고 투자의 롤러코스터는 내내 조금씩 상승하고 있다는 것이다.

놀라운 사실!

** 놀이공원의 롤러코스터와 달리,

투자의 롤러코스터는 출발한 곳으로 돌아오지 않는다. **

앞서 말한 큰 차이점은 바로 이것이다.

안전띠를 풀고, 안전바를 올리고, 소지품을 챙겨라. 그리고 주위를 둘러보라. 투자의 롤러코스터는 당신을 산꼭대기로 데려다 주었다. 경치가 얼마나 아름다운가? 롤러코스터를 끝까지 타고 나면 보게 되는 풍경은 그 모든 회전과 하강을 견딜 만한 가치가 있게 만들 것이다.

습관 ③ : 최소한 3년은 보유하라

만약 주식투자를 주제로 놀이공원을 만든다면, 당신이 방금 탔던 규칙 파괴 롤러코스터를 넣어주었으면 좋겠다.

앞서 당신과 당신의 가족은 아래와 같은 표지판을 휙 지나쳤을
지도 모른다.

'어제 일을 겪고도 여전히?'

우리는 그냥 롤러코스터를 즐기면 된다. 가만히 앉아서 모든 하
강을 견디려 한다면 그다지 즐겁지 않을 것이다. 특히 중간에 계속
쌓여가는 여러 번의 10% 상승을 알아채지 못할 때는 더욱 그렇다.

투자의 롤러코스터는 당신을 출발점으로 데려가지 않는 세계 유
일의 롤러코스터이다. 대신 당신이 꿈꾸던 것보다 훨씬 높은 곳으
로 데려다 준다.

어떤 사람들은 이를 '은퇴'라 부른다. 혹은 애초에 이 롤러코스터
를 탄 이유가 은퇴라고 말하기도 한다.

4

의식 있는 자본주의의
4가지 신조를 따르라

비영리 교육 단체 '티치 포 아메리카Teach for America'를 만든 웬디 콥Wendy Kopp은 2022년 프린스턴 졸업식에서 축사를 맡았다. 축사를 듣던 2022년 졸업생들은 '지금까지 태어난 어떤 세대보다 똑똑하고 예민하다'고 평가받는 세대였다. 마찬가지로 프린스턴 출신인 그녀는 그들에게 삶의 목적에 대해 이렇게 말했다.

＊ 요즘 사람들, 특히 젊은 세대는 개인적 행복과 균형 잡힌 삶에 아주 관심이 많습니다. 그러나 제가 경험한 바에 따르면 최고의 행복은 '의미 있는 일에 몰입하는 기쁨'에서 나옵니다. 행복으로 가는 길은 균형 자체가 아니라 우리가 가장 소중히 여기는 가치 그리고 우리가 기울이는 노력의 일치에 있습니다.

'의미 있는 일에 몰입하는 기쁨'이라는 말은 내게 깊은 울림을 준다. 이는 내가 알고 있는 '의식 있는 자본주의Conscious Capitalism'라는 개념을 떠올리게 만들기도 한다.

의식 있는 자본주의는 홀푸드마켓Whole Foods Market의 공동 설립자인 존 매키John Mackey와 경제학자 라즈 시소디아Raj Sisodia가 쓴 획기적인 저서의 제목이기도 하다. 이 사상은 돈을 벌되, 왜, 어떻게 벌 것인지를 의식화한 정의로운 자본주의를 추구한다.

의식 있는 자본주의는 오늘날 모든 CEO와 MBA 학생들 그리고 우리의 환경에 대단히 중요하다. 따라서 당신의 투자 성공에도 반드시 필요하다.

습관 ④ : 의식 있는 자본주의의 4가지 신조를 따르라

의식 있는 자본주의 자체가 포괄적인 개념으로 구성되어 있기에 습관④ 또한 좀 포괄적이다.

아직 의식 있는 자본주의를 납득하지 못해도 괜찮다. 하지만 이 장을 다 읽고 나면 투자자인 우리가 왜 이것을 유의해야 하는지 알게 될 것이다.

그렇게 되면 당신도 그 신조들을 기억하고 고수하고 권장하고 실행하길 바란다.

첫 번째 신조: 이익보다 목적―스냅 테스트

앞서 말한 대로 2022년 프린스턴 졸업생들과 그 또래들은 역사상 가장 목적의식이 강한 세대라 불린다.

텍사스 주 오스틴에 자리한 브랜딩 기업 GSD&M의 대표, 로이 스펜스Roy Spence는 이들 세대에 대해 인상적인 발언을 한 바 있다. 그는 우리 팟캐스트에 출연하여 이렇게 말했다.

＊ 그들은 돈을 버는 것을 넘어서 목적을 추구하는 조직과 기업에서 일할 겁니다. 직원과 지역사회, 국가, 환경을 잘 대우하는 기업의 제품과 서비스를 구매할 겁니다. 목적의식을 지닌 조직을 찾을 겁니다.

그러니 투자자들은 어떤 기업의 주식에 돈을 넣기 전에 대표에게 '당신의 회사가 추구하는 목적은 무엇입니까?'라고 물어야 합니다. 기업의 대표는 의미 없는 말이 적힌 명함을 보여줄 것이 아니라, '우리가 추구하는 목적은 사람들이 집을 사랑하도록 돕는 것입니다'라는 식으로 즉석에서 대답할 수 있어야 합니다.

그렇기에 저는 투자를 할 때마다 가장 먼저 위 질문을 하곤 합니다.

나는 규칙 파괴 기업을 찾을 때 '주요 신흥 산업의 최강자이자 선두주자'인지를 가장 먼저 확인한다. 이는 우리가 2부에서 배울 규칙 파괴 기업의 첫 번째 속성이기도 한데, 첫 번째인 이유는 그것이 가장 중요하기 때문이다.

마찬가지로 의식 있는 자본주의에 따른 투자관을 적용할 때 가장 먼저 살펴야 할 것은 '기업이 추구하는 목적'이다. 이것이 첫 번째인 이유 또한 개중 가장 중요한 신조이기 때문이다.

물론 우리는 기업이 궁극적으로 많은 이익을 내기를 바란다. 하지만 아이러니한 사실은 여러 산업에 걸쳐서 많은 이익을 내는 기업은 대개 '이익보다 목적'을 앞세운다는 것이다.

실제로 모범적인 사례들이 있다.

존슨앤존슨Johnson&Johnson은 1982년에 독극물 파동이 일어났을 때 규제 당국의 압력이 없었는데도 3,100만 병의 타이레놀을 회수했다. 파타고니아Patagonia는 자연환경을 보존하고 복원하는 사업에 매출의 1%를 기부한다. 벤앤제리스Ben&Jerry's는 각종 사회운동을 아이스크림 맛으로 표현하고 사업모델에 통합한다. 홀푸드마켓은 친환경 농업에 막대한 투자를 하는 것으로 유명하다. 테슬라의 공식적인 사업 목적은 '많은 돈을 버는 것', '전통적인 자동차 회사를 몰아내는 것'이 아니라 '세상이 친환경 에너지로 전환하는 속도를 높이는 것'이다.

이런 기업들은 그저 이익을 내는 수준에서 그치지 않는다. 일부 경우에는 업계 최고의 이익을 낸다때로는 업계 전체의 이익을 독차지한다. 그 이유는 그들이 목적의식을 사업의 동력으로 삼기 때문이다.

목적을 동력으로 삼는 방식은 비영리단체에도 통한다. 최고의 비영리단체는 내외부에 걸쳐 진정한 목적의식을 드러낸다. 그리고 생각보다 엄청난 사업 수행 능력을 자랑한다.

앰네스티 인터내셔널Amnesty International, 국경 없는 의사회Doctors Without Borders, 해비타트Habitat for Humanity, 네이처 컨서번시The Nature Conservancy, 세계자연기금The World Wildlife Fund은 모두 훌륭한 사업 목적을 갖고 있다확인해 보라!. 그들의 사업 목적과 자신들이 말한 바를 실천하는 모습은 가히 존경심을 불러일으킨다.

최고의 영리 기업도 마찬가지이다. 투자자라면 그런 기업을 찾고 지켜보고 여타 기준을 만족하면투자하는 습관을 들여야 한다.

나는 1999년에 동생 톰과 함께 쓴 『규칙 파괴자, 규칙 수립자Rule Breakers, Rule Makers』에서 처음으로 '스냅 테스트Snap Test'•를 소개했다. 오랜 세월에 걸쳐 변별력을 증명해온 이 테스트는 사회 영향력 측면에서 기업이 지닌 힘을 판단하는 데 도움을 준다.

당신이 손가락을 튕기기만 하면탁! 그 기업이 사라진다고 가정하자. 그러면 세상이 어떻게 될지 상상해 보라!

탁!

뿅~

그러면 누구라도 그 사실을 알아차리고 아쉬워할까?

• 'Snap'은 손가락 튕기기를 뜻함-옮긴이

물론 직원들은 알아차릴 것이다 그들도 사라지지 않았다면. 하지만 소비자들은 아쉬워할까? 신문 주요 일간지의 첫머리를 장식할까? 다른 기업이 빈자리를 메울 수 있을까? 얼마나 많은 사람이 알아차리고 아쉬워할까?

내가 투자와 관련하여 즐겨 인용하는 셰익스피어의 희곡 대사가 있다. 『헨리 4세 Henry Ⅳ』 1부에 나온다. 자존감 넘치는 웨일즈의 왕 글렌다워 Glendower는 다음과 같은 불멸의 대사를 말한다.

"내가 태어날 때 땅이 흔들렸노라."

이제 우리는 정밀한 지진계 덕분에 지구가 계속 흔들린다는 사실을 안다. 글렌다워의 말도 거짓말은 아니었던 셈이다. 마찬가지로 위대한 기업이 태어날 때도 땅은 약간 흔들린다! 우리는 이처럼 땅을 흔드는 기업에 돈을 투자해야 한다.

관심 종목을 구성할 때 손가락을 튕기는 습관을 들여라. 기업이 이 세상에 어떤 의미를 갖는지, 그들이 추구하는 목적을 살펴라.

아마존이 초기부터 추구한 목적은 '세계 최고의 고객 중심 기업이 되는 것'이었다. 이는 내게 강한 인상을 남겼다. 그래서 나는 1997년 9월 8일에 아마존을 처음 추천했다 물론 지금도 보유하고 있다. 그 방송은 현재도 인터넷에서 무료로 볼 수 있다.● 당시 아마존의

● "The Rule Breaker Portfolio, Buy AMZN", 1997.9.8. www.tinyurl.co/36wa5vsz

가격은 주식분할을 반영하면 16센트에 불과했다.

습관③에 따라 우리는 힘들게 번 돈을 최소 3년 이상 투자해야 한다. 그렇기에 습관④는 더욱 타당성을 얻는다. 우리는 세상에 도움이 될 뿐 아니라 사람들이 인식하고 고마워하는, 중요한 일을 하는 기업에 투자해야 한다.

19세기 미국의 복음주의자인 D. L. 무디Dwight Lymon Moody는 다음과 같이 멋진 말을 했다.

**"우리가 가장 두려워해야 할 것은 실패가 아니라
그다지 중요치 않은 일에 성공하는 것이다."**

당신도 그다지 중요치 않은 기업들로 포트폴리오를 가득 채우지는 않았는지, 거기서 수익을 내지는 않았는지를 두려워해야 한다.

나는 평생 좋은 주식을 찾아다녔다. 돌이켜 보면 스냅 테스트에 진지하게 임할 때, 그 테스트가 가르쳐주는 교훈을 존중할 때 더 좋은 결과를 낼 수 있었다. 요컨대 갑자기 사라지면 수많은 사람들이 알아차리고 아쉬워할 기업의 주식을 사라. 그런 주식이 장기적으로 포트폴리오에서 최고의 수익률을 올린다.

내가 스냅 테스트에 대해 처음 글을 쓴 것은 1998년이었다. 그때는 디즈니가 「어벤저스: 인피니티 워Avengers: Infinity War」에서 진짜 '손가락 튕기기'를 선보일 줄 몰랐다. 덕분에 손가락 튕기기는 우리의 집단 기억에 새겨졌다.

악당인 타노스는 스포일러 경고! 5개의 인피니티 스톤을 손에 넣은 뒤, 긴박한 결말부에서 손가락 튕기기로 전 우주에 존재하는 생명체의 절반을 날려버린다. 아이러니하게도 나는 스냅 테스트를 통해 '스톡 어드바이저'에서 마블 주식을 추천했다! 그때는 2002년 6월 7일이었다.

더욱 행복한 아이러니는, 그로부터 7년 후 디즈니가 마블을 낚아챘다는 것이다. 덕분에 1.78달러주식분할 조정 가격에 추천했던 디즈니 주식이 대박을 쳤다물론 지금도 보유하고 있다.

타노스는 온 세상이 지켜보는 가운데 손가락을 튕겼다. 그 소리는 내가 20년 전에 소개한 테스트를 상기시켰다. 그 결과 많은 투자자가 디즈니 주식으로 몰려갔다.

손가락을 튕기면서 말이다!

두 번째 신조: 윈-윈-윈(Win-Win-Win)

인생, 투자, 사업은 제로섬 게임이 아니다. 많은 사람들이 그렇게 생각하다가 화를 부른다.

제로섬이나 대결의 관점에서 생각하는 사람들의 세계관은 '개가 개를 먹는다dog eat dog'라는 말로 표현할 수 있다. 그들이 보기에 한 사람이 부자가 되려면 다른 사람이 망해야 한다. 물론 스포츠에서는 최종 점수로 승자와 패자를 가린다. 하지만 그런 관점을 현실에 적용하는 것은 해롭다.

그건 그렇고 개는 개를 먹지 않는다. 개는 본래 집단행동을 하는 사회적 동물이다. 협력과 사회적 유대는 생존에 필수적이다. 개들이 영역이나 음식 또는 서열을 놓고 다툴 때 공격성을 드러낼 수는 있다. 하지만 개들이 서로를 잡아먹는다는 생각은 그들의 본성에 어긋난다.

마찬가지로 인간 또한 사회적 동물이다. 인생과 사업을 제로섬 게임으로 보는 관점은 잘못된 것이다. 이 문제를 깊이 파고들고 싶지만, 이 책에서는 큰 틀의 이야기만 할 것이다.

우리는 협력, 사회적 위계, 생존에 필수적인 유대를 토대로 번영을 이룬다. 그렇기에 사업은 경쟁적 성격보다 협력적 성격이 강하다. 우리의 경제 시스템에는 일면 경쟁이 필요한 부분도 있지만 협력의 메커니즘과 힘에 비하면 그것은 아무것도 아니다. 기업들은 전 세계적으로 이루어지는 방대한 협력을 기반으로 제품과 서비스를 개발·출시·유통한다. 그래서 농장에서 수확된 아보카도가 레스토랑에서 당신이 먹는 음식에 들어가는 것이다.

미국의 정치 평론가 월터 리프먼Walter Lippmann이 쓴 고전『좋은 사회The Good Society』에는 이러한 말이 나온다.

＊ 사상가는 서재에 앉아 사회가 나아갈 방향을 생각한다. 하

지만 그가 아침을 먹지 못했다면 아무런 생각도 하지 못했을 것이다. 그가 먹은 아침은 자세히 알지 못하는 사회적 과정을 거쳐 그에게 제공되었다. 다만 그는 브라질의 커피 농장, 플로리다의 감귤 농장, 쿠바의 사탕수수 농장, 다코타의 밀 농장, 뉴욕의 낙농장에서 일하는 사람들 덕분에 아침을 먹을 수 있었다는 사실을 안다. 또한 배와 열차, 트럭이 식재료들을 모았고, 펜실베이니아산 석탄을 때워서 만든 알루미늄, 도자기, 쇠, 유리로 그 음식이 조리되었다는 사실도 안다.

만약 누군가가 한 끼의 아침식사를 식탁에 올리기 위한 모든 과정을 혼자서 계획해야 한다면, 그 복잡성은 어떤 인간의 머리로도 이해할 수 없을 것이다. 엄청나게 다양한 작업 절차로 구성된 시스템이 있어야만 사상가는 아침을 먹고 새로운 사회질서를 생각할 수 있다.

먼저, 기업 내부적으로는 직원들과 경영진이 협력한다. 우리가 알고 있는 최고의 기업들에서는 적대가 아니라 상호 지원이 둘 사이의 관계를 정의한다. 직원과 경영진이 협력하는 기업은 그렇게 하지 못하는 경쟁 기업을 앞지른다!

대외적으로는 흔히 국경을 넘어서 유기적으로 협력하는 기업들이 있다. 그들은 신형 스마트폰에 들어가는 수십 개, 아니 수천 개 부품을 나눠서 조립한다. 심지어 경쟁 기업과도 협력하여 기술 공유 및 공동 개발 산업 전반의 성공, 나아가 전 세계적인 성공을 추구하는 경우도 많다. 현대 자본주의 체제에서 미국과 중국 같은 패권국을 비롯한 주요 국가들은 사실 산업적으로 매우 긴요한 상호의존 관계를 맺고 있다.

우리 사회의 모든 층위에 속하는 최고의 리더들은 '윈-윈-윈 멘탈리티'로 일한다. 즉 내가 이기고, 당신이 이기고, 남들도 이기는 길을 추구한다. 여기서 '남들'은 환경이 될 수도 있고파타고니아의 자연환경 복원 기부, 지역사회가 될 수도 있으며스타벅스의 지역사회 활동과 공정무역 조달, 미래 세대가 될 수도 있다테슬라의 친환경 에너지 보급 노력.

윈-윈-윈은 진정으로 윤리적인, 그리고 유일한 사업 방침이다. 나는 홀푸드마켓의 창립자이자 내 친구인 존 매키를 통해, 가까이에서 그 양상을 접했다. 그는 2024년에 자신의 인생담을 담은 『홀스토리The Whole Story』를 펴냈다.

또한 그는 다른 저자와 함께 습관④에 영감을 준 『의식 있는 자본주의』를 썼다. 그는 이 책에서 이렇게 썼다.

* 목적의식을 지닌 기업은 이런 질문을 던진다. 우리의 사업은 왜 존재하는가? 왜 존재해야 하는가? 사업에 활력을 불어넣고 모든 이해관계자를 하나로 만드는 핵심 가치는 무엇인가?

그러면 윈-윈-윈 멘탈리티를 가진 기업을 어떻게 찾을 수 있을까? 기업의 멘탈리티는 대차대조표와 실적 너머에 존재한다. 자신들의 사업 목적과 핵심 가치를 설명하는 경영진의 말에 주의를 기울여라. 그런 말들에는 회사의 이해관계자들에 대한 경영진의 광범위한 약속이 반영되어 있다.

여기서 멈추면 안 된다. 말보다 행동이 더 중요하다. 사회적 책임을 위한 활동이나 지속가능한 관행 또는 지역사회나 환경을 위한 의미 있는 노력을 실질적으로 수행해온 이력이 있는지 찾아라.

직원·공급업체·세상을 대하는 방식을 혁신한 기업을 찾아라. 그런 기업이 업계 리더이기까지 한다면 금상첨화다.

나는 2015년부터 2021년까지 「룰브레이커 인베스팅」 팟캐스트를 진행하면서 각각 5개 종목으로 구성된 30개의 추천 종목군을 선정했다. 총 150개의 종목을 추천한 것인데 나는 이를 '5종목 샘플러'라 부른다. 30개 종목군은 각기 다양한 테마를 부각시키는 주제들로 구성되어 있었다.●

그 중 한 종목군은 이 장의 요지를 단적으로 보여주기도 했다. 나는 2017년 11월 팟캐스트에서 '당신에게 케이크를 먹여줄 5종목'이라는 제목의 논평으로 그 종목군을 추천했다.●● 구글에서 '5 stocks that will let you eat cake'를 검색하면 아직도 우리의 글이 제일 먼저 나온다.

● 우리는 3년 동안 샘플러에 속하는 종목들의 수익률을 추적하여 교훈을 얻었다. 전체 150개 종목의 평균 수익률은 76%였다. 반면 S&P500의 수익률은 40%에 불과했다. 이는 개인 투자자가 여러 주식에 투자하여 장기적으로 시장수익률을 넘어설 수 있음을 다시 한번 증명한 것이다.

●● tinyurl.com/3zaaufj4

방송 내용은 챕터 서두에 말한 것처럼 약육강식, 제로섬 멘탈리티에 관련된 내용이었다. 사업과 투자에 있어 반드시 양자택일을 할 필요는 없다는 것이다. 우리는 둘 다 가질 수 있는 세상에서 살아가고 있고, 또 그렇게 투자할 수 있다.

방송 주제에 맞춰 내가 추천한 샘플러는 '풍요의 멘탈리티를 드러내는 기업'이었다. 그래서 '상쇄의 멘탈리티'에 사로잡힌 사람들에게 맞서서 '케이크를 가질 수 있고, 먹을 수도 있다'는 사실을 증명하려 했다. 나는 샘플러를 소개하기 위해 이렇게 말했다.

＊ 선택지를 하나 드리겠습니다. 여러분은 전자상거래 부문 세계 1위 기업과 클라우드 컴퓨팅 스토리지 분야 세계 1위 기업 중에서 하나를 고를 수 있습니다. 무엇을 고르시겠습니까?

답은 물론 둘 다에 해당하는 기업이다. 그 기업은 바로 아마존이었다. 이 종목군 속 5개 종목이 모두 이런 식이었다.

나머지 4개는 CBOE글로벌마켓CBOE-GlobalMarkets, 매치그룹MatchGroup, 엔비디아, 2U이다. 5종목 모두가 시장을 이긴 건 아니었다. 하지만 평균을 내면 3년 동안 115% 상승하면서 39% 상승한 S&P500을 압도했다현재 상승률은 훨씬 높다.

내가 팟캐스트에서 자주 되풀이하는 농담이 있다. '승자들은 어떤 일을 할까?' 당신도 그 답을 알 것이다. 승자는 '이기는 걸' 한다. 이기는 사람이 승자다.

하지만 진정한 승자는 다 같이 이긴다. 즉, 윈-윈-윈한다.

세, 네 번째 신조: 의식 있는 리더십과 기업 문화

이번 4장은 목적의식첫 번째 신조과 윈-윈-윈 멘탈리티두 번째 신조를 설명하는 데 대부분의 분량을 할애했다. 이 둘은 투자자로서 따르고 구현하고 습관화하는 데 훨씬 흥미로운 역학을 지닌다. 이에 반해 나머지 두 개의 신조는 비교적 간단하고 적용하기 쉬운 내용이라 자세히 설명할 필요는 없을 듯하다.

그것은 바로 '의식 있는 리더십'과 '의식 있는 기업 문화'이다.

'의식 있는 리더십'은 '섬기는 리더십'과 같은 뜻이다. 섬기는 리더는 자신을 위한 개인적 특혜를 누리지 않는다. 그들은 조직 내의 다른 사람들고객과 직원과 조직의 고귀한 목적을 섬기는 것을 평생의 업으로 삼는다. 그런 사람들은 기업뿐만 아니라 세상에서도 최고의 리더이다. 의외로 정치계나 다른 사회 분야보다 기업계에 탁월한 리더가 더 많다.

의식 있는 기업 문화는 '일하기 좋은 최고의 직장' 목록에 들어가는 기업들의 사내 문화를 말한다. 진정으로 위대한 기업, 주식을 장기 보유할 가치가 있는 최고의 기업은 직원들의 노력뿐 아니라 마음까지 이끌어낸다. 이것은 그들을 위대하게 만들고, 그들과 경쟁하기 매우 어렵게 만드는 주요한 이유 중 하나다!

모든 고객은 돈을 덜 지불하기를 원하고, 모든 직원은 돈을 더 받기를 원한다. 또한 모든 협력업체 또는 공급업체는 좋은 자리에 자사 제품이 진열되기를 원하고, 모든 주주는 내일 주가를 두 배로 올려주기를 원한다. 이런 유인과 본능은 서로 충돌한다. 모든 기업의 리더는 그 사실을 안다.

그러나 이 장의 서두에서 소개한 대로 웬디 콥은 프린스턴 후배들에게 '균형이 답이 아니다'라고 말했다. 같은 맥락에서 말하자면, 최고의 리더는 무엇 하나를 절충시키지 않는다. 그들은 모든 부분에 걸쳐서 승리를 쟁취하는 해법을 찾는다.

그 일이 항상 쉬운 것은 아니지만 그래도 가능하다. 항상 윈-윈-윈의 관점을 취하는 사람은 그 일을 해낼 수 있다. 그런 리더가 이끄는 기업을 찾고 지켜보고 투자하는 습관을 들여야 한다.

습관④: 의식 있는 자본주의의 4가지 신조를 따르라

나의 목표는 이 책의 모든 장에 나름의 풍부한 교훈을 담는 것이다. 그러면 만약 당신이 이 책에서 한 장만 읽고 나머지를 건너뛰어도 이전보다 조금 더 현명하고 행복하고 부유해질 수 있기 때문이다. 설령 당신이 이 장만 읽고 습관④만 얻어간다 해도 나는 여전히 만족한다!

5

신규 포지션은
최대 5%만 할애하라

분산 투자란 무엇일까?

육수, 렌틸콩, 할라피뇨, 초콜릿, 나무껍질이 들어가는 말도 안 되는 잡탕 스프를 말하는 걸까? 분산 투자를 하려면 성장주, 가치주, 해외주, 업종별 대표주, 국채, ETF, 지방채를 다 담아야 하는 걸까? 이처럼 힘들게 분산 투자를 하면 그 노력의 결실을 누릴 수 있을까?

아니면, 분산 투자는 일관성 있고 균형 잡힌 재료들로 특정한 맛을 내는 잘 구성된 요리를 만드는 것일까? 당신이 원하는 음식의 테마글로벌 또는 업종 기반 또는 시가총액 중심를 고른 다음 정말 맛있는 치킨 누들 수프나 푸짐한 살사 요리 또는 완벽한 초콜릿 디저트를 만드는 것 말이다.

분산 투자는 모든 악기가 한꺼번에 소리를 내도록 만드는 것이 아니다. 그러면 지휘자는 만족할지 모르나, 청중은 불협화음에 시달릴 것이다.

이 문제는 3부에서 규칙 파괴 포트폴리오의 6가지 원칙을 다룰 때 자세히 설명할 것이다. 우선은 투자자의 습관 측면에서 복수의 투자 종목에 어떻게 돈을 투입해야 하는지 얘기해보겠다.

습관⑤: 신규 포지션은 최대 5%만 할애하라

당신이 얼마나 대단한 종목을 골랐든, 주식중개인이나 챗GPT가 얼마나 매력적인 종목을 권하든 간에 처음 투자할 땐 5%를 고수하라. 이는 전체 포트폴리오에서 새로운 포지션에 할애할 수 있는 최대 비중이다.

투자자 모두가 이 습관을 길렀다면 아주 많은 실수를 방지할 수 있었을 것이다. 대부분의 투자자들이 투자가 가져다주는 풍요로운 보상을 진정으로 누렸을 것이다.

하지만 초보 투자자들은 어떤 주식에 대한 소문을 들으면 흥분한 나머지 너무 많은때로는 모든 돈을 넣는다. 어느 정도 투자 지식이 있는 사람조차 과도하게 흥분하거나 집중하다가 도를 넘는다.

과도한 비중을 차지하는 종목이 하락하면 해당 종목에 투자한 돈을 많이 또는 전부 잃는다나도 그런 적이 있다. 때로는 보유한 돈의 전부를 잃기도 한다그런 적은 없고, 앞으로도 절대 없을 것이다. 그 종목이 포트폴리오 자체였기 때문이다.

한두 개의 대형 포지션만으로 포트폴리오를 구성하면 문제가 생기기 마련이다. 처음에는 일이 잘 풀릴 수도 있다. 하지만 초기의 성공은 잘못된 자신감으로 이어지기 마련이다. 이 경우 용감해진 투자자는 또 다른 두어 종목을 쓸어담아서 더욱 무모한 도박을 감행한다. 그러면 거의 언제나 끝이 좋지 않다.

신규 포지션에 5% 넘게 비중을 두지 않는 습관을 들이면 그럴 일이 없다. 최대치가 5%이다.

톰 잉글Tom Engle은 모틀리풀의 오랜 회원이자 시골 철학자이다. 그가 게시판에 올린 수많은 글은 우리 모두에게 가르침과 즐거움 그리고 깨달음을 주었다.

그는 모틀리풀 게시판에 투자 비중에 대해 인상적인 말을 남긴 적이 있다. 그는 위험하지만 유혹적인 종목에 투자하는 일에 대해 이렇게 말했다. 그의 말에 귀 기울여 보기 바란다.

"성공하면 조금만 투자해도 충분하고,

실패하면 조금만 투자한 편이 낫다."

최소 20개 종목

숫자에 밝은 사람은 이미 계산을 마쳤을 것이다. 모든 신규 투자 종목에 최대 5%의 비중만 할애한다는 말은, 포트폴리오를 최소

20개 종목으로 구성해야 한다는 말이다20개는 최소치이다. 나라면 아마 25개로 시작할 것이다.

과거 투자자들에게 이를 설득하는 일은 쉽지 않았다. 과거에는 거래 수수료가 비쌌다. 게다가 특정 수량 단위로가령 100주씩 매수해야 했다. 즉, 20개 종목은 말할 것도 없고 1개 포지션을 구축하기 위해 많은 돈을 써야 했다! 그래서 '최소 20개 종목'이라는 기준은 소액으로 투자를 시작하는 사람에게 온당치 않은 말이었다.

요즘은 소수점 단위가령 0.3주 매수도 가능하다. 거래 수수료도 그 어느 때보다 낮아졌다. 따라서 처음부터 분산 투자를 해야 한다. 아예 투자를 하지 않는 것가장 큰 실수 빼고는 분산 투자를 하지 않는 게 아마도 두 번째로 심각한 실수일 것이다. 모두가 분산 투자를 한다면, 나는 이제 더 이상 컨퍼런스나 저자 사인회 때마다 '이런저런 종목에 돈을 너무 많이 넣었어요!'라고 말하는 사람들을 만나지 않아도 되리라.

투자 경력이 긴 투자자들은 대부분 분산 투자를 하지 않아 생기는 손실을 경험해봤을 것이다당신도?. 다행인 점은 그들 대부분이 분산 투자의 필요성에 공감한다는 것이다. 이는 실수를 깨닫고 교훈을 얻는 과정이 그리 어렵지 않다는 뜻이다. 이 흔한 함정을 피하려면 한 종목에 너무 많이 투자하지 마라.

규칙 파괴 포트폴리오를 구성하는 종목의 수는 최소 20개 이상이어야 한다. 모든 종목은 5% 이하의 비중으로 진입해야 한다.

다만 습관①대박 종목은 일단 계속 가도록 놔둬라은 기억해야 한다. 5%는 첫 진입 시의 비중일 뿐이다. 특정 종목이 오를 경우 해당 포지션의 비중은 언제든 5% 이상이 될 수 있다.

기억하는가? 나는 습관②물타기는 두 번 다시 하지 말고, 불타기를 하라도 가르쳤다. 5% 비중에서 출발한 종목의 주가가 오르면 불타기를 통해 해당 포지션의 비중을 훨씬 크게 늘려도 된다. 이런 점에서 습관①과 습관②는 습관⑤를 보완하는 중요한 수단이다.

이 문제는 3부에서 다시 한번 다룰 것이다. 요지는 단일 포지션의 적절한 최대 규모를 말해주는 만능 수치는 없다는 것이다. 사람마다 위험감수도, 목적, 투자기간이 다르다. 자신의 성향에 맞는 적절한 규모를 찾아야 한다.

내 얘기를 하자면 나는 규칙 파괴자로서 한번 비중을 안배한 포지션을 추후 관리하는 일에는 큰 신경을 쓰지 않는다. 나는 지금까지 소수 종목에 많은 비중을 할애한 상태로 오랜 세월을 살아왔다. 그렇게 된 이유는 그 종목들이 계속 상승하면서 알아서 비중이 커졌기 때문이다.

크게 상승한 종목들은 결국 포트폴리오에서 큰 비중을 차지하게 된다. 그 종목들은 높은 수익률을 올리면서 그만한 비중을 차지할 자격을 얻는다.

하지만 대박 종목도 여러 개를 보유하고 있다면 한 종목이 포트폴리오를 지배하지는 못할 것이다. 주요 종목들이 서로 비중을 놓고 경쟁할 것이기 때문이다.

모틀리풀 종목 추천 서비스를 위해서든, 나 자신 또는 아이들을 위해서든 내가 관리하는 모든 포트폴리오에서는 이런 일이 일어났다. 항상 그랬다. 그러면 정말 기분이 좋다. 세상에 도움을 줄 수 있을 뿐 아니라습관④, 계속해서 주가가 오르는 대기업들의 등에 올라탈 수 있기 때문이다.

** 주가는 언제나 오를 때보다 더 빠르게 떨어지지만,
결국 떨어진 것보다 더 많이 오른다. **

3장에서 주식투자를 롤러코스터 타기에 비유한 적이 있다. 위 말은 롤러코스터 비유에 딱 들어맞는다어쩌면 몇 페이지를 아낄 수 있었을지도. 또한 험난하지만 결국에는 큰 보상을 쟁취하는 규칙 파괴 투자의 성격과도 결부되어 있다.

규칙 파괴 기업이 부진한 실적에 대한 발표나 예측 때문에 25%씩 떨어지는 것은 드문 일이 아니다. 나는 지금까지 하루에 25% 상승하는 경우보다 하루에 25% 하락하는 경우를 더 많이 접했다.

손실의 고통은 수익의 기쁨보다 3배나 크다. 이때 해당 종목이 포트폴리오 비중의 대부분을 차지하고 있다면 패닉에 빠져서 포지션을 버릴 가능성이 높다. 그래서 분산 투자와 소규모 초기 진입이 중요한 것이다. 절대 패닉에 빠져서 발을 빼서는 안 된다. '결국 떨어진 것보다 더 많이 오르기 때문'이다.

물론 이 말은 전반적인 주식시장에 해당되는 것이다. 모든 주식이 오르지는 않는다. 장기적으로 하락하는 종목도 많을 것이다! 그래도 개별 종목이나 업종으로부터 눈을 떼고 S&P500의 그래프를 보라. 모두가 원하는 움직임, 전형적인 우상향 움직임이 보일 것이다. 이 추세는 여러 대통령을 거치며 수세기 동안 유지되었다.

S&P500(1930~2024)

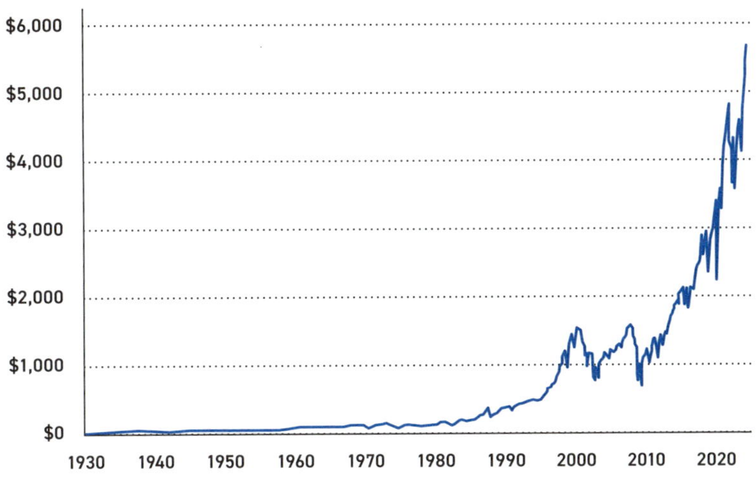

주가는 결국 떨어진 것보다 더 많이 오른다. 제러미 시겔Jeremy Siegel은 『주식에 장기투자하라Stocks for the Long Run』에서 이 같은 사실을 밝혀냈다.

그리고 F. 스콧 피츠제럴드F. Scott Fitzgerald는 '상충하는 2가지 생각을 머릿속에서 동시에 유지할 수 있다면 천재'라고 말했다.

나와 함께 천재가 되어 보자.

혹시 당신은 이 말 속의 2가지 생각을 머릿속에 동시에 유지할 수 있는 천재인가? 그 천재성은 단지 뽐내기 위한 것이 아니라 실제로 수익률을 극대화하는 데 도움을 준다.

신규 포지션은 한 자릿수 비중으로 작게 시작하는 습관을 들여라. 그러면 미래의 당신에게 분명 도움이 될 것이다. 미래의 당신은 분명 주가가 오를 때보다 빠르게 떨어지는 날이나 분기 또는 해를 맞이할 것이기 때문이다.

이때 언론은 이를 '조정correction'이라 부를 것이다. 그런 명칭을 쓰다니! 언제부터 그랬는지는 모르겠다. 하지만 나는 주가가 하락하는 것을 조정이라 부르는 데 반대한다.

주가가 하락하는 것이 왜 조정일까? 주가가 지나치게 상승했기 때문에 더 낮은 가격으로 돌아가는 것이 맞기correct 때문이라고 한다. 하지만 같은 논리로 보면, 주가가 지나치게 하락했을 때 상승하는 것도 조정이어야 하지 않을까?

하락에만 '조정'이라는 말을 쓰는 것은 주식시장의 진실과 어긋난다. 주식시장은 보통 3년 중 2년 동안 상승한다. 또한 당신의 평생에 걸쳐서 주가는 엄청나게 오를 것이다산꼭대기까지 올라가는 롤러코스터 같다고나 할까?. 이것이야말로 실로 정확한correct 사실이다.

어쨌든, 주가가 빠르게 하락하는 가운데 CNBC에서 '조정'이라는 말을 듣는 미래의 당신을 상상해보자. 이때 사람들이 보이는 반응은 두 가지인데, 고전적인 이솝 우화 제목처럼 '개미와 베짱이'로 나누어진다.

우선 베짱이들은 겨울 같은 것은 전혀 생각지 않고 여름 내내 무작정 인기 종목만 쓸어담는다. 그들은 경솔해서 신규 포지션의 비중을 5%보다 훨씬 크게 키우기도 한다. 또한 대부분 20개에 훨씬 못 미치는 종목을 보유한다. 급락 시 가장 먼저 투매하는 것이 베짱이들이다.

반대로 개미들은 습관⑤를 길러서 분산화된 포트폴리오를 부지런히 구축한다. 그들은 할아버지 개미들로부터 모든 시장 환경에서 성공적으로 투자하는 습관을 배웠다! 그들은 사계절의 전체 주기를 이해한다. 그래서 선호하는 종목이 급락할 때도, 신중한 태도로 훨씬 잘 버텨낸다.

습관 ⑤: 신규 포지션은 최대 5%만 할애하라

6

60%의 정확도를
추구하라

2007년 말, 「CNN머니」에 실린 한 기사는 이렇게 시작되었다. "월가는 올해 특히 힘든 한 해를 보낸 후 간신히 상승 마감했다."[•]

그러나 그들이 말하는 '특히 힘든 한 해'였음에도 불구하고, 몇 년 전 내가 추천한 종목들은 그 해 나스닥100에서 수익률 1위와 2위를 기록하고 있었다. 1위는 246% 상승한 중국의 검색엔진 바이두Baidu였고, 2위는 239% 상승한 로봇 수술 부문 선두주자, 인튜이티브서지컬IntuitiveSurgical이었다. 우리는 연말에 우리가 금메달 종목과 은메달 종목을 고른 것을 자축했다. 또한 우리는 5위 종목도 추천했다. 그것은 139% 상승한 아마존이었다.

• Alexandra Twin, "Best and worst stocks of 2007", 「CNN Money」, 2007.12.31.

하나는 43% 하락한 스타벅스였고리사에게 애도를, 다른 하나는 36% 하락한 버텍스파마슈티컬Vertex Pharmaceuticals이었다.

대박 3개, 쪽박 2개면 나쁘지 않은 비율이다. 설령 대박 종목이 아마존 하나뿐이라 해도, 기꺼이 두 쪽박 종목을 만회한다. 포지션별 투자 금액이 같다고 가정하면 최하위 대박 종목+139%과 두 개의 쪽박 종목-43%와 -36%의 평균을 내어도 평균 19%의 수익률이 나온다는 얘기다. 이는 그 절반에 불과한 시장수익률보다 훨씬 낮다.

대다수 사람들은 자신이 고른 종목 5개 중에 최악의 종목이 2개 정도 있을 것을 두려워한다! 그래서 그런 일이 일어나지 않도록 투자한다. 그들은 절대 그런 종목을 고르지 않는다. 골랐다 해도 곧바로 손절하여 손실을 줄인다.

하지만 '손실을 줄이라'는 고전적인 표어는 외려 수익을 줄이는 경우가 더 많다. 대다수의 사람들이 이런 두려움의 끝에 결국 인덱스펀드와 채권 투자를 선택하기 때문이다.

우리는 수익률 1, 2위 종목도 보유하고 있다는 사실을 기억하라. 5개 종목을 모두 평균하면 108%의 수익률이 나온다. 반면 나스닥100과 S&P500의 수익률은 각각 10%와 4%였다.

습관 ⑥ : 60%의 정확도를 추구하라

어떤 종목이 적중했는지 빗나갔는지를 판가름하는 기준은 시장을 대표하는 S&P500의 수익률을 이겼는지 여부이다. 시장을 이긴 종목이 10개 중 6개만 넘으면 된다.

습관⑥의 요지는 포트폴리오를 꾸려 '시장을 이기는 데' 있다. 그렇지 않다면 굳이 종목을 고를 필요가 있을까? 그냥 인덱스펀드를 사면 된다.

우리의 목표는 아주 좋은 주식을 사고, 나쁜 주식을 최대한 피해서, 모든 종목을 사야 하는 인덱스펀드를 이기는 것이다. 그러기 위해서는 최대한 대박 종목을 찾아야 하고, 최대한 정확도를 높여야 한다.

60%라는 수치는 엄격한 목표가 아니라 방향성을 제공할 뿐이다. 잭 스패로우 선장이 말한 해적의 규칙처럼 '그냥 지침일 뿐'이다. 습관⑥을 기르는 이유 중에는 '틀리는 경우보다 맞는 경우가 많다'는 자신감을 갖고자 함도 있다.

주식투자에 대한 두 가지 극단적인 인식, 즉 '주식투자는 도박이며 장기적으로 돈을 벌 확률은 0%에 가깝다'와 '주식투자는 100% 돈을 벌게 해준다' 사이 어딘가에 60%라는 수치가 존재한다. 두 극단적인 인식이 비현실적이라면 60%는 현실적인 수치다. 충분히 노려볼 만하다.

0% 정확도와 100% 정확도

0% 정확도를 초래하는 투자 방식은 바로 무시해도 된다. '0% 멘탈리티'를 가진 도박꾼이나 무지한 사람들은 동전주, 밈meme 주식, 암호화폐 따위를 노린다. 이는 부실한 결과로 이어진다. 때로 동전주로 수익을 내는 경우도 있지만, 아주 드물고 안정적이지 않다. 그러니 주의해야 한다. 지금쯤이면 당신도 익히 이해했으리라.

다른 한편, 당신은 '100% 멘탈리티'에도 사로잡힐 수 있다. 자신이 합리적이라고 생각하는 사람일수록 더욱 그러하다. 그리고 이러한 태도는 투자 역사상 최악의 발언 중 하나로 뒷받침된다.

그 발언의 주인공은 다름 아닌 워런 버핏이다. 그의 팬들이 자주 인용하는 그 발언의 내용은 이렇다.

규칙①: 절대 돈을 잃지 마라

규칙②: 절대 규칙①을 잊지 마라

투자는 한 번만 넘어져도 금메달의 꿈이 날아가는 올림픽 피겨 스케이팅이 아니다. 실수를 용납하지 않거나, 실수가 두려워서 투자를 주저하게 만드는 것은 해롭다. 그런데도 사람들은 버핏의 말을 무슨 교리나 진리처럼 떠받든다. 나는 그가 그 말을 한 것을 후회하기를 바란다.

위 대목에서 똑같이 '①, ②, ③' 형태로 넘버링한 습관①이 생각날 것이다여기서 기다리고 있을 테니 다시 돌아가서 확인해보라.

습관①의 전반적인 내용은 버핏이 말한 것과 다른 진실을 알려주고 있다. 그 진실은 이것이다.

투자는 피겨스케이팅이 아니라 야구와 더 비슷하다.

베이브 루스, 테드 윌리엄스, 그리고 당신

1장에서 홈런 대 삼진을 비교했다. 결론은 '손실의 고통이 수익의 기쁨보다 3배나 크다'는 말은 투자에서는 사실이 아니라는 것이었다. 오히려 '수익의 기쁨은 손실의 고통보다 무한대로 커질 수 있다'는 걸 강조했다.

뭐만 하면 거듭 야구에 대한 비유를 꺼내드는 것이 나뿐만은 아니다. 워런 베니스Warren Bennis는 고전인 『리더가 되는 일에 대하여 On Becoming a Leader』에서 이런 이야기를 했다.

    * 베이브 루스는 홈런 기록뿐 아니라 삼진 기록도 세웠다. 타율 4할이 얼마나 끔찍한 타율인지 생각해보라. 이는 타자가 절반 이상의 타석에서 안타를 치지 못한다는 뜻이다. 대다수 사람은 크든 작든 실패에 주눅 든다. 심지어 너무나 연연하고, 다시 실수할까 두려운 나머지 어떤 일도 감히 시도하지 못하게 된다.

반면에 기수는 말에서 떨어져도 다시 말을 탄다. 안 그러면 두려움에 사로잡힌다는 사실을 알기 때문이다. 전투기 F-14 조종사도 비상탈출 후 다음 날 다른 기체에 오른다.

1986년 우주왕복선 챌린저Challenger가 폭발하는 비극적인 사고가 있었다. 추운 아침에 무리하게 발사한 것이 실수였다. 이후 한 TV 리포터는 테스트 파일럿인 척 예거Chuck Yeager에게 나사가 어떻게 해야 하는지 물었다.

노련한 에이스 조종사인 그는 이렇게 대답했다. "날씨가 따뜻해지기를 기다렸다가 다음 우주왕복선을 쏴야죠." 그의 대답에는 위와 같은 진실이 담겨 있었다. 그러나 나사는 3년 동안 우주왕복선 발사를 중단했다.

테드 윌리엄스는 타율 4할을 기록한 마지막 메이저리그 선수였다.• 테드 윌리엄스가 1941년 시즌에 기록한 타율은 정확하게 4할 6리였다. 이는 오늘날 탑급 타자들의 수준인 3할보다 약 1할 이상 높다.

• 100년 전 야구 관중들은 그냥 홈런 등의 숫자를 세는 것만으로도 대체로 만족했던 것 같다. 당시 전문가들은 한 걸음 더 나아가 비율, 즉 타율을 집계했는데, 다만 이 타율은 수학이 덜 정교하던 시대에 만들어져서 다소 오해의 소지가 있다. 타율은 볼넷을 무시한다. 볼넷은 투수가 볼 4개를 던져서 타자가 1루까지 공짜로 가는 것을 말한다. 정상급 타자의 경우, 한 시즌에 100번의 볼넷을 얻을 수 있다. 즉, 전체 시즌 동안 600번 타석에 설 때 그중 100번이나 볼넷을 얻는 것이다. 1970년대 말이 되어서야 빌 제임스(Bill James)를 비롯한 사람들 덕분에 타율의 결함이 폭넓게 알려지기 시작했다. 그런데도 가장 잘 알려진 척도인 타율은 그 사실을 감안하지 않은 채 사용된다! 이처럼 빌 제임스(나의 영웅 중 한 명) 같은 '규칙 파괴자'는 어느 분야에서든 기존의 잘못된 통념을 파괴하고 우리 사회를 더 좋게 만든다.

오늘날 탑급 타자들은 4할을 노린다. 그러면 3할을 넘는 데 도움이 된다. 3할을 치는 선수 중에 '3할 근처만 쳤으면 좋겠어!'라고 생각하는 선수는 드물 것이다.

이제 주식시장 이야기로 돌아가 보자. 타율 4할을 노리는 타자들이 3할을 기록하듯이, 규칙 파괴자들은 현실보다 10% 높은 목표를 세워야 한다.

통념에 따르면 투자에 성공할 확률은 결국 50대50, 즉 5할이다. 그러나 연구 결과에 따르면 절반 미만의 소수 종목만 시장수익률을 넘어설 수 있다. 그래도 해당 종목들의 수익률이 워낙 좋기 때문에 시장의 평균 수익률은 항상 중위 종목의 수익률을 웃돌게 된다.

이 말이 사실이든 아니든 간에 목표를 높게 잡으면 결과도 따라오게 되어 있다. 10개 종목 중 6개가 시장을 이기는 것을 목표로 삼으면, 실제로 시장수익률을 넘어설 가능성이 높다. 별을 향해 쏴라. 그러면 설령 못 맞추더라도 하늘 높이 날아갈 수 있다.

벤처캐피탈들은 이 사실을 잘 안다. 그들은 투자 대상 중 소수만 크게 성공할 것임을 알면서도 높이 겨냥하는 마음가짐으로 투자에 임한다.

1장에서는 '수익을 위한 손실'에 관한 수학적 사실과 멘탈리티를 다루었다. '대박 종목은 일단 계속 가도록 놔둔다'는 습관①은 규칙 파괴자가 주식시장에서 큰돈을 벌기 위해 가장 중요한 습관이다.

절대 돈을 잃지 말라거나, 항상 옳은 선택을 해야 한다는 말이 전혀 아니다.

이 바닥에서는 수익을 내려면 손실을 봐야 한다.

60%의 정확도를 추구하라. 그리고 상승 종목은 그 이름대로 계속 상승하도록 놔둬라. 대부분의 사람들이 10배 수익을 낼 만큼 오래 버티지 않는 이 바닥에서 100배 수익을 노려라. 정확도가 높지 않아도 투자에 성공할 수 있다.

규칙 파괴자들은 모든 면에서 자신 있게 투자할 수 있는 상황을 만드는 것이 바람직하다. 이는 '60% 멘탈리티'를 습관화하는 것을 뜻한다. 그러면 쉽게 삼진을 당할 수 있음을 알면서도 자신 있게 배트를 휘두르게 된다.

60% 멘탈리티는 0% 멘탈리티보다 훨씬 강한 자신감을 심어준다. 0% 멘탈리티를 따르는 사람들은 주사위를 굴리는 미친 사람들이다. 또한 60% 멘탈리티는 100% 멘탈리티보다 훨씬 겸손한 자세를 심어준다. 100% 멘탈리티를 따르는 사람들은 오만한 사람들이다.

습관 ⑥ : 60%의 정확도를 추구하라

1부 마무리

습관①: 대박 종목은 일단 계속 가도록 놔둬라

습관②: 물타기는 두 번 다시 하지 말고, 불타기를 하라

습관③: 최소한 3년은 보유하라

습관④: 의식 있는 자본주의의 4가지 신조를 따르라

습관⑤: 신규 포지션은 최대 5%만 할애하라

습관⑥: 60%의 정확도를 추구하라

규칙 파괴자의 6가지 습관 중 하나라도 평생 실천하면 투자 결과가 나아질 것이다. 또한 세상을 더 현명하고, 행복하고, 풍요롭게 만들 것이다!

하물며 6가지 습관을 모두 실천한다고? 그것이야말로 인생 최고

의 꿈같은 롤러코스터 주행이 될 것이다_{분명 롤러코스터 같기는 할 것}
_{이다}. 계산할 수 없는 가치를 지닌 당신만의 금메달을 따게 될 것이
다. 그것은 웡카●가 만든 환상적인 초대형 허쉬 밀크 초콜릿바보다
훨씬 큰 가치를 지닐 것이다.

6가지 습관을 잊어버릴까 봐 걱정스러운가? 나는 당신이 각 습관
을 평생 기억하기 쉽도록 표어별로 '숫자'를 심어두었다_{뭔지 알겠는가?}.

각 습관마다 해당 숫자를 지칭하는 용어가 나온다.

확인해 보라.
그러면 잘 기억하기 바란다.

● 『찰리와 초콜릿 공장(Charlie and The Chocolate Factory)』의 등장인물 윌리 웡카(Willy Wonka)-옮긴이

두 투자자 이야기

해리Harry의 하루는 앓는 소리로 시작됐다.

커튼 사이로 새어드는 햇빛 때문이 아니다. 밤새 주식 앱에서 보낸 알림 때문이다. 장 초반 변동성이 심할 것으로 예상된다는 내용이었다. 그러면 손절매 주문이 발동될 가능성이 높다.

그는 사무실로 올라가는 엘리베이터에서 휴대폰을 꺼내 확인했다. 아니나 다를까, 가장 수익률이 좋은 두 종목에서 방금 매도 주문이 체결되었다. 때를 잘 맞춘 것 같다.

작은 수익이 확정되었다. 달콤하다.

해리는 광고 애널리스트로서 대형 고객들의 인터넷 마케팅 캠페인 관련 데이터를 하루 종일 분석한다. 데이터가 실시간으로 들어오기 때문에 마치 주식거래소 거래장에 있는 느낌이다. 각기 다른 각도로 배치된 모니터들에 뜨는 수치들을 종합해 보면 빠르게 결과를 확인할 수 있다.

'시간은 돈이다'가 그의 신조다.

그는 일을 잘하는 편이다. 만약 그가 책상 가장 오른쪽에 있는 작은 스마트폰 화면에 정신이 팔려 있지 않다면, 일을 훨씬 더 잘했을 것이다. 거치대 위 스마트폰 화면에는 주식 매매 정보 알림이 떠 있다.

파티션 건너편에는 그의 친구 제이크Jake가 일한다. 제이크는 해리가 주식에 관심이 많다는 걸 안다.

그는 해리에게 "오늘은 파타고니아가 좋아 보이네"라고 말했다.

"파타고니아는 상장되지 않았어, 친구"라는 대답이 돌아왔다. 해리는 파타고니아가 개인기업이라서 주식을 매매할 수 없다는 사실을 제이크가 잊은 모양이라고 생각했다.

제이크는 히죽거리며 "내가 말하는 건 우리 고객이야"라고 말했다. 파타고니아는 실제로 회사의 신규 고객이었다. 싸구려 새 옷을 계속 사지 말고 오래 입을 수 있는 품질 좋은 옷을 재사용하자는 '중고 의류 캠페인'이 호응을 얻고 있었다.

제이크는 말을 이어간다. "이 수치대로 가면 3년 후에는…"

해리가 말을 끊는다. "누가 3년이나 기다려? 난 3분 만에 들어갔다가 나와."

한편,

도시 맞은편에서는 샐리Sally가 평온한 미소로 하루를 시작했다. 그녀는 방금 증권거래 내역서를 열었고, 커피를 마시며 은퇴용 포트폴리오를 훑어보고 있었다.

그녀에게는 거의 20년 동안 엄격하게 지킨 투자법이 있었다. 그 것은 건실한 기업의 주식을 장기 보유하고 추가 매수하는 것이다. 이제 그 효과가 나타나고 있었다. 일부 종목은 주가가 몇 배로 불어났다.

그녀는 펀드와 주식을 섞어서 투자했다. 펀드에 대해서는 그다지 말할 것이 없다. 하지만 포트폴리오에 넣은 모든 주식은 해당 기업의 사명을 깊이 이해한 후 직접 골랐다. 시간이 지나면서 일부 포지션의 가치가 급등하는 것을 지켜보는 일은 재미있다.

특히 샐리가 절대 한 주식에 대해 5% 이상 비중으로 진입하는 리스크를 지지 않는다는 점을 감안하면 더욱 그렇다.

그녀가 보유한 종목의 60%는 시장수익률을 넘어선다는 목표를 달성하지 못했다. 하지만 수익이 나는 종목, 특히 최대 비중을 차지하는 종목을 인내심 있게 들고 있었던 덕분에, 포트폴리오가 크게 풍요로워졌다.

스스로의 선택에 그녀는 늘 큰 자부심을 느꼈다.

샐리는 회사에서 프로젝트 매니저로서 썬빔 솔라어레이Sunbeam Solar Array 프로젝트를 감독한다. 이 프로젝트는 모하비 사막의 방대한 태양광 에너지를 활용하여 30만 가구에 전력을 공급하는 것이다.

그녀는 오늘 오전에 주가가 하락했다는 사실을 모른 채 양면 태양광 패널의 비용을 검토하는 데 집중했다.

이 패널은 이름 그대로 양면에서 태양광을 흡수하여 전력 생산을 극대화한다. 문제는 가격이 비싸다는 것이다. 그래서 그녀의 팀은 캘리포니아 주와 민관 협력 사업을 추진하고 있었다. 이를 위한 포괄적인 토지 관리 계획에는, 토착 사막 거북을 보호하기 위한 대책도 포함되어 있었다.

제이크가 보낸 갑작스러운 문자메시지가 주식 거래에 빠져 있던 해리의 정신을 깨웠다.

거기에는 놀리는 듯한 어조로 이렇게 적혀 있었다. "오늘 밤에 환경운동을 위한 자선 행사가 있어. 음식이 공짜야. 누가 알아? 어쩌면 파타고니아의 정신이 너한테 스며들지도?"

해리는 주저하다가 가겠다고 답했다. 하지만 그를 이끈 것은 파타고니아의 정신이 아니라, 파티에서 제공될 고급 카나페였다.

썬빔 솔라어레이 프로젝트가 후원한 이 자선행사에서 해리는 좀처럼 분위기에 녹아들지 못하고 있었다. 사람들을 붙잡고 주식시장과 관련된 화제로 말을 걸어 보았지만, 그의 말은 '지속가능성'과 '태양광 패널'에 대한 논의들에 의해 밀려났다.

이윽고 주최 측에서 마련한 자선 경매 행사가 시작됐다.

그는 경매 테이블 옆에서 샐리와 마주쳤다. 사막 거북에 대한 이야기를 피해 뒷걸음질 치다가 막 입찰하려 다가온 그녀와 부딪힌 것이다.

샐리는 고개를 들어 해리를 봤다. 이 낯선 남자에게는 뭔가 색다른 면이 있다. 친환경 복장을 걸친 사람들 속에서 혼자 말쑥한 정장 차림이라 그런 것일지 모른다. 아니면 정말로 창피해하는 그의 눈빛 때문인지도 모른다.

그녀는 웃으며 "안녕하세요. 입찰하시려고요?"라고 말했다.

그녀의 시선에 당황한 해리는 애써 쑥스러운 미소를 지었다. "서면 경매silent auction•잖아요. 당신이 얼마를 썼나 보려고 했어요. 조용히silently 말이죠. 저는 숫자를 중시하거든요."

"반가워요, 숫자를 중시하는 분. 저는 샐리예요." 그녀는 손을 뻗어 악수를 나눈 후 자신의 이름표를 가리켰다. "저는 썬빔 프로젝트에서 일해요. 그게 이 자리에 온 주된 이유예요. 우리는 친환경 에너지 사업에 대한 인식과 지원을 확대하려고 해요."

그녀는 말을 멈추고 잠시 해리를 살펴보더니 이렇게 말했다. "당

• 입찰가를 말하지 않고 적어서 입찰하는 방식의 경매-옮긴이

신이 지금까지 투자한 것 중에 가장 의미 있는 게 뭔가요?"

좋은 질문이다. 어쩌면 한가한 잡담거리일지도 모른다. 하지만 정말로 진지하게 생각해 보기 시작하면 이야기가 달라진다.

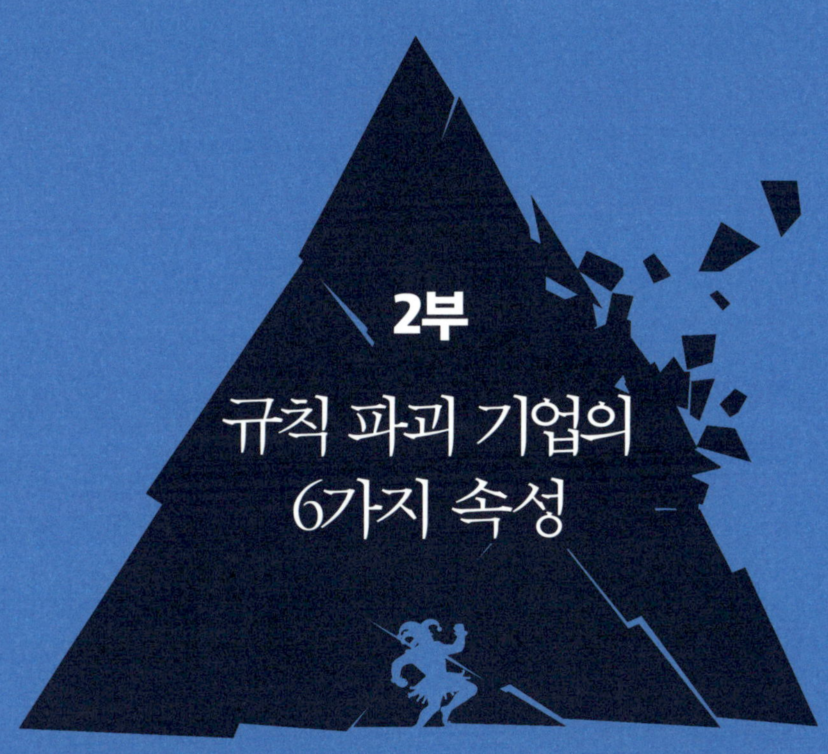

2부

규칙 파괴 기업의
6가지 속성

2부 들어가며

나는 1999년에도 대박 종목에서 찾은 6가지 속성을 공개한 바 있다. 그 내용을 담은 책 『규칙 파괴자, 규칙 수립자』는 인기 투자서이자 베스트셀러가 되었다.●

하지만 젊은 주식 애호가로서 자신의 생각을 책으로 펴내는 데에는 1가지 결점이 있었다. 그것은 바로 결과를 보여줄 수 없다는 것이다. 모든 투자자의 성과는 수년, 수십 년 후에야 제대로 측정될 수 있다. 그래서 처음에는 자신이 어떻게 투자할 것인지 밝히고, 시장에 들어가 그대로 하는 것 외에 할 수 있는 일이 없다. 그다음에는 며칠, 몇 달, 몇 년을 기다려야 한다.

● David Gardner and Tom Gardner, "The Motley Fool's Rule Breakers, Rule Makers: The Foolish Guide To Picking Stocks", Simon & Schuster, 1999.

이 고전적인 비유는 벤저민 그레이엄의 글에 그대로 나온 적은 없는 것으로 보인다. 하지만 버핏은 그레이엄이 강의와 강연에서 자주 그렇게 말했다고 전한다.

어쨌든 이제 25년이 넘는 세월이 지났다. 수십 년에 걸친 변화가 일어났다. 시장은 나의 방식이 맞는지 틀렸는지를 그들의 저울로 정확하게 측정했다.

지금부터 소개할 6가지 속성은 1990년대 말 이후로 계속해서 나의 투자 기준으로 자리 잡고 있었다. 덕분에 나는 지난 25년 동안 좋은 주식을 정말 많이 발견할 수 있었다. 그것도 일찍, 아주 싸게 말이다.

피터 린치는 '피델리티 마젤란_{Fidelity Magellan}' 펀드를 13년 동안 운용하면서 주가가 10배 넘게 오른 '텐 배거'를 여럿 발굴했다. 나도 그렇게 하고 싶었다. 그래서 20년 동안 한 달에 3개씩 종목을 추천했고, 64개의 10+배거를 발굴했다.

내가 추천하여 수많은 사람들의 포트폴리오에 들어간 64개 종목의 주가가 오르는 모습을 지켜보는 일은 내게 이루 말할 수 없는 기쁨을 주었다. 정말 더할 나위 없는 기쁨이었다.

그보다 나를 더 흥분시킨 것은 100배거를 발견했다는 사실이었다. 지금까지 내가 추천한 종목 중에서 100배거는 총 7개였다.

나는 뭘 보고 이 종목들에 투자했을까?

100배거 종목들은 공통적인 속성을 지닌다.

이것이 2부의 내용이다.

그러면 오랜 세월에 걸쳐 최고의 종목들이 지녀온 속성들이 무엇인지 살펴보자.

7

주요 신흥 산업의
최강자이자 선두주자

"성공하려면 이미 알려진 길을 따라갈 것이 아니라 새로운 길을 열어야 한다."

—존 록펠러John D. Rockefeller

제리 가르시아Jerry Garcia라는 이름은 투자서에 자주 등장하지 않는다. 그도 그럴 것이, 그레이트풀 데드Grateful Dead라는 밴드를 만든 사람이기 때문이다. 하지만 그가 한 말 중에는 투자와 사업에 대해 너무나 훌륭한 시각을 보여주는 것이 있다.

"우리는 최고가 되려고 노력한 적이 한 번도 없습니다.

그저 우리만 할 수 있는 일을 하려고 노력했을 뿐입니다."

이 말은 사실 제리 가르시아가 아니라 그레이트풀 데드의 프로모터인 빌 그레이엄Bill Graham이 한 것일지도 모른다. 나는 그레이트풀 데드의 노래를 전혀 모른다. 그러니 출처 논쟁은 다른 사람들에게 맡기도록 하겠다.

어찌 됐든, 2부의 첫 번째이자 가장 중요한 장을 시작하면서 이 말의 위대함을 음미하도록 하자. 동시에 이 말이 앞서 제시한 존 록펠러의 말과 얼마나 잘 맞아떨어지는지 확인하도록 하자.

록펠러는 당대의 가장 부유하고 영향력 있는 사람이었다. 두 사람은 같은 시기를 살아간 적조차 없고록펠러는 1937년에 사망했고 가르시아는 1942년에 태어났다, 성격도 확연히 달랐다. 그러나 위의 말들에 담긴 두 사람의 생각은 일치했다.

규칙 파괴자는 그렇게 생각하고 행동하기 때문이다. 그들은 산업을 탄생시키고, 세상을 뒤흔든다. 또한 다음과 같은 존재가 된다.

주요 신흥 산업

내가 이 속성을 첫 번째로 꼽는 데는 그럴 만한 이유가 있다. 이 속성은 강력한 필터로서 종목 선정에 들어가는 시간을 아껴준다.

당신이 2부를 읽고 다 까먹는다 해도 이것 하나만은 기억하라. 모든 시대를 통틀어 최고의 종목은 '주요 신흥 산업의 최강자이자 선두주자'이다. 거기에 초점을 맞추면 대어가 많은 연못에서 낚시를 할 수 있다. 차세대 최고의 대어들이 헤엄치고 있는 이 작은 연못은 의외로 많은 투자자들에게 간과되곤 한다.

신흥 산업에 속한 기업이 규칙 파괴 기업의 지위에 오르는 것은 실로 인상적이다! 차고에서 구상한 아이디어로 출발하여 업계를 선도하는 기업을 만드는 것은 결코 사소한 업적이 아니다!

이는 단지 인상적인 일에 그치지 않는다. 이런 기업은 미래를 여는 솔루션으로 기존의 사회와 산업의 판도를 뒤흔든다.

자동차 경주에서 그렇듯이, 가장 앞자리를 차지하는 것 자체가 경쟁우위가 된다. 블룸버그와 CNBC를 위시한 모든 경제 방송은 선두주자에 대한 이야기를 하고 싶어 한다. 그러면 브랜드 인지도가 높아진다. 또한 최고 인재들은 선두 기업에서 일하고 싶어 하며, 최고의 벤처캐피털은 선두 기업에 투자하고 싶어 한다.

이런 요소는 기술 우위, 실행 속도, 리더의 선견지명과 더불어 기업을 해당 업계의 최강자이자 선두주자로 만드는 강력한 요인 중 하나다. 또한 그 자리를 유지하는 데 도움을 준다. 그래서 아마존과 테슬라가 지금의 아마존과 테슬라가 된 것이다.

이밖에 페이스북, 엔비디아, 넷플릭스 같은 최강자이자 선두주자가 누리는 우위는, 이들의 행동과 사업적 판단 하나하나가 '자기충족적 예언'이 될 수 있다는 점이다.

이 속성을 확인하려면 2가지 측면을 살펴야 한다. 하나는 해당 기업이 속한 산업이 '주요 신흥 산업'인지 여부이고, 다른 하나는 기업 자체가 해당 분야의 '최강자이자 선두주자'인지 여부다.

그러면 산업 측면부터 살펴보자.

아래 표는 S&P500에서 1995년부터 2024년까지 30년에 걸쳐 최고의 수익률을 기록한 30대 종목의 목록이다. 해당 기업 중 다수는 독자적인 산업을 일으켰으며 그 산업은 주요 신흥 산업이 되었다는 특징을 갖고 있다.

이름 옆에 별표가 붙은 종목은 1995년 이후 상장되었음을 뜻한다.

S&P500 최대 상승 종목(1995.1.~2024.12.)

기업	상장일	30년 총 수익률	연환산 수익률
엔비디아*	1999.1.22.	369,804%	37.2%
아마존*	1997.5.15.	292,422%	33.5%
몬스터베버리지(MonsterBeverage)*	1995.8.18.	268,294%	30.8%
NVR	1986.6.17.	148,608%	27.6%
텍사스퍼시픽랜드(TexasPacificLand)	1975.5.29.	125,866%	26.9%
액손엔터프라이스(AxonEnterprise)*	2001.5.18.	111,196%	34.6%
애플	1980.12.12.	86,134%	25.3%
넷플릭스*	2002.5.29.	82,703%	34.6%
자빌(Jabil)*	1998.5.5.	73,864%	28.1%
로스스토어스(RossStores)	1985.8.8.	56,547%	23.5%
풀(Pool)*	1995.10.13.	51,689%	23.8%
바이오젠(Blogen)	1991.9.17.	46,798%	22.8%
알트리아그룹(AltriaGroup)	1985.7.2.	46,505%	22.7%

길리어드사이언스(GileadSciences)	1992.1.22.	43,449%	22.5%
오라일리오토모티브 (O'ReillyAutomotive)	1993.4.22.	38,225%	21.9%
레스메드(ResMed)*	1995.6.2.	36,276%	22.0%
TJX컴퍼니스(TJXCompanies)	1965.11.17.	35,438%	21.6%
코그니전트테크놀로지솔루션 (CognizantTechnologySolutions)*	1998.6.19.	33,851%	24.5%
코파트(Copart)	1994.3.17.	31,154%	21.1%
덱커아웃도어(DeckersOutdoor)	1993.10.21.	29,145%	20.8%
존슨컨트롤스인터내셔널 (JohnsonControlsInternational)	1965.10.11.	26,722%	20.5%
올드도미니언프라이트라인 (OldDominionFreightLine)	1991.10.24.	25,418%	20.3%
페어아이작(FairIsaac)	1987.7.31.	25,401%	20.3%
테슬라*	2010.6.29.	25,320%	46.4%
인튜이티브서지컬*	2000.6.13.	24,788%	25.2%
트랙터서플라이(TractorSupply)	1994.2.17.	24,188%	20.1%
리제네론파마슈티컬스 (RegeneronPharmaceuticals)	1991.4.2.	23,644%	20.0%
암페놀(Amphenol)	1991.11.08.	21,109%	19.6%
코스트코(Costco)	1985.11.27.	21,089%	19.5%
마이크로소프트	1986.3.13.	17,788%	18.9%

자료: 와이차트(Y Charts), 찰리 빌렐로(Charlie Bilello)

4장에서 스냅 테스트를 소개한 바 있다. '내가 손가락을 튕겨서 어떤 기업이 사라진다면, 누군가가 그 사실을 알아차리고 아쉬워할까?' 이는 기업이 하는 일의 중요성을 평가하는 아주 좋은 방법이다.

주요 신흥 산업에서 혁신을 일으키는 기업은 스냅 테스트를 쉽게 통과할 것이다. 만약 통과하지 못한다면 이상적인 규칙 파괴 기업은 아니다. 여전히 조사할 가치는 있지만 말이다.

주요 신흥 산업이라고 해서 소비자에게 항상 잘 알려지는 것은 아니다. 위 목록에서는 온라인 중고차 경매 사업을 하는 코파트 그리고 지속형 양압기라는 수면 무호흡증 치료기 부문을 개척한 레스메드가 대표적인 예이다. 대다수 사람들은 이 기업들을 모른다. 하지만 이 기업들은 다른 기업들이 충분히 대응하지 못하는 중요한 시장에서 사업을 운영한다.

이런 기술 중심 규칙 파괴 기업들은 넷플릭스나 애플 같은 상품 호소력을 지니지는 못한다. 그럼에도 한때 넷플릭스와 애플이 그랬던 것처럼 주요 신흥 산업의 지배적인 위치를 점거하고 있다.

오늘날 신기술은 그 어느 때보다 빠르게 개발·전개되고 있다. 인터넷은 전화기보다 빠르게 수용되었으며, 인공지능은 인터넷보다 빠르게 수용되고 있다. 그 어느 때보다 많은 규칙 파괴 기업이 등장하고 있다. 기존 사회의 문제를 해결하거나 새로운 가능성을 여는 신기술에 주목하는 것이 주식을 투자할 때 큰 보상을 안겨주는 이유가 여기에 있다.

1967년 영화 「졸업The Graduate」에서는 주인공 벤저민 브래독더스틴 호프먼 분이 아버지의 친구에게 붙들려 조언을 듣는 장면이 나온다. 아버지의 친구는 미래를 한 단어로 설명한다. 바로 '플라스틱의 시대'라는 것이다.

당시 플라스틱 산업은 기술 발전과 경제적 기회를 상징했다. 농담과 사회 풍자를 제쳐두자면, 요즘의 아버지 친구들은 당신을 급히 자기 쪽으로 끌어당기며 이런 단어들을 말할 것이다.

‘AI’

‘유전학’

‘지속가능성’

‘양자’

‘블록체인’

‘우주’

‘로봇’

미래는 무한한 가능성과 미지의 영역으로 가득한 끝없는 지평선처럼 우리 앞에 펼쳐져 있다. 규칙 파괴자는 바로 그 경계를 계속 주시해야 한다.

다만 스냅 테스트는 우리의 시선이 너무 첨단의 영역으로 나가지 않도록 주의시킨다. 나는 더 젊었던 시절인 2000년대 초반, 나노기술에 열광하여 벼락 성공을 거둘 규칙 파괴 기업을 찾았다. 그러나 20년이 지난 지금도 돌파구는 열리지 않았다상온 핵융합 기술에 관심 있는 사람?.

다행히 나는 나노기술에 너무 많은 시간이나 자본을 낭비하지 않았다. 내일 당장 사라져도또는 회사가 나노 크기로 줄어들어도 사람들이 아쉬워할 나노기술 기업은 없었기 때문이었다.

나노기술과 관련된 농담이 생각나지 않아서 챗GPT한테 물었더니 이런 답변이 나왔다. '나노기술 산업은 왜 그렇게 작을까? 시장이 말 그대로 나노 크기이기 때문이다! 투자자가 수익률을 확인하려면 현미경이 필요할 지경이다.'

이처럼 스냅 테스트는 주요 신흥 산업을 판별하는 중요한 지침이다.

'신흥 산업이 아니면 안 되는가?'라는 의문에 대해 예외 사례를 하나 짚어보고 싶다. 이 책의 메인 주제인 '규칙 파괴의 습관·속성·원칙지금 생각해 보면 규칙을 파괴한다면서 원칙을 제시한다는 게 아이러니긴 하다'에 있어서의 예외 사례다. 대박 종목들의 목록을 살펴보면 불가피하게 내가 제시한 투자 프레임을 벗어나는 기업이 나온다.

위에 올린 30년 동안의 최고 상승 종목들을 보라. 3위 기업은 에너지 음료를 만드는 몬스터베버리지다. 많은 사람들은 에너지 음료를 차세대 대박 상품으로 여기지 않았다. 에너지 음료는 엔비디아의 그래픽 처리장치처럼 고도의 기술을 요구하지 않기 때문이다.

에너지 음료가 산업 전반의 중요도 측면에서 인터넷이나 자율주행 전기차와 비교될 수는 없다. 하지만 생산성 증가와 온라인 라이프스타일로의 전환이라는 현대적 변화의 과정에서 에너지 음료 시장의 성장이 이뤄졌다. 즉, 반드시 신기술이 규칙 파괴 기업의 핵심인 것은 아니다.

그리고 여기서 말하는 '핵심'이라는 게 무엇인지에 대해서도 깊게 고민해볼 필요가 있다. 소매유통업을 하는 코스트코가 위 목록에 포함된 것은 또 어떻게 설명해야 할까?

에너지 음료 분야의 최강자인 레드불여전히 개인기업은 1987년 4월 1일, 오스트리아에서 처음 선보였다. 참고로 모틀리풀의 광대 일동으로서 레드불의 출시일이 만우절이었던 점은 심히 흥미롭다. 어쨌든 레드불의 시작은 글렌다워Glendower가 태어날 때처럼 거창하지 않았다내가 태어날 때 땅이 '안' 흔들렸노라~.

그러나 이후 레드불과 그 경쟁사인 몬스터베버리지는 우리 사회의 음료 소비 경향을 바꾸어 놓았으며, 기업 경영 면에서는 업무처리와 성과에 관한 새로운 문화적 규범을 만들어냈다.

에너지 음료는 일상에서 최적화와 효율성을 추구하는 문화적 추세의 상징이다. 이 말에 동의하지 않는 사람은 몬스터베버리지 주식을 놓쳤을 것이다! 기쁘게도 우리는 2009년 1월에 몬스터베버리지를 추천했다지금도 보유하고 있다!. 2009년 1월 21일자 추천 종목이었다. 사실 당시 종목명은 한센내추럴HansenNatural이었다.

몬스터베버리지는 속성①을 지닌 기업은 아니었다. 나는 에너지 음료를 마시지도 않는다. 또한 우리가 아주 초기에 추천한 것도 아니었다. 그럼에도 몬스터베버리지는 우리가 투자한 이후로도 15년이 넘는 기간 동안 놀라운 수익률을 올려주었다.

스냅 테스트는 당신이 대박 종목을 낚기 위해 어떤 낚싯대와 미끼를 써야 할지 알려준다. 첨단 기술을 기반으로 주요 신흥 산업에 속한 각 시대 최고의 주식들은 비유하자면 연못의 지배종과 같다. 그들은 화려하고 아름다운 색을 뽐내며 너무나 유혹적으로 헤엄친다. 속성①은 이들을 낚기 위한 채비다. 그러나 연못에 그들만 있는 건 아니다. 즉 세상에는 다른 낚시대와 미끼도 존재한다.

몬스터베버리지는 속성①에 해당하는 건 아니어도 10년 동안 최고의 상승률을 기록했으며_{속성③}, 2012년 경영진의 판단에 의해 몬스터베버리지로 이름을 바꾸었다_{속성④}. 속성③과 속성④가 무엇인지는 차차 알게 될 것이다.

최강자이자 선두주자

주요 신흥 산업 이야기를 했으니, 이제 최강자이자 선두주자에 초점을 맞추고 싶다. 주요 신흥 산업을 찾았다면, 해당 산업에서 누가 선두를 달리는지 알아봐야 한다. 그 기업이 바로 대박 종목이다.

'선두에 서는 썰매개가 아니면 풍경이 절대 바뀌지 않는다'는 속담이 있다. 선두견에 해당하는 기업은 꿈과 이상을 품은 사람들이 이끄는 기업이다. 그들은 투자자들이 탄 썰매를 누구도 가지 못한 곳, 누구도 모르는 노다지가 숨겨진 곳으로 데려다준다.

록펠러가 말한 '새로운 길'을 곱씹어보자. 모든 시대마다 규칙 파괴 기업을 세운 사람들은 자신들의 썰매개들을 풀어놓고 마음껏

달리게 해줬다^{미친 짓 같지만!}. 그렇게 천재적인 방법으로 새로운 길을 뚫어서 미지의 영역으로 들어갔다.

방금 '천재적'이라는 표현은 내가 아주 좋아하고, 항상 명심하는 또 다른 명언을 인용하기 위해 의도적으로 쓴 것이다. 그것은 19세기 철학자 쇼펜하우어가 남긴 말이다.

"준재는 누구도 맞히지 못하는 과녁을 맞히고, 천재는 누구도 보지 못하는 과녁을 맞힌다."

—아르투어 쇼펜하우어

어떤 분야에서 '최강자'를 포착하는 일은 어렵지 않다. 반면 '선두주자'에 대해서는, 특히 그들이 나아가는 방식에 대해서는 더 논할 부분이 있다.

주로 주요 신흥 산업의 선두주자들은 기성 산업에 자리 잡은 골리앗들을 쓰러트린다. 그래서 대다수 선두주자는 결국 해당 산업의 최강자가 되기 마련이다. 하지만 그렇다고 해서 무조건 선두주자만 쫓아다니라는 말은 아니다.

나는 선구자들을 지지하기는커녕 폄하하는 진부한 말들을 안다. 선구자는 최전선에서 '화살을 맞지만', 나머지는 그들을 밟고 넘어간다.

스포티파이^{자율형 음악 스트리밍 서비스}나 스퀘어^{소상공인용 결제 플랫폼} 같은 최강자들은 그들이 창조한 산업의 선두주자들이기도 했다. 반면에 마이스페이스MySpace는 페이스북보다 일찍 등장한 SNS 서비스였다. 하지만 그들은 후발주자인 페이스북에 잠식됐다.

앞서나간다는 사실보다 앞서나가는 방식이 더 중요하다.

신속한 움직임은 가치 있는 도메인명을 낚아챌 때는 도움이 된다. 하지만 사업을 할 때 무조건 신속성만 추구하면 급히 리콜을 하게 만들거나, 홍보 재앙을 부를 수도 있다. 댄서에게는 빨리 춤을 추기보다 어떻게 춤을 추는지가 더 중요하다. 마찬가지로 선두주자가 나아가는 방식도 매우 중요하다.

이를 평가하는 또 다른 테스트가 있다. 바로 '콜라 테스트'이다.

콜라 테스트

나는 이 테스트를 통과하지 못한 주식도 좋아한다. 하지만 어떤 주식을 '사랑'하려면 이 테스트를 통과해야 한다. 모든 시대를 통틀어 최고의 규칙 파괴 기업은 모두 스냅 테스트와 콜라 테스트를 통과했다.

이 장의 첫머리에서 소개한 제리 가르시아의 말을 다시 살펴보자. 그는 '그저 우리만 할 수 있는 일을 하려고 노력했을 뿐'이라고 말했다. 만약 내가 어떤 유망한 기업을 발견했는데, 코카콜라

CocaCola에 도전하는 펩시Pepsi 같은 경쟁자가 없다면 나는 실로 흥분한다.

다시 말해 다음과 같은 질문을 던지는 것이 콜라 테스트이다.

해당 기업이 특정 사업 분야에서 독보적 존재인가?

코카콜라에 도전하는 펩시 같은 경쟁자가 없는가?

아마존을 예로 들어보자. 아마존과 확실하게 유사한 기업은 한 번도 없었다. 온라인으로 책을 팔던 초기부터 나는 지금도 '세계 최대 서점'이라고 적힌 아마존닷컴의 마우스패드를 쓴다, 2006년에 아마존 웹서비스를 사업 분야에 추가한 데 이어, 영상 스트리밍 분야에서 넷플릭스와 경쟁하던 시기까지 아마존은 언제나 독보적인 기업이었다.

아마존이 콜라라면 펩시는 누구인가? 떠오르지 않는다면 아마존은 콜라 테스트를 통과한 것이다.

전자상거래의 미래를 장악하고 앞서나가는 기업은 이미 막강한 힘을 갖고 있다. 거기에 선두에서 뛰는 썰매견이 되어 다른 개들은 당신의 뒤만 보게 만들면 그 힘은 더욱 강해진다. 콜라 테스트를 통과하는 규칙 파괴 기업은 경쟁자가 없는 자리를 계속 탐색하고 차지한다. 그러면 앞서 비유한 연못의 지배종은 마침내 드넓은 푸른 바다의 지배자가 된다!

아마존처럼 블루오션blue-ocean으로 뛰어든 기업은 성공하기 마련이다. 물론 수많은 경쟁자들도 나름의 재능을 갖고 있었다. 하지만 그들은 천재의 선견지명을 갖추지는 못했다. 아마존의 창립자인 제프 베이조스Jeffrey Bezos는 아마존을 최고 기업이 아니라 독보적 기업으로 만들려고 노력했다.

워런 버핏은 모든 산업의 발달 주기마다 3개의 'I'가 나타난다고 말했다.

 ＊ 처음에는 다른 사람들이 보지 못한 기회를 보는 '혁신가innovator'가 나타난다. 뒤이어 혁신가를 따라하는 '모방자imitator'가 나타난다. 끝으로 혁신을 이용하여 부자가 되려는 탐욕 때문에 오히려 혁신을 망치는 '멍청이idiot'가 나타난다.

모방자와 멍청이 따위는 무시하라. 대신에 다른 사람들이 보지 못한 기회를 보는 혁신가에 주목하라. 그러한 혁신가 덕분에 아마존과 애플, 스포티파이는 지금의 대단한 기업이 되었다.

스냅─콜라 기업

속성①은 스냅 테스트와 콜라 테스트로 구성되어 있다. 기억하기 쉽게 이 두 테스트를 통과한 기업을 '스냅-콜라 기업'이라고 부르도록 하자. 내가 알기로는 스냅-콜라라는 브랜드는 없다. 만약 있다면 에너지 음료 산업에 진입하기 위한 이름으로 아주 좋을 것 같다.

전자상거래라는 주요 신흥 산업에서 최강자이자 선두주자였던 아마존은 이후에는 다른 산업에서도 스냅-콜라 기업의 대표적인 예이다.

스냅-콜라 기업은 파괴적인 원투 펀치를 갖고 있다.

1. **스냅**: 사업 초기에 상당한 주목도를 확보한다.
2. **콜라**: 특정 사업 분야에서 독보적 존재이다.

스냅-콜라 기업은 모든 훌륭한 투자 포트폴리오의 밑바탕이 된다. 평생 두어 개의 스냅-콜라 기업 주식만 갖고 있어도 우리가 필요한 모든 부를 얻을 수 있다. 스냅-콜라 기업은 우리의 규칙 파괴 포트폴리오에도 힘을 주는 '몬스터 에너지'를 제공한다이 문장뿐 아니라 이 책에 나오는 모든 말장난은 그냥 갖다 써도 된다.

간단한 연습을 해보자. 기업 얘기를 할 때 언제나 쉽게 활용할 수 있는 애플을 사례로 들어보겠다. 애플은 콜라 테스트를 통과하는가? 통과한다면, 지금까지 항상 그랬을까?

사실 애플은 초기 20년 동안 대부분 마이크로소프트에게 도전하는 펩시 같은 기업이었다. 두 회사의 경쟁은 2000년대 중반에 나온 Mac 대 PC 광고에서 절정에 이르렀다.

그러다가 아이팟에 이어 2007년에 아이폰이 출시되면서 애플의 제품군이 크게 차별화되었다. 애플의 문화, 디자인 철학, 브랜드는 언제나 특이했다. 하지만 이제는 마침내 독보적인 지위를 누릴 수 있는

제품을 갖게 되었다

애플은 2008년에 나의 콜라 테스트를 통과했고, 나는 마침내 애플 주식을 추천했다. 그리고 스냅-콜라 축제가 벌어졌다!

2008년 1월 18일에 '스톡 어드바이저'에서 추천할 당시 주가는 4.88달러였다 그때는 애플이 창립된 한참 후였다. 나는 그보다 훨씬 일찍 애플 주식을 사들인 사람들을 많이 안다. 그들이 지금도 계속 보유하고 있기를 바란다.

또 다른 예는 구글의 모기업 알파벳Alphabet이다.

2000년대 초반, 구글의 검색엔진이 야후Yahoo를 앞지르기 시작했다. 이후로는 뛰어난 편의성에 힘입어 펩시 같은 경쟁자를 찾기 어려울 만큼 지배적 지위를 다졌다. 과연 애스크 지브스Ask Jeeves나 빙Bing이 제대로 된 경쟁자라고 볼 수 있을까?

나의 오랜 동료인 팀 바이어스Tim Beyers는 규칙 파괴 기업을 알아보는 안목이 뛰어났다. 우리는 그의 제안에 따라 2008년 5월에 알파벳을 추천했다. 그때는 알파벳이 '구글 X구글의 미래사업 인큐베이터'를 출범하기 2년 전이었다.

현재 알파벳은 자율주행 분야의 웨이모Waymo, 노화 관련 바이오 공학 분야의 칼리코Calico, 고고도 풍선 활용 인터넷 서비스 프로젝트룬Project Loon 그리고 AI 분야의 딥마인드Deep Mind 같은 다양한 분야에서 사업을 전개한다.

특히 2016년 딥마인드의 알파고Alpha Go는 인류의 가장 오랜 보드게임인 바둑에서 세계 최고의 기사를 이겼다. 온 세상이 떠들썩했다. 그런데 그 다음날 딥마인드라는 기업이 세상에서 사라졌다고 한다면? 이것만으로도 스냅-콜라 테스트에 합격한 것이다.

테슬라, 페이스북, 인튜이티브서지컬, 어도비 Adobe, 넷플릭스, 액손엔터프라이스, 세일즈포스 이 기업들은 모두 주요 신흥 산업의 최강자이자 선두주자이다. 또한 스냅-콜라 기업이기도 하다.

이 규칙 파괴 기업들은 당대 최고의 투자수익률을 선사했다. 나는 이 7개 종목을 모두 일찌감치 추천했으며 주가가 오른 후에도 계속해서 보유했다. 그들은 일부 학자들이 운으로 치부하는 시장 초과 수익률을 달성하는 데 도움을 줬다.

'스냅-콜라'라는 명칭이 너무 실없어 보인다면, 이를 표현하는 다른 방법이 있다.

속성 ① : 주요 신흥 산업의 최강자이자 선두주자

당신도 나처럼 할 수 있다. 이제는 규칙 파괴 기업의 가장 중요한 지표인 속성①까지 알았으니, 더욱 할 수 있다.

8

지속가능한
경쟁우위

최소한 3년, 길게는 30년 동안 보유할 종목을 살 것이라면 다음 요건을 살펴야 한다.

속성②: 지속가능한 경쟁우위

속성②는 다음 분기 또는 내년 실적을 넘어서, 더 멀리 보도록 도와준다.

이때 중요한 것은 주가 차트나 밸류에이션valuation이 아니라 기업 자체에 초점을 맞추는 것이다. 많은 사람들, 특히 전문 투자자들은 종목 코드와 주가 차트에 집착한다. 하지만 당신은 산업 현장에서 기업의 '경쟁우위'를 이해하는 것을 목표로 삼아야 한다.

이를 '기업 중심 투자'라 한다. 마치 당신이 벤처캐피탈이 된 것처럼 어떤 기업이 어떻게 경쟁자를 이기고, 소비자와 투자자에게 이득을 안기는지 분석하라.

속성②는 투자에서 가장 중요한 문제를 숙고하게 만든다. 그것은 누가 지속가능한 방식으로 우위를 이어가느냐 하는 문제이다. 다음 주 경기에서 이기거나, 한 시즌만 우승하는 것으로는 부족하다. 앞으로 10년 동안 어느 팀이 월드시리즈 우승컵을 가장 많이 수집할지를 파악해야 한다.

어려운 일처럼 보이지 않는가? 나를 비롯한 대부분의 사람들은 MBA 학위를 갖고 있지 않다. 나는 교수님한테 '어떤 기업이 장기적으로 성공할 것인가?'라는 질문을 한 적도 없다문학 전공이긴 하지만.

그러나 우리는 모두 소비자다! 학자는 아니어도 칙필레Chick-fil-A, 월트디즈니WaltDisney, 애플, 그리고 오래된 동네 가게나 술집이 다른 경쟁자를 성공적으로 물리치면서 오랫동안 존재했다는 사실을 우리는 알고 있다.

경쟁우위를 찾으면 투자수익률, 이율, 혜택 등 주식을 오래 들고 있으면 발생하는 모든 종류의 이점을 얻게 된다. 또한 아인슈타인이 세계 8대 불가사의라고 말한 복리효과를 누릴 수 있다아인슈타인은 그런 말을 한 적이 없긴 하지만.

투자가 아닌 다른 분야에서는 '복리효과의 힘'이 이미 많이 증명되었다. 제임스 클리어James Clear는 『아주 작은 습관의 힘 Atomic

Habits』에서 작은 변화로 커다란 결과를 얻는 방법을 이야기한다. 또한 티아고 포르테Tiago Forte는 『세컨드 브레인Building a Second Brain』에서 디지털 라이프를 잘 구성하여 생각의 복리효과를 얻는 방법을 이야기한다. 복리효과는 돈 말고도 신뢰나 관계 같은 영역에서 자주 발생한다. 신뢰감 있게 오래 지속되는 결혼 생활은 장기적인 복리효과의 아름다운 사례이다.

다만 이 책은 장기적으로 투자를 통해 얻는 복리효과의 실질적인 혜택에 초점을 맞춘다. 특히 중간에 그 혜택을 포기하거나 내던지지 말아야 한다는 점을 강조한다. 따라서 그런 경쟁우위를 지닌 기업을 찾는 걸 최우선순위로 두고, 이미 투자한 기업의 지속가능한 경쟁우위를 계속해서 살핀다.

경쟁우위 분석의 핵심은 왜 경쟁에서 이기는지 깊이 생각해보는 데 있다.

앞서 학자가 아니어도 지속가능한 경쟁우위를 인식하고 관심을 가질 수 있다고 말했다. 그래도 경쟁우위를 파악하는 방법에 대해 학자들이 쓴 책을 참고하는 건 도움이 된다. 마이클 포터Michael Porter의 고전, 『경쟁우위Competitive Advantage』는 그가 경쟁우위에 대해 쓴 수많은 책들 중 하나이다.

나의 우상 중 한 명인 클레이튼 크리스텐슨Clayton Christensen은 경쟁우위를 중심으로 '파괴적 혁신'에 관한 이론을 수립했다. 그는 기업이 커질수록 취약해지는 아이러니의 원인을 규명했다. 크리스텐

슨에 따르면 거대 기업들이 기존 시장 내에서 우위를 유지하는 데 집중하는 사이에, 신생 기업내가 말하는 규칙 파괴 기업들은 밑바닥부터 조용히 업계에 혁신을 일으킨다. 이 주제는 여기서 모든 걸 다루기에는 너무나 깊다.

그래도 경쟁우위를 지나치게 심각하게 생각할 필요는 없다. 내가 제시하는 규칙 파괴 기업의 6가지 속성은 리트머스 시험지가 아니라 나침반이다. 여섯 개의 나침반은 모두 제각각 작동하지만 결국 하나의 방향을 가리킨다. 하나의 속성만 갖고 완벽한 종목 선정을 해내려 할 필요가 없다.

반칙

사실 지속가능한 경쟁우위와 관련하여 내가 가장 좋아하는 글은 세스 고딘Seth Godin이 블로그에 쓴 「반칙Cheating」이다. 마케팅 전문가이자 파격적 사상가인 세스는 또한 창의적이고 유머 넘치는 저술가이기도 하다.

그가 2002년에 쓴 『보랏빛 소가 온다Purple Cow』를 보면 경쟁이 심한 시장에서 두각을 드러내는 방법이 나온다. 평범한 소들 사이에 서있는 '보랏빛 소'처럼 남다른 존재가 되어야 한다. 때로 고유성과 혁신은 '이목을 끈다'는 그 자체로 성공의 비결이 되기도 한다. 「반칙」이라는 한 페이지짜리 칼럼에서 세스는 이렇게 말한다.

＊ 스타벅스는 반칙을 쓰고 있다. 그들의 독특한 서비스는 '커피 바coffee bar'라는 현상을 만들어냈다. 이제 우리는 커피를 생각할 때마다 스타벅스를 생각한다.

뱅가드도 반칙을 쓰고 있다. 그들의 저비용 인덱스펀드는 종합금융회사가 도저히 경쟁하지 못하게 만들었다.

아마존도 반칙을 쓰고 있다. 그들의 무료 배송과 방대한 품목은 동네 가게에 비해 불공정한 우위를 제공한다.

구글도 반칙을 쓰고 있다. 1세대 포털 서비스들의 실수를 보고 배운 그들은, 다른 포털 서비스와 같은 부담을 지려하지 않는다.

중략 불안해 하는 기성 경쟁자들에게는 이런 기업들이 반칙을 쓰는 것처럼 보인다. 규칙을 따르지 않기 때문이다.

세스가 이 글을 2002년에 썼다는 사실을 지적할 필요가 있다. 위 기업들의 주식을 그때 샀다면 20여 년 후 엄청난 행복을 맛보았을 것이다. 지속가능한 경쟁우위의 가치는 이 사실만으로도 증명된다.

정확히 해두자면 여기서 말하는 반칙cheating은 실제 부도덕한 반칙은 아니다. 세스는 오히려 자신의 글에서 부도덕한 '진짜 반칙real cheating'을 강하게 비판하기도 했다.●

그는 기업인 독자들에게 이런 질문을 던지며 이야기를 마무리한다.

● 「Cheating」, 2020.8.18. seths.blog/2020/08/cheating

내가 좋아하는 기업 중 다수는 반칙을 쓴다. 반칙은 당신이 보유한 경쟁우위를 향유하고 활용하는 것이다. 그것은 당신만 가졌다는 점에서 불공정하다. 모든 뛰어난 운동선수들은 경쟁자들을 상대로 이러한 반칙을 쓴다.

넷플릭스는 반칙을 통해 자신들의 경쟁사인 블록버스터비디오BlockbusterVideo를 몰아냈다. 넷플릭스는 기존의 DVD 렌탈 서비스를 뒤로 하고 온라인에서 더 나은 사업모델을 취했다. 연체수수료에 불만이 많던 블록버스터비디오의 고객들은, 만족도 높은 넷플릭스의 구독자가 되었다. 말하자면 디지털 대 벽돌의 싸움이었다. 블록버스터비디오는 구독제라는 인터넷 사업모델을 따라갈 수밖에 없는 상황에 처하게 됐다. 넷플릭스가 그렇게 한 것은 완전히 불공정한 반칙이었다!

마블도 반칙을 썼다. 마블은 1990년대에 본격적으로 영화 사업을 시작했다. 그들은 수십 년 동안 키워온 독자적 캐릭터들을 만화책에서 스크린으로 진출시켰다. 심지어 「가디언즈 오브 갤럭시Guardians of the Galaxy」처럼 대부분의 사람들이 모르는 2진급 캐릭터도 수십억 달러를 벌어들이는 자산이 되었다. 덕분에 할리우드 영화계는 한동안 히어로 영화로 도배됐다. 완전 반칙이다!

테슬라 또한 반칙꾼이다. 그들은 배터리 기술과 소프트웨어 통합이라는 앞선 비전을 활용하여 전기차 혁명을 일으켰다. 또한 기존의 자동차 제조사들이 첫 전기차 모델을 발표하기도 전에 미국 전역에 고속 충전망을 구축했다. 반칙꾼 같으니!

속성②의 특징으로 지속가능한 경쟁우위를 들었지만, 사실 '경쟁우위'라는 건 관점에 따라 굉장히 광범위하게 해석되기도 한다.

가령 앞으로 살펴볼 속성⑤강력한 상품 호소력는 소비자에게 큰 만족을 안기는동시에 경쟁자에게 큰 고통을 안기는 경쟁우위라 할 수 있다.

또한 속성④훌륭한 경영자와 똑똑한 후원자는 선견지명을 갖춘 리더십에서 비롯된 경쟁우위라 할 수 있다. '우리는 제프 베이조스를 가졌고 당신은 갖지 못했다. 그래서 우리가 이겼다'라는 말은 속성④ 훌륭한 경영자와 똑똑한 후원자에 해당하는 경쟁우위라고 할 수 있다.

속성①주요 신흥 산업의 최강자이자 선두주자 또한 마찬가지다. 이는 신흥 산업이 바꿔나가는 세상에서 그 최강자와 선두주자가 지니는 힘을 말한다. 이 또한 결국은 일종의 경쟁우위라 할 수 있다.

그렇다면 속성②가 가리키는 '지속가능한 경쟁우위'란 정확히 무엇일까? 나는 그걸 '반칙'에서 찾는다.

반칙이란 경쟁 기업들이 따라오려 해도 따라올 수 없게 만드는 구조적 장치다. 다른 유형의 경쟁우위들과 달리, 반칙으로 분류되는 경쟁우위는 모든 경쟁자가 그 게임을 할 수밖에 없도록 만든다. 그러면서 경쟁자들이 게임에 참여하면 참여할수록 게임을 고안한 기업이 그 이득을 가져가게 만든다.

실리콘밸리의 선지자인 스튜어트 브랜드Stewart Brand는 '신기술이 당신 위로 밀고 지나가면, 당신은 불도저가 아니라 도로의 일부가 된다'라고 했다. 이는 정확히 반칙 기업의 경쟁자들이 처한 상황과 일치한다. 억울하지만 그들은 반칙 기업이 고안한 게임 속에서 고군분투할 수밖에 없다.

현재 기업들 간에 어떤 게임이 벌어지고 있는지를 판별하라. 그리고 누가 그 게임을 고안했는지를 찾아내라. 그 기업이 게임의 승자가 될 확률이 아주 높다.

지속가능한 경쟁우위의 유형

나는 1999년 펴낸 『규칙 파괴자, 규칙 수립자』에서 처음 규칙 파괴 기업의 속성들을 소개했다.

그때 내가 초점을 맞춘 것은 '지속가능한 경쟁우위의 4가지 유형'이었다. 그 내용은 지금도 유효한데, 다음과 같다.

1. 사업 모멘텀: 해당 산업에 네트워크 효과 같은 역학이 자리 잡을 때 생긴다. 이베이는 초기부터 빠르게 성장했다. 모든 판매자가 더 많은 구매자를 끌어들이고, 모든 구매자가 더 많은 판매자를 끌어들였기 때문이다. 이런 식으로 자체 동력이 발생했다. 30년이 지난 지금, 이베이의 아성에 도전하는 펩시 같은 기

업은 아마존 마켓플레이스가 유일하다. 아마존 마켓플레이스는 피에르 오미다이어_{Pierre Omidyar, 이베이 창업자}가 시작한 일을 뒤늦게 모방하려고 시도했다. 마찬가지로 페이스북도 너무나 빠르게 성장하여 순식간에 유명해지고, 전 세계로 퍼져나갔다.

2. **특허 보호**: 이는 제약 산업 같은 분야에서 특히 중요하다. 판매 승인을 받은 약물은 20년 동안 복제를 금지하는 법의 보호를 받는다. 의약품만 그런 것이 아니다. 애플과 삼성 같은 하드웨어 제조사 그리고 마이크로소프트와 오라클_{Oracle} 및 애플 같은 소프트웨어 대기업은 자신들의 판매 권리를 보호하기 위해 광범위한 특허 포트폴리오를 보유하고 있다.

3. **경영진의 선견지명**: 앞서 언급한 부분이며, 10장의 속성④에서 자세히 설명할 것이다.

4. **경쟁사의 무능**: 기업은 자체의 강점을 갖추었기 때문만이 아니라 경쟁사가 혁신 또는 적응에 실패했기 때문에 번성하기도 한다. 내가 1999년에 이 내용을 쓴 이후 수많은 사례가 생겼다. 애플에게 밀린 노키아_{Nokia}, 구글에게 밀린 야후, 페이스북에게 밀린 마이스페이스, 우버_{Uber}에게 밀린 택시 등이 그런 사례이다. 이 익숙한 사례들은 '경쟁사의 무능'이라는 경쟁우위를 조명할 필요성을 말해준다.

1999년 이후로 나는 그밖에 다른 유형의 경쟁우위들에 대해서도 접하게 됐다. 그중 하나가 '의식 있는 자본주의에 대한 의지'이다. 1999년의 나는 의식 있는 자본주의가 무엇인지 몰랐다. 하지만 지금은 의식 있는 자본주의를 실천하는 기업이 앞으로 25년 동안 해당 산업에서 이익의 상당 부분을 차지할 것이라고 믿는다.

4장의 내용이 그 이유를 이해하는 데 도움이 됐기를 바란다. 목적의식에 힘입은 기업은 지향점이 없는 경쟁사들을 꾸준히 앞지른다. 4가지 신조 중 하나인 '의식 있는 기업 문화'는 혁신에 활력을 불어넣는다. 기업이 혁신을 해도, 좋은 문화가 없으면 혁신은 무기력해지고 만다.

나는 아마추어 문화인류학자로서 모틀리풀을 일하기 좋은 일터로 만드는 데 기여했다. 그렇게 기업 문화가 인재를 육성하는 비옥한 토양이 될 수 있음을 알게 됐다. 그리고 의식 있는 문화를 가진 기업을 적극적으로 찾아서 주식을 매수하게 됐다.

이 목록에 빠진 것이 있을까? 분명 있을 것이다. 당신이 벌써 빠진 것을 찾았다면, 나의 일은 끝났다. 나의 요구는 이것들에 관심을 갖고 주의를 기울이라는 것이다.

지속가능한 경쟁우위는 강력한 힘을 지니며, 최고의 투자를 뒷받침한다. 문제는 은근하게 작용하거나, 작아 보일 수 있다는 것이다! 경쟁사의 입장에선 그렇지 않겠지만… 직원들이 밝은 표정으로 일하는 것이 그런 사례 중 하나이다.

토니 셰이Tony Hsieh는 자신의 신발 회사, 자포스Zappos를 10억 달러의 가치를 지닌 기업으로 키워서 아마존에 매각했다. 그는 행복한 직원들의 힘을 이해했다. 이는 자포스를 업계에서 선망의 대상으로 만들었다. 한때는 사무실을 견학하는 프로그램까지 운영될 정도였다나는 버몬트에 있는 벤앤제리스 본사를 견학한 적이 있다. 사실 그때 내 목적은 아이스크림이었지만.

토니는 "어떻게 하면 모든 직원이 웃으며 일하게 만들 수 있나요?"라는 질문을 받은 적이 있다. 그는 태연한 표정으로 이렇게 대답했다. "쉬워요. 잘 웃는 지원자를 뽑으면 됩니다!" 이 말은 웃기지만 진실을 담고 있다.

이런 기업 분위기는 미국 전역에서 바삐 운영되는 칙필레의 드라이브스루 매장에서도 찾아볼 수 있다. 패스트푸드 레스토랑은 원래 높은 수준의 접객과 응대를 기대하는 곳이 아니다. 그러나 내가 보기에는 칙필레가 지배적 위치에 오른 이유 중 하나가 거기에 있었다.

칙필레의 전 최고마케팅책임자는 이렇게 말한 적이 있다. "제가 지점 운영자들에게 '자신들이 무엇을 운영하는지' 물어보면 '패스트푸드 레스토랑'이라고 대답하는 사람은 한 명도 없습니다. 대신 그들은 '우리는 패스트푸드 레스토랑으로 꾸민 리더십 아카데미를 운영합니다'라는 식으로 말합니다."•

이 말은 약간 과장되었거나 현실과 다를 수도 있다. 그러나 설령 그의 말이 부분적으로만 사실이거나 그냥 일부가 하는 말에 불과하다고 해도, 칙필레가 지향하는 바를 보여준다는 점에서 중요한

• Ryan Jenkins, "Chick-fil-A's Secret Sauce for Attracting and Retaining Gen Z Workers", linkedin.com, 2020.4.30.

의미를 지닌다.

먹구름 너머를 보다

다른 사람들은 약점으로 보는 부분에서 경쟁우위를 발견한다면, 그것은 가장 수익률 좋은 투자 기회로 작용할 것이다. 나는 이를 '먹구름 너머를 보는 것'이라고 말한다.

먹구름은 어떤 종목에 대해 보편적으로 퍼져 있는 매우 부정적인 시각을 말한다. 크고 어두운 먹구름은 모두의 눈에 쉽게 띈다. 찰리 브라운Charlie Brown●의 머리 위로 비를 퍼붓고 번개를 내리치는 먹구름을 그려보라. 이는 대체로 비관적인 정서를 나타낸다. 이런 먹구름이 보이는 회사에는 모두들 투자하지 않으려 할 것이다.

먹구름 너머를 보려면 조사와 경험을 토대로 독자적인 통찰력이 필요하다. 이때 중요한 것은 '눈앞에 보이는 먹구름이 실은 그렇게 검지 않다'는 사실을 깨닫는 것이다. 사람들이 놓친 게 있다는 믿음을 가져야 한다.

먹구름 너머를 보는 사람은 소수다. 온 세상이 당신과 다른 베팅을 했는데 당신이 맞으면, 가장 많은 돈을 벌 수 있는 상황이 펼쳐진다. 당신이 그 주식을 계속 들고 있는 가운데 사람들은 자신이

● 인기 만화 시리즈 「피너츠Peanuts」에 등장하는 비관적인 캐릭터-옮긴이

틀렸다는 사실을 서서히 깨닫는다.

가장 먼저, 그래도 감각이 좋은 일부 회의론자들이 전향하여 매수에 나선다. 이후 몇 달, 몇 년에 걸쳐 매수세가 들어오면서 주가는 소위 '걱정의 벽을 넘는다'당대 최고 주식이 우상향하는 양상을 나타내는 표현. 당초 부정적인 인식커다란 먹구름이 폭넓게 퍼져 있었을수록 장기적으로 수많은 전향자와 큰 수익률이 나온다.

물론 당신과 다른 확신을 가진 사람이 아주 많을 때는 겸손한 태도를 지녀야 한다. 당신이 틀렸을 수도 있다. 다만 대다수의 사람들이 전망하는 나쁜 결과보다 더 나은, 어쩌면 훨씬 나은 결과가 나올 수도 있다는 육감은 계속해서 유지해야 한다.

몇 가지 사례를 들어보자.

① 1990년대의 전자상거래

0장의 '당신의 부모는 틀렸다' 단락에서 짧게 했던 이야기를 다시 언급하려고 한다. 때는 1996년 내지 1997년이었다. 나는 CNN 헤드라인 뉴스에 출연했다.

진행자는 나를 부르기 전 이렇게 멘트했다. "광고 후 모틀리풀을 만든 데이비드 가드너라는 분을 모실 겁니다. 그는 여러분이 인터넷에서 신용카드를 쓸 것이라고 생각합니다. 광고 후에 뵙겠습니다."

그것이 당시의 먹구름이었다. 주류 언론은 소비자들이 온라인으

로 물건을 사기 위해 신용카드 정보를 넘길 것이라고 생각지 않았
다. 나는 그럴 것 그들이 무서워하는 그 일이 일어날 것이라고 믿는 '바보
Fool' 중 한 명으로서 방송에 초대되었다.

우리가 AOL에서 처음 모틀리풀 서비스를 시작했을 때 언론에
서는 그저 '온라인 동호회' 쯤으로 우리를 폄하하기도 했다. 그러나
우리는 일찍이 아마존, 이베이, AOL 같은 기업에 투자했다. 말 그
대로 인터넷이 보편화된다는 데 크게 베팅한 것이다!

그렇게 수십 년 동안 인터넷 강세론의 편에 선 덕분에 얻을 수
있었던 이익은 엄청났다. 2001년에 닷컴 버블 붕괴로 단기간 폭락
이 나왔음에도 말이다. 내가 지금도 보유하고 있는 아마존이 대표
적인 사례이다.

지금은 전자상거래와 인터넷의 폭넓은 영향력과 잠재력을 모두
가 당연시한다. 하지만 당시 인터넷 업종에는 거대한 먹구름이 끼
어 있었다. 다행히 나는 그 너머를 볼 수 있었다. 그리고 인터넷 기
반 기업들의 경쟁우위는 뛰어난 지속가능성을 자랑했다.

② '월마트가 ○○○을 박살낼 거야'

하나의 규칙 파괴자가 부상하여 주목을 받기 시작하면 어김없
이 나오는 말이 있다. '해당 산업의 기존 강자가 그들을 박살낸다'

는 것이다. 물론 실제로 그런 경우도 있다.

수많은 유망한 신생 기업들이 기존 강자에게 짓밟혔다냅스터나 마이스페이스라는 이름을 들어봤는가?. 하지만 냅스터나 마이스페이스는 규칙 파괴 기업의 6가지 속성을 제대로 갖추지 못했다. 나는 이런 종목을 '가짜 규칙 파괴 기업'이라고 부른다.

진정한 규칙 파괴 기업은 아직은 약간 이상해 보여도 대다수 사람들이 생각하는 것보다 훨씬 견조하다. 그리고 그 중 일부는 절대 무너지지 않는 아성을 쌓는다.

나는 월마트가 지배하는 유통 부문에서 그런 모습을 두 번이나 봤다. 월마트는 막강한 규모와 힘을 지녔다. 그래서 언론, 애널리스트, 공매도자들은 흔히 월마트가 어떤 경쟁자라도 박살낼 수 있다고 생각했다.

1999년부터 2005년 사이에는 아마존이 그런 인식의 주된 대상이었다. 아마존은 제대로 된 수익을 낼 수 없다는 지적이 항상 제기되어왔다. 또한 월마트가 전자상거래를 본격적으로 시작하면 아마존은 망할 것이라고 생각하는 사람이 많았다아니었다.

다음으로는 넷플릭스가 비슷한 전망에 직면했다. 넷플릭스 또한 아직 DVD 대여 서비스를 하던 무렵이었다. 이때 월마트가 자신들의 매장에서 DVD 대여 서비스를 제공하기 시작했다. 고객들은 쇼핑을 하면서 DVD를 대여하거나 반납할 수 있었다. 사람들은 월마트가 본격적인 경쟁에 뛰어들면 넷플릭스의 우편 대여 사업모델은 망할 것이라고 생각했다.

나는 당시 아마존과 넷플릭스의 먹구름 너머에서 2가지 강력한 경쟁우위를 보았다.

첫째, 월마트 같은 대기업은 규모가 크기는 하지만 특정 사업에 특화되어 있다는 점이다. 실제로 월마트는 인터넷을 잘 활용하는 경쟁사와 경쟁하는 데 애를 먹었다.

둘째, 제프 베이조스와 리드 헤이스팅스Reed Hastings, 넷플릭스 창업자처럼 선견지명을 갖춘 똑똑한 창립자들의 가치는 계산할 수 없을 정도로 크다는 점이다. 월마트도 샘 월튼Sam Walton이 이끌 때는 규칙 파괴자였다. 하지만 그 이후로는 제프 베이조스나 리드 헤이스팅스와 견줄 만한 리더가 없었다.

물론 2000년대 중반 이후에도 월마트 경영진은 회사를 잘 운영했다. 사업 규모가 커지고 주가도 상승했다평균 시장수익률에 발맞춰 5배 상승. 하지만 지난 20년 동안 아마존1만%과 넷플릭스5만 2,000%는 먹구름 너머를 보는 투자자에게 보다 눈부신 수익률을 안겼다.

③ '스타벅스와 슈퍼히어로 영화는 한때의 유행에 불과하다'

뭔가를 한때의 유행으로 치부하는 시각은 많은 먹구름을 만든다. 스타벅스가 1992년에 상장되었을 때 '커피하우스는 지나가는 유행'이라고 무시하는 사람이 많았다.

역사적으로 미국에서는 커피하우스 혁명이 일어난 전례가 없었다. 그래서 스타벅스는 계속 무시당했다. '링의 재테크' 코너가 방송되기 훨씬 전부터 말이다!

슈퍼히어로 영화도 비슷한 오해에 시달렸다. 소니의 「스파이더맨」이 2002년에 크게 히트했지만 영화 산업 논평가들은 슈퍼히어로 열풍이 과거처럼 금방 잦아들 것이라고 주장했다. 그들은 1980년대에도 '배트맨'과 '슈퍼맨' 프랜차이즈의 인기가 점차 식어갔다고 지적했다.

그래서 마블 주식에 먹구름이 드리우면서 2002년 여름에 주가가 하락했다. 토비 맥과이어가 맨해튼에서 더 이상 활약하지 못할 것이라는 예상 때문이었다.

하지만 나는 먹구름 너머를 볼 수 있었다. 마블의 수많은 캐릭터들은 별로 돈이 되지 않는 오랜 매체_{만화책}에 갇혀 있었다. 하지만 이제는 큰돈을 벌 수 있는 스크린으로 진출할 수 있게 되었다.

나는 2002년 여름에 마블 주식을 추천했다. 그 이후로 스파이더맨 시리즈부터 헐크 시리즈에 이어 아이언맨 시리즈까지 마블 영화의 흥행 성적을 그 누구보다 열심히 확인했다.

앞서 말한 대로 마블은 '반칙'을 쓰고 있었다. 얼마 지나지 않아

디즈니가 그 잠재력을 알아보고 마블을 인수했다. 그에 따라 우리가 보유한 마블 주식은 디즈니 주식으로 교환되었다. 디즈니로 변신한 마블 주식의 가치는 당초보다 62배나 상승했다. 막강한 디즈니도 근래에는 심한 부진에 시달리고 있지만 말이다.

이밖에도 포케몬이나 크록스 등 다른 수많은 사례들이 있다. 이 제품들은 한때의 유행인냥 쉽사리 무시당했다. 하지만 대단히 견고한 팬층과 브랜드가 지속가능한 경쟁우위를 창출했다.

이것들이 내가 고른 최고의 종목들에 대한 자랑처럼 들리는가? 맞다.

먹구름 너머의 좋은 종목을 가려내어 그 주식을 오래 들고 있으면

조기 은퇴를 누리고 삼대를 가는 부를 쌓을 수 있다.

앞서 말한 대로 최고의 규칙 파괴 기업이 되려면 회의론자의 숫자도 많아야 한다. 그들도 결국에는 전향하여 당신의 수익률을 높여줄 것이기 때문이다.

오늘날에는 그 회의론자들도 인터넷에서 신용카드를 쓰고 있다.

'반칙'부터 '먹구름'까지 경쟁우위를 분석하는 능력은 대개 우뇌에서 나온다. 그런 점에서 베티 에드워즈Betty Edwards 가 쓴 『우뇌로 그림 그리기Drawing on the Right Side of the Brain』는 정말 좋은 책이다!

그렇기에 이 부분에서의 판단들은 본디 주관적이며, 시간이 지남에 따라 바뀔 수 있다. '해당 기업이 경쟁우위를 지녔는지 확인하려면 이 수치를 확인하라!'라고 말할 만한 것은 없다.

속성②: 지속가능한 경쟁우위

'목적지가 아니라 여정이 중요하다'는 속담처럼 속성②에 초점을 맞출 때는 최대한 탐구심과 주의력을 동원하라. 그렇게 먹구름 너머가 보이면 미소를 지으며 길고 험난한 여정을 준비하라.

이후에도 항시 적절한 주의를 기울이며 지속 보유 여부를 결정해야 한다.

어디까지나 시장 참가자 중 기업의 경쟁우위에 대한 질문을 던지고 그 답을 곱씹는 사람은 우리 같은 소수라는 것을 기억하라.

9

과거의
눈부신 상승

증권 신문 「인베스터스 비즈니스 데일리Investor's Business Daily」를 창간한 윌리엄 오닐William O'Neil은 역사상 가장 부실한 투자서 중 하나를 썼다.

그는 저서 『최고의 주식, 최적의 타이밍How To Make Money in Stocks』에서 "주가가 7% 넘게 하락한 주식은 팔아야 한다"고 주장했다. 그래야 손실을 줄일 수 있다는 취지였다. 그는 어떤 종목이든 7% 넘게 손실이 나면, 당장 팔고 문제는 나중에 따지라고 조언했다. 이것은 소위 '매도 원칙'의 일종이기도 하다.

1부를 다 읽은 사람이라면 내가 그의 조언을 어떻게 생각할지 짐작할 수 있을 것이다.

기쁘게도 나는 그를 직접 만난 적이 있다사실 우리는 「인베스터스 비즈니스 데일리」와 협력사업을 한다. 그는 매우 신사적인 사람이었지만 여전히 매도에 관해 같은 주장을 내세우면서 우리에게 '원칙이 없다'고 말했다.

윌리엄 오닐은 또한 역사상 가장 뛰어난 투자서 중 하나도 썼는데, 바로 같은 책이다! 그의 책 덕분에 나의 투자 생활은 엄청나게 풍요로워졌다. 또한 내가 수십 년 동안 효과를 톡톡히 본 속성③을 발견한 것도 그의 덕이다.

속성③은 기업의 경영 상황보다는 주식 종목으로서 따져보아야 할 속성이다 그런 속성은 6가지 중 2개다.

속성③이 대단히 유효한 이유는 바보스러울Foolishly 정도로 우리의 본능에 어긋나기 때문이다.

우리는 주식을 매수하기 전에 다음 속성을 확인해야 한다.

속성③: 과거의 눈부신 상승

물론 우리가 노리는 것은 우리가 주식을 매수한 이후의 눈부신 상승이다! 다만 과거에 이미 그런 적이 있다면 우리가 매수한 이후에도 눈부신 상승을 경험할 가능성이 더 높다.

오닐은 지난 수십 년 동안 최대 상승률을 기록한 종목들을 조사했다. 그 결과 '최고의 종목들은 오르고 또 오르는 경향이 있다'는 사실이 드러났다. 일견 이러한 통찰은 너무나 당연해 보인다.

하지만 기존의 통념에 따르면 주식은 '조정'을 받을 때 '저가 매

수'해야 하고, 과거의 인기주를 피해야 한다. 그런 의미에서 오닐은
투자 세계의 가장 위대한 발견 중 하나를 이루었다.

대다수 투자자는 52주 저가를 기록한 종목들로 관심 종목을 구
성한다. 하지만 위대한 오닐은 52주 고가를 달성한 종목들을 주목
하라고 말한다.

그러면 자세한 내용을 살펴보자.

때를 놓쳤다?

아래 7개의 차트를 보라_{알파벳 순}.

아마존(1997.6.9~1997.9.9)

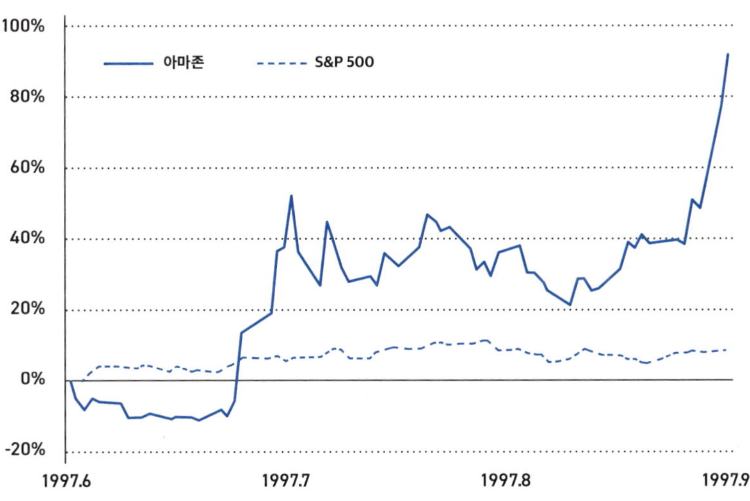

애플(2007.4.18~2008.1.18)

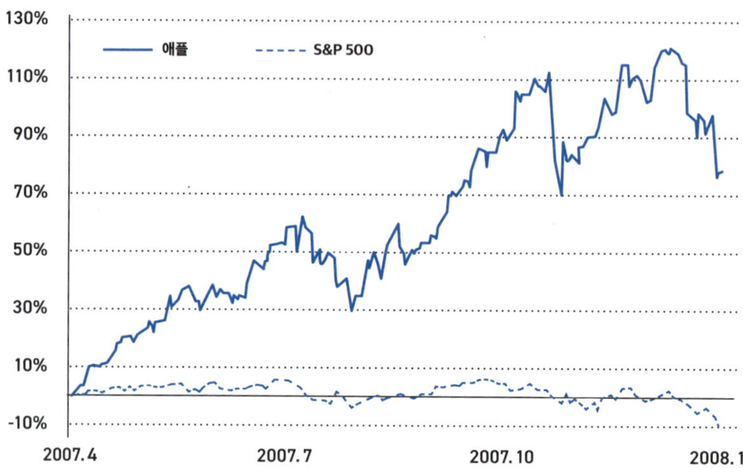

부킹홀딩스(BookingHoldings, 2004.1.1~2004.5.1)

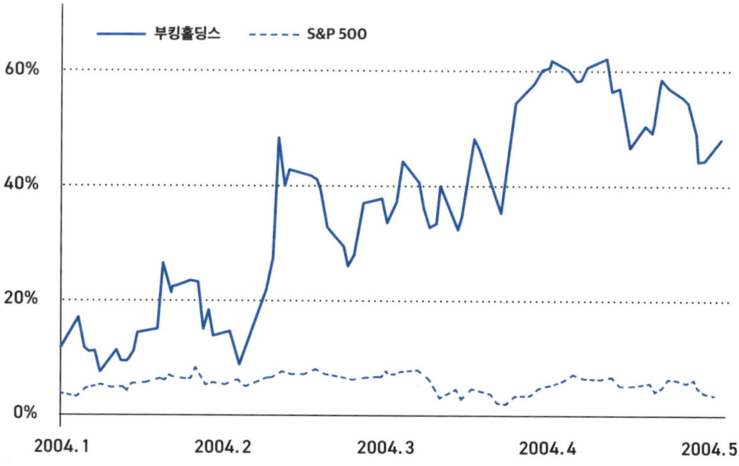

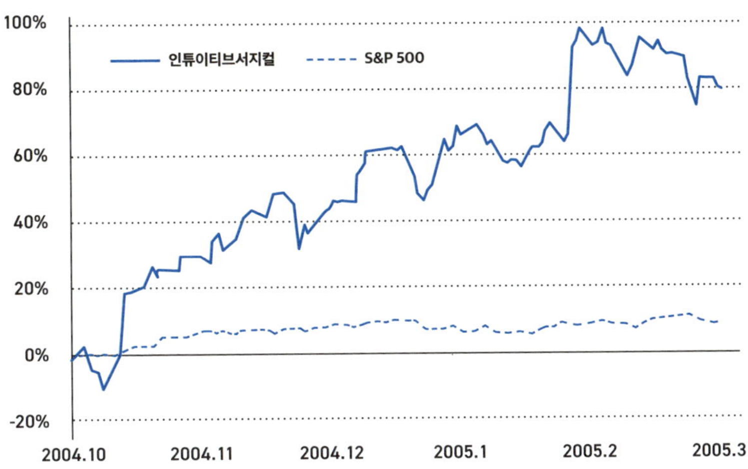

인튜이티브서지컬(2004.10.16~2005.3.16)

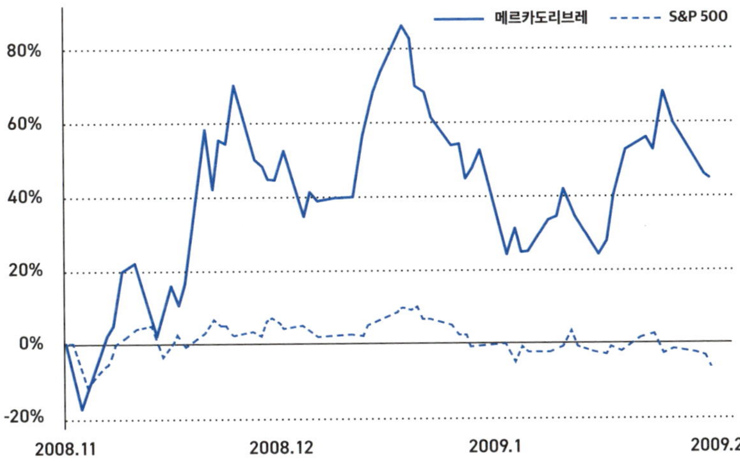

메르카도리브레(2008.11.18~2009.2.18)

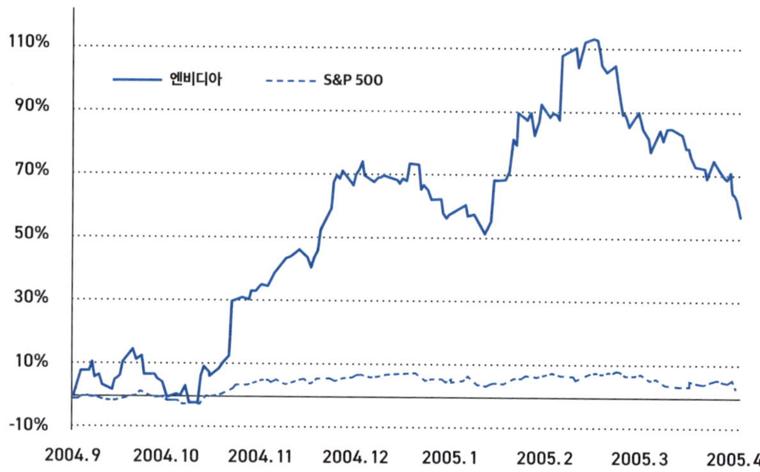

엔비디아(2004.9.15~2005.4.15)

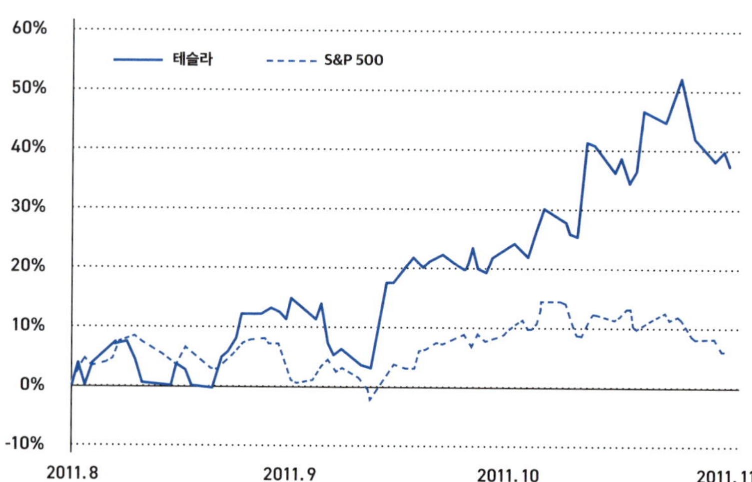

테슬라(2011.8.23~2011.11.23)

이 차트들을 보면 주가가 3개월에서 9개월 동안 30~90%씩 상승한 것을 알 수 있다. 기간과 상승률 수치가 비례하는 게 흥미롭다!

다른 투자서라면 이 차트들을 저자의 대박 투자를 자랑하는 수단으로 사용할 것이다와! 너무 좋다. 6개월 동안 60% 상승했다.

하지만 내가 자랑할 것은 그게 아니다. 나는 이 모든 종목을 차트의 시작 부분좌하단이 아니라 끝 부분우상단에서 추천했다.

맞다. 나는 지금 차트에 나온 상승이 끝난 후에 유료 구독자들에게 이 종목들을 추천했다고 자랑하는 중이다.

그리고 그게 자랑인 것도 맞다. 각각의 종목들은 내가 추천한 이후로 52배에서 1,371배 상승하면서 모두 명예의 전당에 들어갔다최저 상승 종목은 애플, 최고 상승 종목은 아마존.

때때로 어떤 그림은 백 마디 말보다 더 큰 전달력을 지니기도 한다. 이 차트들은 은행 금고에 보관할 만한 가치를 지닌다. 각각의 규칙 파괴 기업들은 위 차트의 기간이 지난 후에도 평균 시장수익률을 압도했고, 최고 종목 목록에서 상위를 차지했으며, 투자자들을 영광스런 천상의 길로 이끌었다.

나는 1999년에 『규칙 파괴자, 규칙 수립자』에서 처음 이 현상을 소개했다. 하지만 그것을 나 스스로 체험하고 증명하고 공유하기까지 이토록 오랜 시간을 기다려야 했다. 이제 우리는 속성③이 사실임을 안다. 시간이 지났고, 실제 수치가변동성도! 확인되었다. 모든 경우에 해당 종목은 다음의 속성이 유효함을 증명했다.

속성③ : 과거의 눈부신 상승

하지만 많은 트레이더들에게 위와 같은 종목들은 짜릿한 단기적 모험의 대상일 뿐이다. 이런 종목에는 손도 대지 않고 옆에서 지켜보기만 하는 트레이더들도 많다. 그들은 이 종목들이 빠르게 상승할 때 올라탔다가 서서히 하락하는 것처럼 보이면 포기해 버린다. 그러다가 시간이 흘러 이 종목들이 전설이 되면, 자신들이 거기에 투자를 할 수 있었지만 때를 놓쳤다는 사실을 깨닫는다.

속성③은 규칙 파괴자들이 자주 맞이하는 힘든 상황을 극복하는 데 도움이 된다. 당신이 관심을 가졌던 종목이 서서히 상승하다가 매수하기도 전에 급등하는 모습을 지켜봐야 하는 시기 말이다.

그럴 때마다 위 차트들을 다시 보라. 그러면 때를 놓치지 않았다는 사실을 알게 될 것이다. 오히려 마침내 결심을 하고 매수해야 할 때가 왔음을 알려주는 최고의 신호가 나왔다는 판단이 들 것이다.

2장에서 '고점 매수, 매도 자제'라는 문구를 냉장고에 붙여두라고 했던 말, 기억하는가? 눈부신 상승을 신호로 삼으면 고점 매수를 하게 된다. 그리고 고점 매수를 하면 대개 탁월한 종목에 들어가게 된다. 왜 이런 투자가 통할까?

어떤 종목이 신저점이 아닌 신고점에 이르는 이유가 무엇이라고 생각하는가? 왜 계속 신고점을 갱신할까? 시장은 어쨌든 해당 기업이 마음에 드니까 주가 프리미엄으로 보상하는 것이다. 반대로 가망 없는 기업의 주가는 계속 떨어진다. 속담처럼 싼 게 비지떡이다. 주식도 마찬가지다.

주식시장에는 저점 매수를 해야 한다고 배운 사람들이 가득하다. 이는 우리처럼 고점 매수를 하는 소수 투자자에게 큰 이점을 제공한다. 다른 사람들이 밸류에이션과 고삐 풀린 주가 상승에 한탄하는 사이에, 우리는 당대 최고 기업의 주식을 사는 특혜를 누린다.

차트를 보지 마라

당신이 '물타기는 두 번 다시 하지 말고, 불타기를 하라'라는 습관②를 이미 체득했기를 바란다. 그렇다면 눈부시게 상승한 종목에 들어가는 게 한결 수월해진다.

그래도 지난 6개월 동안 60% 넘게 상승한 종목을 매수하기란 쉽지 않을 수 있다. 몇 가지 심리적 보조 수단이 필요할지 모른다.

첫 번째 보조 수단은 '절대 돌아보지 않는 것'이다.

한마디로 지난 상승률을 돌아보지 마라.

주식을 매수하기 전에 기업을 철저히 분석하라. 원한다면 밸류에이션을 참고해도 되는데 이 부분은 12장에서 자세히 얘기하겠다. 어쨌든 주가가 이미 2배나 올랐다는 사실을 알면 안 된다.

그 이유는 다음과 같다.

1. 탁월한 기업의 주가가 2배로 뛴다.
2. 주가가 2배 뛰었다는 사실을 아는 사람들은 해당 종목을 관심 종목에서 지운다.
3. 뒤이어 탁월한 기업의 주가는 다시 2배로 뛴다.
4. 사람들은 계속 뒤만 돌아보다가 당대 최고의 종목들을 모조리 놓치고 만다.

그러니 돌아보지 마라! 백미러를 보면서 운전해서는 안 된다. 지나간 상승률을 보면서 투자해서는 안 된다.

'지난 주가를 안 보면 어떻게 60% 상승했는지 알아?' 아마 이런 생각이 들 것이다. 맞는 말이다. 지난 상승률을 볼 수밖에 없다.

내 말은 60% 오른 종목만 좇아다니면서 매수하라는 게 아니라, 이미 많이 올랐다고 해서 매수하지 않는 잘못된 판단을 해서는 안 된다는 것이다. 급등했다는 사실이 매수하지 말아야 할 이유가 되어서는 안 된다. 오히려 더 깊이 고려해야 할 이유가 되어야 한다. 탁월한 기업의 주가는 오르는 게 당연하다. 주가가 2배 올랐다고 해서 끝장난 것은 아니다.

그러니 주가가 이미 많이 올랐다고 낙담하지 마라. 낙담할 것 같으면 차트를 보지 마라!

'모든 종목이 주당 100달러'

두 번째 심리적 보조 수단은 피터 린치가 제공한 것이다. 그는 이런 질문을 던진 적이 있다.

"모든 종목이 주당 100달러라고 가정합시다.

그러면 어느 종목을 보유하시겠습니까?"

이는 저가주 또는 동전주를 선호하는 많은 사람들의 본능에 맞서기 위한 질문이었다. 그 본능은 지금도 여전히 살아있다 그리고 여전히 잘못된 것이다. 그러니 피터 린치의 생각을 다시 널리 퍼트려 보겠다.

사람들은 저가주에 너무 심하게 이끌린다. 언뜻 보면 저가주가 훨씬 매력적이기 때문이다. 저가주를 좋아하는 사람들은 이런 식으로 생각한다. '37센트짜리 주식이 75센트까지만 오르면 돈이 2배로 불어나.'

그들에게 그냥 이렇게 물어보라. '애초에 주가가 왜 그렇게 싸졌다고 생각해요?'

다른 한편, 많은 훌륭한 기업과 규칙 파괴 기업들의 주가는 세 자릿수이다. 지난 50년 동안 최고의 주식 중 하나였던 버크셔 해서웨이의 주가는 주당 수만 달러에 이른다. '모든 종목이 주당 100달러라고 가정해 보라'는 린치의 조언은 기업의 펀더멘털과 가치를 더 많이 생각하게 만든다. 그러면 저렴한 주가의 유혹을 피할 수 있다.

주당 가격은 단지 해당 기업이 발행한 주식 수로 결정되는 수치일 뿐이다. 주식분할을 과대평가해서는 안 되는 이유 중 하나가 거기에 있다. 가령 2대1 주식분할이 이루어지면, 주식 수는 2배로 늘어나고, 주가는 절반이 된다. 주당 가치는 변하지 않으며, 시가총액은 그대로 유지된다. 결국 주가는 해당 기업의 오너가 선호하는 주식의 자릿수에 따라 결정될 뿐이다.

이 가정은 주가가 많이 오른 종목을 판단할 때도 도움을 준다. 당신이 주목한 기업의 주가가 이미 많이 오른 게 신경 쓰인다면, 모든 종목이 주당 100달러라고 가정해 보라.

자, 이제 어느 종목을 보유하고 싶은가?

이런 심리적 보조 수단은 불안한 투자자가 역대 최고점에 이른 규칙 파괴 기업을 매수하도록 도와준다. 그리고 이는 투자자로서 성장하는 데 엄청난 보탬이 된다.

대박 종목은 몇 달, 몇 년에 걸쳐

계속 신고점을 갱신한다는 사실을 명심하라.

그래서 대박 종목이라고 불리는 것이다. 대박 종목의 차트는 장기적으로 그런 패턴을 보인다.

나는 앞서 오닐이 보여준 최고의 통찰에 대해 '너무나 당연하다'

고 말했다. 당신도 내가 말한 바에 대해 공감했을 것이다. 하지만 실전에서 한껏 오른 차트를 확인한 뒤에도, 당신은 오닐의 통찰을 당연하게 여길 수 있을까?

앞서 밝힌 대로 그의 통찰은 더없이 반反직관적인 것이 사실이다. 그래서 우리는 결국 마음가짐을 바꿔야 한다.

주가 상승은 문제가 아니라 필수 요소이다. 좋은 일이다. 오히려 주가가 많이 올랐는지 확인해야 한다. 그것이 규칙 파괴 기업의 세 번째 속성이기 때문이다! 그런 기록이 없다면 기업에 대한 당신의 전망을 되돌아봐야 한다.

속성③이 항상 통하는 요소일까?

앞서 내가 추천한 대박 종목들의 주가 차트를 살펴봤다. 공통적으로 몇 달씩 주가가 계속 오르다가 마침내 내가 추천한 지점인 우상단에서 끝난다. 이는 오닐의 마음가짐을 취했으면 우월한 실적을 올릴 수 있었다는 교훈을 말해준다.

하지만 그게 항상 통할까?

사실 나는 속성③을 지녔음에도 결국 하락한 종목들을 자주 추천했었다. 내가 높이 평가하는 기업의 주가가 급등하기에 과감하게 추천했더니 이후 급락한 적이 많았다.

그러나 이 책은 이미 그런 상황을 어떻게 바라봐야 할지에 대해 가치 있는 통찰과 사실을 알려준 바 있다. 1장의 '수익을 위한 손실' 부분을 다시 읽고 손실의 불가피성을 이해하라. 그리고 그것을 받아들여라.

그럼에도 불구하고 당신이 도저히 손실을 감당할 수 없다면 규칙 파괴 투자를 전적으로 추천할 수 없다. 규칙 파괴 투자를 하려면 벤처캐피탈처럼 때로 망하는 종목도 있음을 감수해야 한다. 지금까지 주가가 많이 상승했다고 해서 무조건 대박 종목이 되는 것은 아니다.

덧붙여 얘기하자면 속성③의 완벽히 반대인 경우도 있다는 것이다. 급락한 종목을 매수한 직후 급등하는 것이다. 그런 일도 생긴다.

쇼피파이는 2010년대 중반 이후로 우리가 판단하기에 전형적인 규칙 파괴 기업이었다. 나의 동료 칼 틸Karl Thiel은 2016년 2월 24일에 '룰브레이커'에서 쇼피파이를 추천했다. 그로부터 5개월 전, 쇼피파이의 주가는 반토막 난 상태였다.

이는 속성③을 정면으로 위반한다. 하지만 규칙 파괴자가 되려면 때로는 자신의 규칙도 파괴해야 한다. 2024년 말에 쇼피파이는 50배거가 되었다.

쇼피파이는 규칙 파괴 기업의 대다수 속성을 지녔다속성③을 제외한 속성①, ②, ④, ⑤, ⑥. 이는 모든 대박 종목이 6가지 속성을 완벽하게 갖춘 것은 아님을 상기시킨다. 그래도 최대한 많은 속성을 지닌 것이 덜 지닌 것보다 낫다.

쇼피파이는 소상공인의 온라인 영업을 돕는 측면에서 독보적인 지위를 확보했다. 그래서 나는 주가가 반토막 났다는 사실을 기꺼이 눈감아주었다.

그러나 쇼피파이는 시간이 지나면서 속성③까지 갖추게 되었다. 주가가 오르니 당연한 일이다. 한 달 후, 2016년 3월의 추천 종목을 고를 때 나는 쇼피파이를 재추천했다. 당시 쇼피파이의 주식은 눈부신 상승을 이루어서 지난달보다 30%나 오른 상태였다. 그제야 나는 자신 있게 두 달 연속으로 쇼피파이를 추천할 수 있었다.

나의 쇼피파이 주식은 이제 40배거가 되었다. 물론 칼처럼 한 달 미리 들어가지 못한 점이 아쉽기는 하지만, 그래도 8년 동안 40배의 수익을 올려주는 주식이라면 언제든 기꺼이 추천할 것이다.

어떤 의미에서 우리는 처음보다 더 자신 있게 쇼피파이를 추천했다. '대박 종목은 일단 계속 가도록' 할 수 있기 때문이었다.

우리 회원인 더그Doug는 게시판에 다음과 같은 좋은 글을 올렸다.

＊ 가격과 가치가 반드시 같은 것은 아니다. …어떤 주식은 주가가 상당히 올랐어도 실제로는 이전보다 더 나은 가치를 지닐 수 있다. 반대로 어떤 주식은 주가가 상당히 내렸어도 반드시 가치가 더 나아진 것은 아니다.

중략 모든 것은 매수 당시 해당 기업이 지닌 미래 가치에 대한 최선의 추정에 달려 있다. 나는 이 교훈을 힘들게 배웠다. 약간은 반직관적인 교훈이기 때문이다. 나의 스코틀랜드인 유전자는 '추천된 종목 중 주가가 가장 많이 떨어진 종목을 사! 그게 명백히 가치가 높으니까'라고 외친다. 하지만 반드시 그런 것은 아니다.

어떤 속성도 독립적이지 않다

어떤 트레이더는 속성③만 추구하는 전략을 따른다. '모멘텀 플레이어'라 불리는 그들은 상승 경향을 보이는 모멘텀 종목을 산다. 그들의 포트폴리오는 인기주로만 채워져 있다.

물론 그들이 단순한 상승 움직임만 보고 모든 판단을 내리는 것은 아니다. 어떤 이들은 특정 주가 패턴이나 다른 요소를 활용하기도 한다일부는 점성술이나 민달팽이의 움직임을 참고하기도 한다!.

그러나 그들은 공통적으로 단기 매매를 한다. 즉, 하루나 일주일 단위로 매매한다. 규칙 파괴 투자는 속성③을 강조하기 때문에 모멘텀 투자와 비슷하게 들릴 수 있지만 거래 기간 부분에서 극명하게 대비된다.

2부의 취지는 내가 오랫동안 발굴하고 효력을 확인한 핵심 요소들을 소개하는 것이다. 이 속성들은 우리와 함께하는 많은 규칙 파괴자들을 당대 최고의 투자자로 만들어주었다.

여기서 핵심은 6가지 속성을 조화롭게 살피는 것이다. 내가 가장 좋아하는 속성속성①조차 그 하나만으로는 충분치 않다. 투자할 종목이 6가지 속성 중 대부분 또는 전부를 갖추었는지 확인해야 한다.

이런 점에서 1부에서 소개한 6가지 습관과 2부에서 소개한 6가지 속성은 차이가 있다. 6가지 습관의 경우 독자적으로도 효력을 발휘한다. 다른 습관이 뒷받침되지 않아도 각 습관이 나름의 가치를 지닌다. '가령 대박 종목은 일단 계속 가도록 놔두는 것'이나, '의식 있는 자본주의의 4가지 신조를 따르는 것'은 그 하나만 지켜도 의미가 있다. 그래서 어떤 습관을 길러도 도움이 된다.

반면 어떤 종목에서 단 하나의 속성만 보인다면 어떻게 해야 할까?

그 종목은 잊고 다른 종목을 살피는 게 낫다.

이렇게 해서 규칙 파괴 기업이 지닌 6가지 속성 중 절반을 다루었다. 첫 두 속성은 기업에, 세 번째 속성은 주식에 초점을 맞춘다. 속성④, ⑤, ⑥도 마찬가지이다. 속성④와 ⑤는 기업을, 속성⑥은 주식을 살핀다.

이러한 패턴 및 비율은 2가지 통찰을 드러낸다. 첫째, 우리는 기업에 초점을 맞추는 투자자로서 기업 자체에 대한 탐구를 더 깊이 진행한다. 둘째, 하지만 우리가 매수하고 계속 보유하는 것은 주식 자체다. 규칙 파괴자로서 주식에 투자할 때는 주식의 가격을 살펴봐야만 한다.

속성③: 과거의 눈부신 상승

결과적으로 많은 속성 중에서도 나에게 가장 높은 확률로 보상을 안겨준 속성은 이것이었다.

10

훌륭한 경영자와
똑똑한 후원자

모틀리풀은 1994년 8월 4일에 AOL AmericaOnLine에서 서비스를 시작했다. 초기에는 AOL과 협력하는 것 자체로 나와 내 동생 톰 그리고 소수 직원들에게는 신나는 일이었고, 엄청나게 배울 게 많은 경험이었다.

그 기간 동안 우리는 20대 창업자로서 평생 갈 교훈들을 얻었다. 거기에는 신기술인터넷을 받아들이는 일부터 대기업과 협력하는 일 항상 쉽지만은 않았다, 직원들에게 월급을 주는 일, 브랜드를 구축하는 일, 광대 모자를 쓰고 방송에 출연하는 일까지 수많은 업무가 포함됐다.

우리는 아마존의 제프 베이조스, 이베이의 메그 휘트먼Meg Whitman, 야후의 제리 양Jerry Yang, 스타벅스의 하워드 슐츠, 그리고 지금은 역사 속으로 사라진 다른 많은 사람들을 만났고, 그들과 비즈니스를 했다.

기업계에서 활동하는 최고의_{혹은 최악의} 인사들을 만난 경험은 아마추어 투자자로 출발한 내게 값을 매길 수 없는 가르침을 주었다 값을 매길 수 없지만 일단은 무료였다.

AOL의 천재 경영인

나는 어린 시절부터 주식 관련 기사를 탐독하고 「밸류 라인Value Line」을 열심히 읽으라고 배웠다. 「밸류 라인」은 검은색 바인더에 끼워진 얇은 종이로 제공되던 옛날식 리서치 서비스다.

그 시절 나의 투자는 대개 수학적 계산에 의해 좌우되었다 다수에게는 지금도 그렇다. 나는 스프레드시트에 각종 수치를 입력하며 비율과 척도를 구했다. 그래서 증가율을 추정하고, 밸류에이션 배수 multiple를 확인하고, 목표가와 수익률을 산출하는 데 집중했다. 그야말로 수학이었다. 스스로 끄적인 수치 말고는 근거로 삼을 것이 없었다. 지금처럼 방대한 실시간 데이터를 무료로 구할 방법은 없었다.

당시에는 리서치라고 해봐야 기업의 IR 부서 전화번호를 구해서 그 자체로 리서치가 필요한 일이었다 수신자 부담 전화로 최신 연례 보고서나 사업보고서를 요청하는 것이 전부였다.

무엇보다 그런 식의 리서치는 기업 자체와는 동떨어진 것이었다. 투자자들에게 기업은 닿을 수 없는 거의 진기한 존재였고, 그래서 구체적 현실과는 거리가 먼 추상적 개념에 가까웠다.

그러나 그러한 현실도 우리가 창업을 한 이후로는 달라졌다. 젊은 투자자인 우리는 창업에 나선 덕분에 기업이 실제로 돌아가는 양상, 그리고 경제지에 이름이 자주 실리던 사람들의 실제 삶을 가까운 곳에서 지켜보고 대화를 나눌 수 있게 되었다.

우리가 가장 친해진 유명 인사는 인터넷 비즈니스 황금기인 1990년대에 AOL의 명민한 창업자이자 대표였던 스티브 케이스Steve Case였다. 1990년대 미국은 온라인 시대를 막 열었다. 당시 인터넷 요금은 지금과 비교하면 엄청나게 비쌌다. 치지직 소리를 내는 초당 2,400bps 모뎀을 쓰던 초기 인터넷 이용자들은 전화선으로 AOL 서버에 접속하면서 시간당 요금을 내야만 했다.

AOL은 처음에는 새로운 매체의 장점과 가능성을 발견하는 사람들의 수를 늘리기 위해 저렴한 요금을 매겼다. 몇 년 후, 인터넷 요금이 정액제가 되자 AOL의 수익성은 크게 약화되었지만 그전에는 달랐다. AOL은 최강자이자 선두주자였으며 점차 가격 결정력을 쥐게 되었다. 그리고 결정적인 시기에 요금을 인상했다.

요금 인상 소식이 알려진 날, 나는 AOL의 협력업체들을 대상으로 한 외부 컨퍼런스에 참석하고 있었다.

그날 저녁, 나는 칵테일을 손에 든 채 스티브에게 슬쩍 다가갔다.

그의 생각을 듣고 싶었기 때문이었다.

다시 말하지만 당시는 AOL과 모틀리풀의 사업 초기였다. 나는 몇 달 전에 AOL을 '진정한 규칙 파괴 기업_{당시에는 이런 표현을 쓰지 않았지만}'으로 추천한 터였다. 그런데 하루 종일 「뉴욕타임스」, 「월스트리트저널」, CNBC 같은 주요 매체에서는 'AOL의 요금 인상은 끔찍한 결정'이라는 논평을 내보내고 있었다.

케이스는 언론의 호들갑과 달리 차분하고 자신 있는 모습으로 이런 질문 아닌 질문들을 던졌다. "우리가 지난 6개월 동안 이미 시장조사를 했을 거라는 생각은 안 해봤어요?", "요금을 인상하면 어떤 일이 생길지 우리가 이미 알 거라는 생각은 안 해봤어요?", "요금 인상이 정말로 나쁜 결정이라고 생각해요?"

그날 밤 스티브가 보여준 모습은 내게 강한 인상을 남겼다. 모틀리풀을 만들기 전, 개인 투자자 시절의 나였다면 그날의 요란한 기사만 눈에 들어왔을 것이다. 하지만 이제 나는 사업가로서 AOL의 대표로부터 직접 이야기를 들을 수 있었다.

나는 AOL의 다른 경영자들_{우리와 같이 일하는 사람들}을 존중했다. 베서니 맥린_{Bethany McLean}과 피터 엘킨드_{Peter Elkind}가 2003년에 쓴 책의 제목을 빌리자면, 그들은 당시 온라인 부문에서 '가장 똑똑한 사람들'이었다. 그들이 한쪽 편에 있다면, 그들의 반대편에는 주로 AOL과 경쟁 관계에 있는 광고주들이 후원하는 기자와 논평가들이 있었다.

결국 요금 인상은 AOL 입장에서 아주 잘한 일로 드러났다. 소비자들은 크게 신경 쓰지 않았다. 프리미엄 요금 덕분에 AOL의 현금 흐름이 크게 늘어났다. AOL은 성장 속도를 높이면서 경쟁자들을 따돌렸다. 2000년에 타임워너TimeWarner와 합병할 당시, AOL의 주가는 내가 매수한 가격 기준으로 150배 상승했다. 나의 첫 100배거였다.

이후 나는 처음 AOL 주식을 추천할 때는 몰랐던 실로 중요한 사실을 알게 되었다. 투자에 있어서는 논평, 즉각적 반응, 기사 그리고 심지어 내가 스프레드시트에 입력한 수치보다 훨씬 중요한 것이 있었다. 바로 이것이었다.

속성④ : 훌륭한 경영자와 똑똑한 후원자

AOL의 대표는 메가폰으로 비관론을 떠들어대는 언론에 맞서서 홀로 낙관적 시각을 고수했다. 그의 그런 모습과 그 이후에 생긴 AOL의 실제 변화는 내게 중요한 교훈을 안겨주었다.

'올해의 인물'

내가 가장 좋아하는 워런 버핏의 말이 내가 얻은 교훈을 완벽하게 요약해준다.

버핏은 실제로 사업과 투자 두 부문에서 탁월한 실적을 거두면서 각각의 역할이 서로를 뒷받침하는 양상을 보여주었다.

'음陰'에서 얻은 통찰이 자연스럽게 '양陽'의 역할에 도움을 준 것이다. 이는 마치 서로를 위로 밀어올리면서 계속 더 높이 상승하는 회오리바람과 같다. 이 점을 가장 잘 보여주는 사람이 바로 버핏 자신이다.

그래서 나는 유능한 사업가 친구들에게는 직접 투자를 해보라고 권하고, 투자자 친구들에게는 실제 사업, 특히 성장 속도가 빠르고 신기술을 적극적으로 활용하는 최첨단 산업에 도전해보라고 권한다.

하나를 더 잘할수록 다른 하나도 더 잘하게 된다. 반대로 말하자면 어느 한쪽의 경험을 거부하면 다른 한쪽의 성장이 지체된다.

『쏟아지는 일 완벽하게 해내는 법Getting Things Done』의 저자인 데이비드 앨런David Allen은 "일을 잘하게 될수록 우리는 더 잘해야 한다"고 말했다. 이 말은 '성공하기 위해서는 평생 호기심을 잃지 말아야 한다'는 사실을 상기시킨다.

내가 좋아하는 다른 말도 있다. 대주교 윌리엄 템플William Temple이 한 말이라고 들었던 그 말은 "지식의 섬이 커질수록 궁금증의 해안선이 길어진다"이다. 인간은 위로 올라갈수록 더 잘해야 한다.

이러한 인간적 역학이 속성④를 추동한다. 큰 기업일수록, 잘나가는 기업일수록 훌륭한 사람이 이끌어야만 한다.

주가의 눈부신 상승을 조명하는 속성③은 모든 주식의 이면에는 기업이 있다는 사실을 상기시킨다. 그리고 속성④는 모든 기업의 이면에는 사업을 구상하고 회사를 세워서 운영하는 사람이 있다는 사실을 상기시킨다. 신제품이나 보유 기술 또는 다음 분기 실적이 아니라 '사람'이 성장을 이루는 데 가장 중요한 동력원이다.

따라서 리서치를 할 때는 해당 기업을 운영하는 사람들의 인성과 창의성에 초점을 맞추어야 한다. 7장에서 소개한 쇼펜하우어의 말을 기억하라.

"준재는 누구도 맞히지 못하는 과녁을 맞히고, 천재는 누구도 보지 못하는 과녁을 맞힌다."

—아르투어 쇼펜하우어

모든 산업에는 천재들이 있다. 그들은 종종 규칙 파괴 기업을 세우고 운영한다. 그 기업의 주식을 골라라.

경영자의 능력을 파악하고 존중하는 것은 당신의 투자수익률에 큰 영향을 미친다.

규칙 파괴 기업의 대표가

종종 올해의 기업인에 선정되는 것은 우연이 아니다.

항상 주가가 급등한 이후에 선정되기는 하지만 말이다. 리드 헤이스팅스는 내가 넷플릭스를 추천한 지 6년 후인 2010년에 「포춘」지 올해의 기업인에 선정되었다. 제프 베이조스는 내가 아마존을 추천한 지 2년 후인 1999년에 「타임」지 올해의 인물에 선정되었다. 그래도 제프 베이조스는 일반적인 경우보다 훨씬 빨리 선정되었으니 「타임」지의 안목을 인정해야 한다.

테슬라는 2011년 11월에 내가 '룰브레이커'에서 추천한 종목이었다. 그로부터 10년 후, 일론 머스크는 「타임」지 올해의 인물에 선정되었다. 엔비디아를 세운 젠슨 황Jensen Huang은 내가 엔비디아 주식을 보유하기 시작한 지 12년 후인 2017년에 「포춘」지 올해의 기업인에 선정되었다. 이들은 모두 이후에도 사업을 잘 운영했다.

결국 한 세대를 대표하는 위대한 주식을 찾아내는 최고의 지표 중 하나는 '대표나 창립자가 올해의 인물에 선정되었는지' 여부다. 이는 미리 알 수만 있다면 아주 좋은 매수 지표가 아닐까?

가능한 방법이 있다. 나처럼 하면 된다. 다른 모든 사람들이 재무 비율이나 기술적 지표 또는 애널리스트의 추정치에 초점을 맞출 때 사람을 보라. 지금은 소셜미디어, 언론 인터뷰, 유튜브, 링크드인, 컨퍼런스 발표 등을 통해 그 어느 때보다 경영자의 생각을 잘 알 수 있다. 이런 자료들을 통해 다음 속성을 확인하라.

속성④: 훌륭한 경영자와 똑똑한 후원자

당신은 사람 보는 눈이 좋은가?

어떤 독자는 이 대목에서 눈썹을 치켜올리고 곁눈질을 하며 이런 의문을 품을 것이다. '누가 천재인지 아닌지, 좋은 사람인지 아닌지 어떻게 알아?' 사실 내가 아주 쉬운 일인 것처럼 말하기는 했다. 그래도 이 책을 읽으면 남들보다 앞서나갈 수 있다. 적어도 그렇게 해야 한다는 판단 기준은 생겼으니까!

정직하고, 확고한 목적의식이 있고, 헌신적인 리더를 찾아라. 특히 부상하는 규칙 파괴 기업의 경우 리더가 선견지명을 갖추었는지 살피는 것이 더욱 중요하다.

스티브 잡스는 같이 일하기 좋은 사람은 아니었을지 모른다. 하지만 우리는 그의 비범한 시각과 열정, 정성, 헌신을 존경한다. 우리가 영웅을 존경하게 만드는 속성들이 있다. 그 속성들을 투자 대상 기업의 경영자에게서 찾아라.

나는 개인적으로 유머감각을 갖춘 리더를 좋아한다. 나는 정치에서도 많은 유권자가 같이 당구를 치고 싶어하는 사람이 선거에서 이긴다고 믿는다. 나의 판단이 맞을 때도 있고, 틀릴 때도 있다.

대개 나이를 먹을수록 사람 보는 눈이 좋아진다. 세간에서는 이를 지혜라 부른다. 투자 리서치를 할 때 이 부분을 중시하는 것만으로도 이미 당신은 규칙 파괴자다.

몇 가지 덧붙일 말이 있다.

첫째, 대표나 창업자가 진짜 믿을 만한지 애매할 때는 믿어주는 쪽으로 가라. 규칙 파괴 기업 또는 잠재적 규칙 파괴 기업의 경우, 그들은 이미 주요 신흥 산업의 최강자이자 선두주자가 되는 수준까지 회사를 이끌었다. 말 그대로 차고에서 사업을 시작하여 회사를 상장시키고 지속가능한 경쟁우위를 증명했다. 그 결과 주가가 탁월한 상승률을 기록했다. 그러니 일단 믿어줘라! 다만 느낌이 아주 좋지 않다면 그냥 다른 기업을 찾아라.

둘째, 규칙 파괴 기업의 뛰어난 창업자와 대표 중 다수는 해당 산업과 소위 '사랑싸움'을 벌인다. 그들이 회사를 만든 이유는 규칙 수립자들, 즉 기성 기업들이 제공하는 것보다 나은 해결책이 있기 때문이다. 그들은 자신이 속한 산업을 속속들이 알고 사랑하지만 그 문제점도 잘 알고 있다. 그래서 더 낮은 가격, 더 나은 접근성 내지 이용 편의성, 더 효율적인 신기술로 그 문제점들을 해결하려는 이상과 열정을 갖고 있다.

그들은 해당 산업에서 가장 똑똑한 사람일 뿐 아니라_{대개 그렇다} 경쟁자들보다 더 강한 열정을 품고 있다. 규칙 파괴 기업의 창립자 중 다수가 10년 후 올해의 인물에 선정되는 이유가 거기에 있다. 사실 이들을 알아보기란 그렇게 어렵지 않다. 관심을 갖고 잘 살펴보기만 하면 된다.

나는 주식투자와 사랑싸움을 벌였다. 그 결과 모틀리풀을 만들고, 이 책을 쓰게 되었다.

선택지 확장성

「와이어드Wired」를 창간한 케빈 켈리Kevin Kelly는 나의 영웅 중 한 명이다. 그는 내가 높이 평가하는 또 다른 삶의 지침을 제시한다.

그것은 바로 '풍요의 마음가짐abundance mentality'이다. 이 개념은 캐롤 드웩Carol Dweck이 제시한 '성장형 마인드셋'과도 관련이 있다.

그는 『삶을 위한 탁월한 조언Excellent Advice for Living』에서 이렇게 말한다.

"더 많은 선택지를 열어주는 선택지를 골라라."

이 말은 '하나에 집중하라'는 일반적인 조언과 상반된다. 대개 성공은 엄격한 자기 절제, 스파르타식 단순함을 통해 2개나 4개가 아닌 오직 하나를 선택한 결과라 여겨진다.

반면 켈리는 새로운 가능성을 열어주는 선택을 선호한다. 마찬가지로 나는 회사를 위해 더 많은 선택지를 끊임없이 만들어내는 경영자를 선호한다. 그래서 '선택지 확장성optionality'을 선호 종목의 핵심 속성으로 삼는다.

아마존이나 엔비디아 같은 기업은 선택지 확장성을 지닌다. 아마존은 온라인 서점으로 출발했지만 지금은 무한한 선택지를 갖고 있다. 성장형 마인드셋과 풍요로운 마음가짐을 가진 리더는 더 많은 선택지를 열어주는 선택지를 고른다. 그들이 내가 선호하는 리더들이다.

다만 이 부분에서 당신의 취향은 다를 수 있다. '문어발식 사업 확장은 패가망신의 지름길'이라는 게 기존의 통념이기 때문이다.

나는 종종 풍요의 마음가짐을 그것의 못난이 사촌 격인 '절충형 마음가짐'과 비교한다. 희소성과 제로섬 사고에 얽매인 사람들은 하나를 얻으면 반드시 다른 하나를 잃는다고 믿는다. 그러나 문어발식 사업 확장 또한 누가 하냐에 따라 다른 결과를 불러올 수밖에 없다. 천재들은 보통 하나를 잃고 10개를 얻는다.

핵심은 끊임없이 질문을 던지면서 평가를 다듬는 것이다. 훈련하면 안목이 높아진다. 6가지 속성은 모두 조화롭게 작용해야 한다는 사실을 기억하라. 이 속성도 별개로 존재하는 기준이 아니다.

그렇다면 후원자는?

지금까지 중요한 내용을 이야기했다. 기업의 리더와 창업자, 그들이 만드는 문화, 그들의 창의성과 선견지명에 대한 것들이었다. 그러나 속성④에는 훌륭한 경영자만 있는 것이 아니다. 속성④의 표어에는 분명 '똑똑한 후원자'도 포함되어 있다.

지금은 기업의 CEO에 대한 직업적·개인적 정보를 많이 구할 수 있는 시대다. 기업의 후원자들에 대한 정보 또한 마찬가지다. 여기서 말하는 후원자란 신흥 기업에 자금을 대는 엔젤 투자자나 창업 투자자를 말한다. 그들도 중요하다.

우리는 그들의 정보를 살펴볼 필요가 있다. 해당 기업의 후원자 중에 격 있는 사람이 있다면 그 자체로 의미 있는 정보가 되기 때문이다. 가령, 클라이너 퍼킨스Kleiner Perkins나 앤드리슨 호로위츠Andreessen Horowitz 같은 투자사는 평판 높은 브랜드를 구축했다. 그래서 그들이 투자하는 기업에 나름의 위상을 부여한다.

하지만 우리는 주식투자자로서 처음에 누가 창업 자금을 투자했는지, 심지어 현재 주요 주주가 누구인지조차 크게 신경 쓰지 않는다.

최고의 후원자는 글과 말에서 뛰어난 명확성과 통찰력을 드러낸다. CEO들이 회사를 운영한다면, 후원자들은 글을 쓰고 말을 한다. 즉, 지성과 통찰을 나눔으로써 평판을 쌓는다. 그렇게 해서 앞으로 최고의 창업자가 될 사람들의 눈길을 끈다. 어떻게 보면 말로써 구애하는 셈이다물론 과거의 투자 실적이 무엇보다 중요하다!.

여러 스타트업을 키운 미국 기업, 와이 콤비네이터Y Combinator를 만들고 이끈 팀이 좋은 사례이다. 오픈 AIOpen AI로 유명한 샘 올트먼Sam Altman은 와이 콤비네이터의 고위 인사였다. 또한 와이 콤비네이터의 공동 창립자인 폴 그레이엄Paul Graham은 규칙 파괴자들이 흥미를 가질 만한 글을 많이 썼다.●

● 그중에 좋은 글을 하나 소개한다. Paul Graham, "Black Swan Farming", 2012.9. paulgraham.com/swan.html

벤치마크Benchmark의 빌 걸리Bill Gurley도 훌륭한 사례이다.

다른 사례들도 많다. 가령 워런 버핏은 어떤가? 그는 후원자였으며, 올바른 투자법에 관해 수십 년 동안 줄곧 이야기했다!

물론 후원자가 누구인지보다 회사를 운영하는 게 누구인지가 더 중요한 것은 맞다. 나는 1999년 저서 『규칙 파괴자, 규칙 수립자』에서도 후원자의 중요성을 강조했다. 하지만 오늘날 후원자의 중요성은 그때보다는 조금 낮아졌다.

요즘도 나는 경영진과 더불어 후원자를 고려 대상에 포함한다. 둘 다 중요하다. 다만 후원자보다는 창업자와 리더를 훨씬 중시한다. 그래도 기업 추천 사유에서 후원자들에게 약간의 립서비스를 하기는 하는데, 립서비스는 립서비스일 뿐이다. 경영자와 후원자가 같은 정도의 중요성을 지니는 것은 아니다.

많은 경우 둘은 같은 사람이기도 한데, 나는 대표특히 창립자가 많은 지분을 소유하고 있는 기업, 후원자가 리더이기도 한 기업을 선호한다.

결론은 후원자와 그들의 명성도 어느 정도는 중요하다는 것이다.

규칙 파괴자들은 기업에 초점을 맞춘다. 그들은 투자하는 기업의 목적, 제품, 문화, 경쟁력 등에 관심을 갖는다. 하지만 그 모든 요소를 뒷받침하는 것은 사람이다.

홀륭한 규칙 파괴자는 '인간적 역학'을 평가하는 데 뛰어나다. 그러나 이런 관점으로 투자에 접근하는 사람은 비교적 적다. 그래서 상당한 우위를 누릴 수 있다.

우리 바보들Fools은 통념에 맞선다. 그래서 다음과 같은 속성을 지닌 기업을 존중하고 거기에 투자하기를 고집한다.

속성 ④ : 훌륭한 경영자와 똑똑한 후원자

11

강력한
상품 호소력

'자연선택'은 자연뿐 아니라 기업계에서도 일어나는 현상이다. 기업들은 고객을 얻기 위해 경쟁한다. 고객은 선호하는 제품과 서비스를 자연스럽게 선택한다.

고객이 쓰는 돈은 기업이 번성하도록 해주며, 성장에 필요한 자원을 제공한다. 여기에 성공한 기업은 자신들의 유전자사업모델, 대차대조표, 고객층, 문화를 다음 시대로 전할 수 있다. 즉, 한 세대 동안 더 사업을 이어갈 수 있다.

나는 시장에서 기업의 승리를 가져오는 실질적인 요소가 무엇인지를 오랫동안 관찰해왔다. 그 결과 '브랜드의 힘'을 더욱 존중하게 되었다.

"사람들의 마음을 얻으면 자유를 얻을 것이오."

—영화 「글래디에이터Gladiator」

영화 「글래디에이터」에 나오는 검투사 양성자 프록시모의 유명한 대사다. 시장이라는 투기장에서는 고객의 깊은 공감과 충성심을 이끌어내고, 고객이 중시하는 가치를 대표하는 브랜드가 승리하기 마련이다.

우리는 일회성 성공만 거두는 기업을 강한 브랜드라 칭하지 않는다. 강한 브랜드를 보유한 기업은 마케팅부터 품질 관리까지 고객과의 모든 상호작용에서 매일같이 약속을 지키며 신뢰를 쌓아온 기업이다.

나는 프록시모의 대사 중 "자유를 얻을 것"이란 부분을 좋아한다. 이는 '훌륭한 기업의 투자자가 되면 경제적 자유를 누릴 수 있다'는 사실을 상기시킨다. 창업자가 되든지, 직원이 되든지, 단순한 투자자가 되든지 당신이 일원으로 있는 기업이 사람들의 마음을 얻는 규칙 파괴 기업이 되면 당신은 경제적 자유를 얻을 수 있다. 나는 몇 번이고 자유를 누렸다.

데이브 울리히Dave Ulrich와 웬디 울리히Wendy Ulrich는 『당신은 왜 일하는가The Why of Work』에서 브랜드가 무엇인지에 대해 설득력 있는 정의를 제시한다.

이 관점은 브랜드에 대한 그 어떤 피상적 관점보다 훨씬 깊이가 있다. 다른 많은 피상적 관점들은, 마트 채소 코너에서 이루어지는 즉흥적 선택에 영향을 미치는 '인지도'쯤으로 '브랜드'를 정의하고 있다.

두 저자의 말에 따르면 최고의 브랜드는 제품의 효능, 가격, 외양, 약간의 스토리텔링 그리고 유니콘 털 한두 가닥을 섞은 불가사의한 조합을 통해 궁극적으로 '라이프스타일'을 제안한다. 또한 고객들이 그 라이프스타일을 누릴 수 있도록 끊임없이 도와준다.

「브랜드 파이낸스 Brand Finance」가 2024년에 선정한 '세계에서 가장 가치 있는 브랜드들' 목록은 많은 사례를 제공한다. 애플, 아마존, 월마트, 페이스북 인스타그램 포함, 틱톡 같은 톱10 브랜드들은 제품이나 서비스의 가격보다 훨씬 높은 가치를 지녔음을 고객들로부터 인정받는다.

또한 이 브랜드들 중 다수는 세상에서 가장 가치 있는 기업이 소유하고 있다.

따라서 규칙 파괴자는 다음 속성을 살펴야 한다.

속성 ⑤ : 강력한 상품 호소력

치약이 가르쳐주는 것

우리는 모든 기업이 우리의 관심에 굶주려 있는 세상에 산다.

스티븐 크리스톨Steven Cristol과 피터 실리Peter Sealey가 2000년에 펴낸 통찰력 넘치는 책『단순성 마케팅Simplicity Marketing』은 기업들이 고객의 관심을 끄는 전략에 대해 치약과 관련된 이야기를 들려준다.

과거에는 마트에서 고를 수 있는 치약 브랜드가 크레스트Crest와 콜게이트Colgate 말고는 몇 개 없었다. 하지만 지금은 크레스트 브랜드 치약만 해도 수십 개 버전으로 진열대를 가득 채우고 있다. 그 결과는 앨빈 토플러Alvin Toffler가 말한 '과잉 선택권overchoice' 시대다.

튜브형을 원하는가, 펌프형을 원하는가? 젤 타입? 액상 타입? 치석 예방용? 충치 예방용? 3기능 복합 치약? 화이트닝 치약? 구강청결제 첨가 치약? 베이킹 소다와 과산화물 복합 치약? 플라그 케어 치약? 치약만 해도 이렇게나 많다! 마트에서 사는 수많은 제품의 수에 수많은 브랜드의 수, 거기에 한 브랜드 안에 존재하는 수많은 변종의 수를 곱해 보라. 그 수치는 어마어마하다.

크리스톨과 실리는 이 부분에서 위대한 브랜드의 힘을 강조한다. 그것들은 잡다한 소음을 뚫고 우리의 생활을 단순하게 만들어주는 능력이 있기 때문이다.

특정 제품이나 서비스를 통해 좋은 경험을 했는가? 그 브랜드를 기억하는가? 심지어 귀에 쏙 들어오는 이름인가?

세상은 늘어나는 선택지와 함께 갈수록 복잡해진다. 이런 상황
에서 브랜드에 대한 충성심은 쉽게 결정하고 자신 있게 선택하도록
만들어준다.

고객이 복수의 브랜드를 하나의 브랜드로, 또는 복수의 선택지
를 하나의 선택지로 대체하도록 해주는 브랜드가 있다. 이런 브랜
드는 탁월한 가치를 창출한다. 심지어 우리는 종종 그 가치의 존재
조차 인식하지 못할 때도 많다.

월마트의 대형 매장은 수많은 소형 매장을 대체했다. 아마존도
같은 일을 했지만, 한 걸음 더 나아가 아예 밖에 나가야 할 필요성
을 없애버렸다. 그다음 아마존은 자체 아마존 브랜드로 수많은 브
랜드들을 대체했다.

나는 옛날에 배터리를 살 때 브랜드를 신경 썼다. 하지만 지금은
그냥 아마존 트럭에 배송되는 '아마존 베이직 배터리'를 산다. 아마
존의 자체 상표 제품은 전자기기, 가정용품, 사무용품 등 폭넓은
범위에 걸쳐 존재한다. 심지어 더 편하게 자동 재구매 서비스까지
이용할 수 있다. 그러니 아마존이라는 브랜드가 세상에서 네 번째
로 높은 가치를 지니게 된 것이다.

사람들은 '아마존', '스타벅스', '디즈니', '우버', 'JP모건JPMorgan' 같
은 브랜드를 신뢰한다. 그래서 자신 있게 클릭하고 거래하고 예약
하고 입금한다. 과잉 선택권, 복잡성, 신기술, 전반적인 피로감 속에
서 이런 기업들은 강력한 상품 호소력을 지닌다.

또한 모든 세계적인 브랜드는 안티팬들도 거느리고 있다. 그러나 그 자체는 사실 좋은 신호이다. 그만큼 사람들이 많이 쓴다는 의미이기 때문이다.

사실 나는 '이미 성공한 기업'들을 치켜세우고 있다. 무슨 대단한 이야기라고. 그렇지 않은가? 물론 애플은 엄청난 브랜드에 엄청난 시가총액을 자랑한다. 그래서 당신은 '내가 모르는 걸 말해'라고 생각할 수도 있겠다.

좋다. 대다수 사람들이 모르는 사실이 있다. 속성⑤를 활용하면 차세대 대박 브랜드를 찾을 수 있다. 그중 다수는 차세대 대박 종목이 될 것이다.

나는 1990년대 중반 이후로 뛰어난 브랜드와 뛰어난 브랜드를 구축할 기업을 찾아다녔다. 재무제표에는 아니더라도, 주가에는 그 가치가 반영될 것임을 알았기 때문이다.

우선 대박 브랜드를 포착하는 방법부터 알려주겠다.

대박 브랜드의 특징

오늘날 세계 최고의 브랜드들 중에는 과거 내가 '미래에 톱100 브랜드가 될 것'이라고 말하면 비웃음을 당하던 많은 규칙 파괴 기업들이 있다.

나는 이 브랜드들의 특징을 용어별로 정리했는데, 각각의 설명은 짧지만 갈수록 개수가 늘어나고 있다. 다음은 내가 주목하는 주요 특징들이다. 사례도 함께 제시했다.

- **밝음**Bright: 위대한 브랜드는 밝고 고무적이고 유익하고 바람직한 언어와 이미지를 활용한다. 위대한 기업이 어둡거나 날카로운 언어와 이미지를 활용하는 경우는 보기 힘들다. - 디즈니, 레고, 사우스웨스트항공 SouthwestAirlines

- **책임의식**Responsible: 위대한 브랜드는 습관④ 의식 있는 자본주의의 4가지 신조를 따르라에 발맞춰서 위대한 목적을 추구하고, 책임의식을 표현하고, 그 책임의식을 고객과 경쟁자들에게 명확하게 드러낸다. - 나이키, 파타고니아, 테슬라

- **다정함**Affectionate: 위대한 브랜드는 고객을 최우선에 두고, 공감을 토대로 제품을 디자인하며, 정서적 유대감을 형성한다. - 아마존, 애플, 와비파커WarbyParker

- **두드러짐**Notable: 인상적인 슬로건, 좋은 멜로디의 광고음악을 쓴다. - 인텔Intel, 맥도날드McDonald's, 스테이트팜StateFarm

- **꾸준함**Dependable: 언제나 같은 커피맛을 유지한다. - 스타벅스, 이케아, 줌비디오

분명 당신도 추가적인 특징과 당신이 좋아하는 사례들을 떠올릴 수 있을 것이다. 다만 나처럼 멋지게 'B-R-A-N-D'라고 머리글자

를 맞추지는 못할 것이다!

나의 목적은 포괄적인 분석을 제공하는 것이 아니다. 8장에서 다룬 '경쟁우위'에 대한 설명과 마찬가지로 '브랜드'에 관한 모든 지식을 전달하려면 책 한 권을 전부 소진해야 한다.●

뛰어난 브랜드를 발굴할 수단에 대해서는 전문가들의 안목을 참조하는 것도 좋은 방법이다. 브랜드 연구자들은 인터브랜드 Interbrand의 '베스트 글로벌 브랜드'나 「포춘」의 '가장 존경받는 기업' 또는 「패스트 컴퍼니 Fast Company」의 '가장 혁신적인 기업' 목록을 주목한다.

핵심은 관심을 갖고 상황을 인식하는 것이다. 당신이 투자할 기업은 구매자들이 가치 있게 여기는 브랜드를 보유했는가? 열광적인 팬층을 거느렸는가? '헨릭의 티셔츠 테스트'를 통과할 것인가?이 내용은 13장에서 다룰 것이다 이런 부분을 따져봐야 한다.

대다수 사람들은 브랜드라고 하면 소비재 브랜드만 생각한다. 하지만 다른 기업을 대상으로 성공적인 사업을 펼치는 기업 역시 마찬가지로 강력한 상품 호소력을 발휘하는 브랜드를 보유한 셈이다. 상품 호소력은 마치 대도시가 형성되는 과정처럼 장기간에 걸쳐

● 브랜딩 및 상품 호소력과 관련하여 내가 좋아하는 책들은 다음과 같다. 알렉스 비퍼퀘르트 (Alex Wipperfürth)의 『브랜드 하이재킹(Brand Hijack)』, 에드 캣멀(Ed Catmull)의 『창의성을 지휘하라(Creativity Inc.)』, 로이 스펜스의 『파는 물건이 아니라 대표하는 가치가 중요하다(It's Not What You Sell, It's What You Stand For』, 칩 히스(Chip Heath)와 댄 히스(Dan Heath) 의 『스틱!(Made to Stick)』, 대니 메이어(Danny Meyer)의 『세팅 더 테이블(Setting the Table)』, 제이 배어(Jay Baer)의 『유틸리티 마케팅이 온다(Youtility)』 그리고 세스 고딘이 쓴 『보랏빛 소가 온다』 외 그의 모든 책이 있다.

구축되며, 결국은 기업의 강력한 자산이 된다.

2005년에 PC 부품을 공급하는 신흥기업이던 엔비디아는 이름부터 그다지 소비자 친화적이지 않은 탓인지, 톱 브랜드 목록 근처에도 가지 못했다. 아마도 사람들이 이름을 가장 많이 틀리는 글로벌 톱 브랜드일 것이다. 지금도 '느비디아'라고 발음하는 사람이 많다. 그러나 19년 후인 2024년에는 세계에서 가장 빨리 성장하는 기업이 되었다.

어쩌다 보니 재무제표에 쓰는 용어인 '자산'을 다시금 언급하고 말았다! 그래서 하는 말인데, 이와 관련해 브랜드의 가치를 중시해야 할 아주 특별한 이유가 있다.

뻔히 보이는데 몰라보는 것

'강력한 상품 호소력'은 내가 1999년에 처음 제시했을 때부터 규칙 파괴 투자의 토대였다. 실제로 나는 규칙 파괴 기업, 즉 사람들의 마음을 얻은 종목나아가 많은 회원들에게 경제적 자유를 안긴 종목을 선정할 때, 강력한 상품 호소력을 핵심 근거로 삼은 적이 많았다. 대박 브랜드와 대박 종목 사이에는 양방향으로 깊은 연관성이 작용한다.

규칙 파괴자가 브랜드와 상품 호소력을 살펴야 하는 이유는 무엇보다 재무제표 상으로는 그것들이 일관되게, 의미 있게, 명백하게 확인될 수 없기 때문이다.

브랜드는 '무형 자산'으로 간주된다. 즉, 현금이나 재고 또는 부동산처럼 대차대조표에 분명하게 정량화할 수 없다. 숫자에만 집착하는 엄격한 회계사는 기업과 고객 사이에 구축된 유대와 신뢰의 가치를 숫자로 표시하려 하지 않는다. 판매자와 구매자의 관계에서 나오는 기쁨, 소속감, 진정성, 향수, 만족감은 재무제표에서 포착하거나 인식될 수 없다.

장기적인 시장 지배력의 가장 필수적이고 가치 있는 요소 중 하나인 브랜드는 '뻔히 보이는데 몰라보기' 쉽다.

규칙 파괴자는 브랜드의 상품 호소력을 분명히 보고, 안다. 그리고 감탄한다!

하지만 전통적인 밸류에이션에 의존하는 투자자는 그렇게 하지 못한다. 그들 중 대다수는 배수주가수익비율, 주가현금흐름비율, 주가장부가치비율, 때로는 배당률를 활용한다. 그들이 따지는 기업 가치감가상각전 영업이익, 기업가치/매출액는 상품 호소력의 정도를 전혀 감안하지 않는다. 그렇게 '브랜드 구축'이라는 궁극적인 소프트 스킬soft skill을 계산에 반영하지 않기 때문에 규칙 파괴 기업을 거르게 된다.

그들은 때로 눈동자를 굴리면서 규칙 파괴 기업이 '고평가되었다'고 말한다. 그래서 규칙 파괴 기업들, 고객에 의해 대대적인 '자연선택'을 거친 기업들, 다음 세대로 유전자를 물려줄 기업들의 주식을 사지 못한다. 그들은 다음의 속성을 지니는 기업의 가치를 알아보지 못한다.

속성⑤ : 강력한 상품 호소력

어쩌면 이는 그들이 매수한 주식을 오래 들고 있지 못하는 이유일지도 모른다. 애초에 오래 들고 있을 만한 가치가 있는 주식을 사지 않았기 때문이다.

규칙 파괴 기업을 찾을 때 속성⑤만 봐서는 안 된다. 앞서 말한 대로 6가지 속성이 모두 조화롭게 작용해야 한다.

참, 그리고 사람들이 '뻔히 보이는데 몰라보는 것'은 이 속성만이 아니다.

규칙 파괴 투자의 진짜 비법은 다음 장에서 다룰 내용에 있다.

12

'고평가되었다'

속성⑥은 정말 말도 안 되는 이론이다. 오히려 그 반대로 행동해야 맞다. 이는 속성③ 과거의 눈부신 상승을 살펴보면서도 느껴본 감정일 것이다. 그러나 이러한 인지부조화는 규칙 파괴자가 되어가는 과정에서 절대적으로 거치게 되는 관문이다.

속성③과 속성⑥은 기업에서 찾는 특성이 아닌 주식에서 찾는 특성이라고 전한 바 있다. 이러한 공통점 때문에 두 속성은 짝지어 활용하게 된다.

첫째로 속성③, 먼저 매수하기 전에 주가가 크게 상승했어야 한다. 그리고 둘째로 속성⑥, 주식 전문가로부터 '고평가되었다'는 말을 들어야 한다.

어떤가? 다시 말하지만 속성⑥은 헛소리처럼 들린다. 이보다 더 통념에 어긋날 수 있을까?

초보 투자자들은 주로 다음과 같은 종목을 사라고 배운다. '주가가 크게 하락하여 52주 저점 근처에 있어야 한다.' '주식 전문가들이 강력 매수 의견을 제시해야 한다.'

이런 종목을 사는 방식이 실제로 통할 수도 있다. 그러나 나는 다른 사람들에게 어떤 투자법이 통했는지를 말하려는 게 아니다. 이 책은 나한테 통했던 방법을 소개하기 위한 것이다.

**내가 지금까지 줄곧 따라온 투자법은
'고평가된 주식에 바보같이 웃돈을 지불하는 것'처럼 보인다.**

나이키가 타이거 우즈에게 얼마나 많은 '웃돈'을 지불했는지 기억하는가? 때는 1996년이었다. 우즈는 불과 스무살이었고, PGA 토너먼트 우승 경력도 없었다. 그럼에도 나이키는 그와 스폰서 계약을 하면서 무려 4,000만 달러를 지불했다. 물가상승률을 따지면 지금 가치로는 8,000만 달러에 달하는 거액이다.

당시에는 말도 안 되는 계약처럼 보였다. 프로에서 한 번도 우승컵을 들어보지 못한 어린 선수한테 어떻게 그런 큰돈을 안길 수 있을까? 실제 선수들의 우승 실적 대비 평균 계약금 비율이 어땠을 것 같은가? 4,000만 달러는 당시 골프 선수에 대한 계약금으로는 전대미문의 금액이었다. 그보다 10년 전에 NBA 신참이었던 마이클 조던은 250만 달러에 5년 단위로 나이키와 첫 스폰서 계약을

맺었다. 조던의 입장에서는 거의 화가 날 지경 아닌가?

당신이 정말 이렇게 생각한다면 당신은 아직 규칙 파괴자가 아닐 지도 모른다.

"Hello World!"

—타이거 우즈Tiger Woods

결국 이 계약은 나이키로서는 아주 명민한 투자였던 것으로 드러났다. 거기에는 2가지 요소가 작용했다.

첫째, 우즈는 '과거의 눈부신 실적'을 자랑했다. 아직 돈을 벌지는 못했지만 그는 프로 데뷔 전 주에 전미 아마추어 골프 대회에서 우승했다. 그것도 3번째로.

며칠 후 「뉴욕타임스」는 '그가 다음 주에 열리는 그레이터 밀워키 오픈Greater Milwaukee Open에서 프로로 전향할 것'이라고 예측했다. 역시나 우즈는 프로로 대회에 참가했으며, 그러자 15만 명의 관중이 몰려들었다대회 역사상 최다 관중.

이때 우즈는 1라운드 기자회견에서 "Hello World!"라는 인사말을 했다. 이는 즉흥적인 것이 아니라 나이키와 사전에 세심하게 조율한 것이었다. 실제로 나이키는 며칠 후 'Hello World' 캠페인을 시작했다.

둘째, 많은 업계 관계자는 비교적 무명의 젊은 골프 선수에게 그만한 거액을 투자할 가치가 있는지 의문을 제기했다. 회의론자들은 '값어치를 증명해!'라고 요구했다. 이는 투자 용어로는 '고평가되었다'는 뜻이었다.

나이키와 타이거 우즈의 스폰서 계약이 성공한 이유는 정확히 무엇일까?

이는 내가 인튜이티브서지컬에 투자해서 성공한 이유와 맞닿아 있다. 나는 2005년 3월, 시장이 횡보하던 시기에 인튜이티브서지컬을 추천했다. 그로부터 5개월 전, 이 회사의 주가는 75% 상승했다. 또한 내가 추천한 날 기준으로 주당순이익비율PER은 71이었다. 즉, 인튜이티브서지컬 주식은 이전에 눈부신 상승을 이루었고, 상당히 고평가된 상태였다.

그래서 타이거 우즈 스폰서 계약이 성공한 이유와 인튜이티브서지컬 투자가 성공한 이유가 뭐가 같냐고? 둘 다 대단해졌다는 점이다.

우즈는 이후 1996년에 「스포츠 일러스트레이티드Sports Illustrated」 '올해의 스포츠맨'에 선정되었고, 82회의 PGA 우승을 기록하면서 샘 스니드Sam Snead와 역대 동률 1위에 올랐다.

인튜이티브서지컬은 수십 년 동안 최소 침습 로봇 수술 시스템을 대규모로 구축하는 유일한 기업이라는 '스냅-콜라 기업'의 지위를 잘 활용했다. 그래서 2024년 8월 말 기준으로 내게 100배의 수익을 안겨주면서 100배거의 반열에 올랐다.

사실 이 책의 초고를 쓰던 무렵에는 82배 상승한 상태였다. 이는 우즈의 PGA 우승 횟수와 같은 숫자이다. 운명적이지 않은가! 82배 거였다면 멋들어진 우연이 되었겠지만, 그래도 나는 그냥 100배 수익을 올리는 쪽을 택하겠다.

7장에서 한 말을 다시 가져오자면, 나는 탁월한 주식을 찾아서 매수하고, 시간이 지나면 추가 매수한다. 반면 어중간한 주식은 매도한다. 그게 내가 투자하는 방식이다.

맞다. 규칙 파괴 투자는 세계 최고의 기업을 찾는다. 그것이 전부이다.

이 방식이 통하는 데에는 최소한 3가지 이유가 있다.

1. 위대한 기업에 투자하면 투자 게임에서 훨씬 앞서나갈 수 있다. 대다수 사람들은 초기에 위대한 기업을 알아보지 못한다 또는 의심한다. 그들은 다른 사람들 또는 언론이 먼저 위대하다고 말해주어야 뒤늦게 알아본다. 그래서 당신이 그들보다 먼저 매수하게 된다.

2. 위대한 기업에 투자하면 시기심 많은 사람들보다 훨씬 앞서나갈 수 있다. 일부 똑똑한 사람들은 위대한 기업을 알아본다. 하지만 시기심 때문에 폄하하고, 다른 사람들을 겁준다. 그래서 당신이 그들보다 먼저 매수하게 된다.

3. 위대한 기업에 투자하면 불가피한 슬럼프 타이거 우즈가 그랬듯이나 큰 폭락 인튜이티브서지컬은 20년 동안 5번 33% 넘게 폭락했다을 견딜 수 있다. 그래서 당신은 그들보다 나중에, 훨씬 높은 가격에 매도하게 된다.

위대한 기업에 투자하려면 인기 많고속성③, 비싼속성⑥ 종목을 찾아야 한다. 그래서 많은 투자자들이 거리를 두는 동안 포지션을 구축해야 한다.

속성③과 속성⑥은 서로 연계되어 있다. 이 두 속성은 주식에만 초점을 맞춘다. 반면 나머지 4개의 속성은 기업 자체에 초점을 맞춘다.

기업에 초점을 맞춘 속성들의 경우 사람에 따라 평가, 해석의 차이가 생길 수 있다. 그러나 속성③과 속성⑥은 액자와 같으며, 액자의 가로 세로 면에 맞는 그림을 찾는 게 일이다. 두 속성이 서로 잘 어울리는 이유 또한 여기에 있다.

그리고 그 그림을 완성하는 것은 통념이다. 이 통념은 특히 금융지 기사나 TV 뉴스에서 특정 기업에 대해 다음과 같은 표현을 쓸 때 드러난다.

'이 기업은 현재 고평가된 상태다'

그러면 그야말로 금상첨화다.

대단히 중요한 요소를 나타내는 '수치'는 없다

나는 속성⑥이 통하는 이유를 오랫동안 생각해왔다. 그것이 통한다는 사실은 의심의 여지가 없다. 수십 년 동안 다양한 여건에서 이루어진 투자 결과가 그 증거이다. 하지만 6가지 속성 중 왜 특히 속성⑥이 효력을 발휘하는지는 여전히 의문이었다.

이는 한 가지 설명으로 전달할 수 있는 문제가 아니다. 그래도 최대한 단순하게 설명해 보려 한다. "모든 것은 최대한 단순하게 만들어야 하지만, 그보다 더 단순해서는 안 된다."는 아인슈타인의 말처럼 사실 그는 실제로 훨씬 복잡한 말을 했는데, 이렇게 최대한 단순한 버전으로 바뀌었다!.

다음은 데이비드 가드너가 할 수 있는 최선의 설명이다.

＊ 브랜드의 가치는 전통적인 재무제표 상의 수치로 측정될 수 없다. 대다수 밸류에이션 지표는 브랜드의 가치를 반영하지 않는다. 순이익이나 현금흐름 같은 것들 말이다. 그런데 한 기업의 적정 주가와 적정 시가총액은 이런 요소들의 배수로만 판단된다.

따라서 가치 있는 브랜드를 보유한 기업의 주가는 항상 고평가된 것처럼 보인다. 최고 자산의 가치가 전혀 반영되지 않았기 때문이다! 그것이 '고평가되었다'는 이야기가 나오는 근본적인 원인이다.

브랜드 가치만 무시당하는 것이 아니다. 전혀 아니다. 전통적인 밸류에이션에 반영되지 않는 다른 수많은 요소들이 모두 무시를 당한다. 그중 다수는 대단히 중요한 요소들이다이쯤에서 당신은 내면의 경보기가 울려야 한다!.

순이익과 현금흐름은 입력물이 아니라 산출물이다. 다시 말해 결과물이다. 나는 지금까지 당신에게 이러한 산출물을 만들어내는 입력물, 즉 무형의 자산들을 볼 수 있게끔 도와주려고 해왔다. 우리가 살펴야 하는 것은 그것들이다.

이러한 '무형 자산'들은 대단히 중요한 요소임에도 밸류에이션에 반영되는 경우가 없다. 가령 '강력한 상품 호소력' 같은 것들 말이다. 이밖에 무형 자산이라 할 수 있는 것들로 떠오른 게 있는가?

CEO는 어떤가? 기업, 특히 신흥 기업이나 잠재적 규칙 파괴 기업에서는 창립자나 리더가 대단히 큰 중요성을 지닌다는 데 동의하는가? 우리는 이미 그 문제를 다루었다. 내가 추천한 대박 종목 중 다수는 몇 년 후 CEO가 '올해의 인물'로 선정되었다. 당연히 CEO는 정말로 중요하다.

'우리 회사는 제프 베이조스가 있는데, 넌 없지?'
'우리 회사는 일론 머스크가 있는데, 넌 없지?'
'우리 회사는 젠슨 황이 있는데, 넌 없지?'

이 셋은 누구나 인정하는 대표적인 CEO이다. 물론 아직 사업 초기 단계의 기업을 이끄는 덜 유명한 CEO들도 중요한 역할을 한다. 트레이드데스크TheTradeDesk의 제프 그린Jeff Green, 메르카도리브레의 마르코스 갈페린Marcos Galperin, 쇼피파이의 토비 루크Tobi Lütke 등이 그들이다.

반대의 경우도 마찬가지이다. 크고 작은 수많은 기업에는 가치를 파괴하는 리더들이 있다.

그렇다면 재무제표에는 리더의 능력에 대한 우리의 평가를 반영하는 부분이 있을까? 맞다. 회계학 강의에서는 그런 것을 가르치지 않는다. 그래서 전혀 반영되지 않는다.

리더십 말고도 더 있을까?

문화는 어떤가?

나는 기업 문화에 대해 조금 안다많이는 아니다. 사실 모틀리풀은 2014년과 2015년에 글래스도어Glassdoor가 선정한 '일하기 좋은 중소기업' 1위에 올랐다. 이는 우리의 리더들과 400여 명의 직원들이 힘써준 덕분이다그들 중 다수는 10년 이상 우리와 함께했다. 그들은 매일 우리 회사에 활력을 불어넣는다.

문화는 기업의 성패를 좌우한다. 아무리 규칙 파괴 기업이라 해도 마찬가지다. 문화는 리더보다 중요할 수 있다. 리더는 순식간에 바꿀 수 있지만, 문화는 장기간에 걸쳐 구축된다. 우리는 현대 문명과 고대 문명에 구축된 문화를 깊이 존중하고 연구한다. 그것이 얼마나 중요한지 알고 있기 때문이다. 하지만 많은 애널리스트들은 기업 문화를 평가하는 것을 헛되게 받아들인다.

주식을 고르고 투자하는 사람들이 기업 문화를 간과하는 것은 해로운 짓이다. 어떻게 보면 중요도 측면에서 문화가 리더십과 브랜드보다 앞선다. 심지어 저술가이자 사상가인 피터 드러커Peter Drucker는 "문화의 중요성에 비하면 전략은 아무것도 아니다"라면서 문화를 전략보다 우위에 뒀다 그가 대충 이런 요지의 말을 하긴 했다.

그럼에도 문화 역시 전통적 기업 분석에 전혀 반영되지 않는다.

또 하나의 사례는 '혁신innovation'이다. 혁신은 기업이 '틀을 벗어난 사고를 하는 능력'을 말한다.

사실 '사고think' 자체는 혁신에 다다르는 과정에 불과하다. 세스 고딘은 저서 『Free Prize Inside』에서 "훌륭한 아이디어는 어디에나 존재한다"고 말했다. 실로 필요한 것, 훌륭한 아이디어보다 훨씬 가치 있는 것은 그것을 토대로 기획하고 개발하여 현실에서 구현하는 사람들의 역량이다.

혁신은 규칙 파괴 기업이 장기적으로 성공하는 데 반드시 필요한 요소다. 혁신의 존재는 그 자체로 해당 기업이 규칙 파괴 기업의 여러 속성에 해당함을 뒷받침한다. 혁신 기업은 최강자이자 선두주자가 된다. 혁신은 지속가능한 경쟁우위의 토대를 이룬다. 또한 혁신은 소비자의 기대에 부합하는 브랜드를 만들어 낸다.

종목 선정에 관한 나의 조언을 한마디로 정리하자면 이렇다.

모든 산업에서 '혁신 기업'을 찾아라.

이토록 중요한 혁신의 가치를 파악할 수 있는 재무제표상의 수치가 있을까?

그 역할을 하고 있다고 평해지는 수치가 있긴 있다! 그 수치는 브랜드나 리더십, 문화의 경우와 달리 수치화되면서도 혁신의 지표 역할을 할 수 있는데, 바로 '매출 대비 연구개발비R&D 비중'이다.

인튜이티브서지컬은 2023년 연구개발비로 매출의 16%인 9억 9,900만 달러를 썼다. 애플은 매출의 8%인 299억 달러를 썼다. 애플이 비율은 작아도 금액 규모는 훨씬 크다. 인튜이티브서지컬은 30배나 적은 돈을 썼지만 매출 대비 비중은 더 크다. 그리고 두 기업 모두 해당 산업의 선두 기업이다. 어떤가? 매출 대비 연구개발비 비중을 보면 기업의 혁신 능력을 가려낼 수 있을 것 같은가?

그러나 사실 이 수치도 크게 쓸모는 없다. 물론 같은 산업에 속한 다른 기업과 비교해 볼 수는 있다. 이 경우에 상당히 쓸만한 자료가 된다. 하지만 서로 경쟁하는 한 기업이 연구개발에 들인 돈과 다른 기업이 연구개발에 들인 돈이 항상 같은 가치를 지닐까?

아이폰이 나온 2007년에 노키아는 연구개발비로 77억 달러매출의 12%를 썼다. 반면 애플이 쓴 연구개발비는 거의 10분의 1밖에 안 되는 7억 8,200만 달러였다. 이후의 일은 이미 알려진 대로이다. 2008년에 노키아의 주가는 35달러에서 4달러까지 하락했다. 이처럼 관련 수치가 있다고 해도 오판을 초래할 수 있다수치는 대개의 경보다시피 기업의 '소프트 스킬'에 내재된 소위 '무형 자산산출물이 아닌 투입물'은 밸류에이션에 반영되지 않는다. 그럼에도 기업이 위대한 수준 또는 평범한 수준에 이르는 데 반드시 필요한 동력을 제공한다!

특히 브랜드, 리더십, 문화, 혁신은 모든 세대의 규칙 파괴 기업에서 공통적으로 찾아볼 수 있는 요소다. 다시 말해 위대한 기업이 발하는 '아우라hard blue glow'와 같다.

이 표현은 존 업다이크John Updike에게서 빌린 것이다. 그는 테드 윌리엄스의 마지막 타석을 자세히 묘사한 에세이, 「키드●에게 작별을 고하는 보스턴 팬들」을 썼다. 거기에는 "테드 윌리엄스의 위대성이 'hard blue glow'를 만들어냈다"는 구절이 나온다.

대단히 중요한 요소를 나타내는 수치는 없다.

나는 동생과 같이 만든 모틀리풀이 주식 정보지에서부터 10억 달러짜리 기업으로 평가받을 때까지 성장하는 과정을 모두 지켜보았다. 나는 다른 기업의 사례를 조사했을 뿐 아니라, 내가 세운 모틀리풀이 도토리에서 나무로 성장하는 모습을 지켜보는 특혜를 누렸다때로는 상심도 겪었다.

● 테드 윌리엄스의 별명−옮긴이

그렇기에 더더욱 나는 브랜드, 리더십, 문화, 혁신의 가치를 결코 무시하거나 과소평가하지 않는다.

하지만 주식의 가치를 평가하는 전통적·현대적 분석법은 이것들의 가치를 무시하고 과소평가한다. 완전히.

나는 수십 년에 걸쳐 이 문제를 연구했다. 그 결과 전통적·현대적 분석법과 정반대의 결론을 도출하는 '규칙 파괴 투자'가 있다는 사실을 확인했다.

데이브 울리히Dave Ulrich와 노엄 스몰우드Norm Smallwood는 『수치가 전부가 아닌 이유Why The Bottom Line Isn't』에서 "상장사가 지닌 시장 가치의 50%는 무형 자산에서 나온다"고 말했다.

뮤지컬 「위키드Wicked」에서 글린다Glinda는 "인기가 전부야"라고 노래한다.

규칙 파괴 투자에서 인기의 척도는 이것이다.

속성 ⑥ : '고평가되었다'

그렇다면 어떻게 해야 할까?

만약 내가 여기서 글을 마무리 짓는다면 어떤 사람들혹시 당신도? 은 상당히 불만족스러울 수도 있다. 그들은 그 옛날 왕들이 자신의 자문관들에게 하던 질문을 나에게 던지고 싶을 것이다.

'그래서 당신이라면 어떻게 할 거요?'

이 책을 쓴 사람은 '광대Fool' 중 한 명이다. 그러니 왕에게 조언할 때도 광대처럼 할 것이다.

나는 우선 오늘날의 투자 상식을 함께 살펴보며 그 속에 담긴 아이러니를 지적할 것이다. 그리고 웃음을 자아낼 것이다! 그게 왕들이 광대를 항상 필요로 하고, 어떤 때는 사랑한 이유가 아닐까?

나의 말이 잘난 체하는 것처럼, 또는 지나치게 똑똑한 척하는 것처럼 보일 수 있다. 정말로 중요한 요소들이 그렇게나 중요하다면, 그 가치를 나타내는 수치를 고안했어야 하지 않을까?

하지만 나는 그렇게 하지 않았다.

그러면 '어떻게 무형 자산의 가치를 측정하라는 말이냐?'고 묻고 싶을 것이다. 또한 많은 사람들은 그 측정에 도전할 준비가 되어 있지 않을 것이다.

반면 소수는 소매를 걷어붙이고 유용한 도구들을 개발하여 훗날 유명해질 것이다.

어쩌면 뛰어난 회계사가 기존보다 더 나은 연구개발비 척도를 제안할지도 모른다. 재무제표상에서 기업의 혁신 능력을 판가름할 수 있게 되는 것이다. 그 방향에서는 실제로 '혁신투자수익률ROII, Return On Innovation Investment' 같은 척도가 개발된 바 있다.

이밖에 '새로운 리더십 지수, 브랜드 총부가가치, 문화 온도계' 같은 새로운 지표도 상상할 수 있다. 그렇다면 각 지표의 그럴듯한 약어도 필요할 것이다. 그렇지 않은가? 우선 이렇게 가도록 하자.

리더십의 경우는 최고조직관리점수B.O.S.S., Best Organization Stewardship Score, 브랜드의 경우는 순이익 중 브랜드 레버리지 B.L.I.N.G., Brand Leverage In Net Gains, 문화의 경우는 리더십 및 충성도의 문화 건강 지표C.H.I.L.L., Cultural Health Indicator of Leadership and Loyalty로 지을 수 있겠다.

어쨌건 아직 이런 지표가 개발되지 않은 상황에서는 내가 말한 규칙 파괴 기업의 6가지 속성이 무형 가치를 반영하는 유일한 수단이다. 이것들은 구체적인 수치를 제공하지는 않더라도 투자자가 평가해야 할 부분을 짚어낸다. 그 점이 중요하다.

대다수 전문가와 논평가는 수치를 앞세우고, 수치에 많이 의존한다. 대단히 중요한 요소라 해도 수치가 없으면 참고하지 않는 오판을 저지른다. 그래서 '고평가되었다'는 말이 툭하면 나오는 것이다.

애널리스트들은 투자 결정을 수학적 계산으로 본다.

만약 이 세상 누구도 투자를 수학적 계산으로 보지 않는다면, 내가 그렇게 할 것이다! 하지만 모두가 그렇게 한다면, 나는 그렇게 하지 않을 것이다. 그럴 때 보상이 나오기 때문이다.

대세에 맞서는 방식이 시장수익률을 이기는 이유는 명확하다. 남들이 다하는 분석으로는 그다지 우위를 얻지 못한다. 대다수 애널리스트는 '밸류에이션'을 매수/매도 결정의 근거로 삼는다. 그렇

기에 할인현금흐름 분석이나 주가수익비율이 틀렸다는 판단으로
는 아무런 우위도 얻을 수 없다.

그렇다면 대체 우리는 시장에 퍼져 있는 밸류에이션에 중점을
둔 기존의 수많은 가정들을 어떻게 바라봐야 할까?

시장은 6개월 앞을 내다본다

토마스 쿤Thomas S. Kuhn은 『과학 혁명의 구조The Structure of Scientific
Revolution』에서 '패러다임 전환'이라는 개념을 소개했다. 이는 과학계
에서 기존의 가정이 도전받으면서 새로운 돌파구로 이어지는 것을
말한다. 오랜 가정을 버리는 것은 진보의 필수 조건이다.

나는 오래 전부터 밸류에이션이 중요하다는 가정을 버렸다. 다른
한편으로, 금융시장은 언제나 가용 가능한 모든 정보를 반영한다
는 '효율적 시장 이론'을 지지해왔다.

단! 시장은 '6개월 앞'만 내다본다고 단정했다.

언제, 어느 종목이든 당신이 보는 주가가 '미쳤거나' 심하게 저평
가 또는 심하게 고평가되는 경우는 없다. 만약 그렇다면 재빨리 매
수자나 매도자가 출몰하여 잘못된 가격을 바로잡을 것이다. 지금
처럼 1초도 안 되어 알고리즘 매매가 이루어지는 시대에는 더더욱
그렇다.

주가는 이처럼 효율적으로 결정되지만, 그 예측은 6개월 이후의

미래를 지향한다. 따라서 6개월 이상을 내다보는 투자에 있어서 밸류에이션 중심의 통찰은 의미를 갖기 어렵다.

그렇다면 3년 앞을 내다보는 투자자는 최소한 시장보다 6배는 더 멀리 내다보는 셈이다! 그것이 기업에 초점을 두는 투자자가 누리는 우위이다.

그들은 싼 가격에 거래되는 위대한 기업을 찾아낸 다음, 월가 기관 투자자들은 상상도 못하는 오랜 기간 동안 보유한다. 그래서 대박을 친다. 딱히 열심히 투자하는 것도 아닌데.

왜 6개월일까?

나는 6개월이라는 기준을 좋아한다. 첫째로는 아리스토텔레스의 황금률처럼 '적당하다'는 느낌이 들기 때문이고, 둘째로는 2개 분기에 해당하기 때문이다.

투자자 대부분이 바로 다음 분기의 기업 실적만 따지고 그에 따라 주가가 급등할지 예측하는 현 시대에서는, 오히려 '시장이 2개 분기 앞까지 내다본다'는 말이 과장됐다고 평가될지도 모르겠다. 하지만 나는 시장이 '다음 분기만 살피는 투자자'들보다는 똑똑하기 때문에 1개 분기 앞을 더 멀리 내다볼 것이라고 추정한다.

그러니 나의 친구이자 오랜 동료인 조 마이어 Joe Magyer 가 트위터에 다음과 같은 글을 올렸을 때 내가 얼마나 기뻤을지 상상해 보라.

조 마이어 - 2021년 5월 20일
전문 포트폴리오 매니저들의 투자기간 중간값은 6개월밖에 되지 않는다.
믿기 어렵지만 사실이다.

현재 당신의 투자기간은 어느 정도인가요?

- 3개월 이하   47명
- 6개월   62명
- 9개월   24명
- 12개월 이상   55명
- **응답자 가중평균**   **7.4개월**
- 모름   6명

출처: BofA 글로벌 펀드 매니저 조사

장기 보유자의 입장에서 보면, 주식을 매수할 당시의 밸류에이션은 단기적인 변수에 불과하다. 현재 밸류에이션이 위험하더라도 이는 곧 무의미해진다. 인튜이티브서지컬은 매수 당시 주가가 순이익의 71배에 달했다.

우리는 단지 밸류에이션에 중점을 둔 분석이 더 나은 결정으로 이어진다는 가정을 버리는 것만이 아니다. 나는 새로운 가정을 제시하고 있다. '고평가되었다'는 폭넓은 인식이 오히려 궁극적인 매수 신호라는 가정 말이다.

이런 시각이 이단적이라는 것을 나도 안다. 하지만 과학, 기술, 의학, 기업 그리고 맞다! 투자 분야는 '이단아'가 기성 체제를 뒤엎고 더 나은 것을 창조하여 성공한 사례로 가득하다.

사실 이러한 사실을 가장 먼저 이해하고 있던 사람은, 오늘날 밸류에이션을 추종하는 투자자들이 '최고의 모범'이라 떠받드는 그 사람이었다_{다시 내면의 경보기}.

바로 1976년 작고한 벤저민 그레이엄 말이다.

＊ 나는 탁월한 가치 투자 종목을 찾기 위해 정교한 증권 분석 기술을 사용하는 방식을 더 이상 지지하지 않는다. 우리의 교과서인 『증권분석 Security Analysis』이 발간된 40년 전이라면 그런 방식의 투자로 보상을 기대할 수 있었다. 하지만 그 이후로 상황이 아주 많이 바뀌었다.

과거에는 제대로 배운 증권 애널리스트라면 세밀한 분석을 통해 저평가된 종목을 잘 골라낼 수 있었다. 하지만 지금은 엄청나게 방대한 양의 리서치가 이루어진다. 그래서 대부분의 경우 그런 폭넓은 노력이, 그 노력에 들어가는 비용을 정당화할 만큼 충분히 좋은 성과를 낼지 의심스럽다.

그런 의미에서, 나는 현재 학계에서 일반적으로 받아들이는 '효율적 시장' 학파 편에 서 있다.

지나고 나서 보면 항상 잘 보인다

'고평가되었다'의 용례에는 흥미로운 구석이 있다.

이 말은 맨 처음에는 전문가들의 경고 수단으로 쓰인다. 즉 아마존, 테슬라, 인튜이티브서지컬, 애플 같은 종목에서 멀리 떨어지라고 말하는 신호다. 당신도 '현재 너무 비싸고 리스크가 크니까 조정을 기다리라'는 말을 들어보았을 것이다.

하지만 이 종목들의 주가는 계속 오르기만 한다. 그러자 갑자기, 이전에는 콧방귀를 뀌고 고개를 젓던 사람들이 갑자기, 말없이 관망세로 돌아선다.

갈수록 비관론자들은 입을 다물고, 과거 '고평가되었다'던 종목의 지고한 가치는 자명해진다. 하지만 그들은 자신이 틀렸다는 사실 또는 자신이 보지 못한 것을 본 당신이 옳았다는 사실을 좀처럼 인정하려 들지 않는다. 마치 아마존이 전자상거래 부분을 지배하고, 테슬라가 자동차 산업을 혁신할 것임을 항상 알았던 것처럼 말이다.

웃기지 않는가? 한때 자기들이 심하게 폄하하고 거부하던 종목의 가치가 갑자기 명백해졌다니.

그래서 세 번째이자 마지막으로 쇼펜하우어의 말을 인용할 수밖에 없다. 이 이야기를 너무나 완벽하게 정리해 주기 때문이다.

"진실은 세 단계를 거친다. 처음에는 조롱당하고, 그다음에는 격렬한 저항에 부딪히며, 마지막으로는 자명한 사실로 받아들여진다."
—아르투어 쇼펜하우어

수익률을 최대한 높이는 방법은 규칙 파괴 기업을 사서 위 세 단계를 모두 거치는 동안 계속 들고 있는 것이다!

지금까지 말한 내용을 정리하자면 이렇다. 다음의 속성들을 지닌 종목을 찾아라.

- 주요 신흥 산업의 최강자이자 선두주자
- 지속가능한 경쟁우위
- 과거의 눈부신 상승
- 훌륭한 경영자와 똑똑한 후원자
- 강력한 상품 호소력

여기에 더하여 CNBC나 「월스트리트저널」에서 '고평가되었다'고 말한다?

그러면 필요한 모든 요소를 갖춘 것이다.

내가 출연했던 모든 방송 중 가장 좋았던 것은 콘수엘로 맥 Consuelo Mack이 진행하는 PBS의 「웰스트랙Wealthtrack」이다. 2016년 4월 27일 방송에서 그녀는 무조건 한 종목을 추천하라고 나를 다그쳤다.●

나는 '고평가되었다'는 이유로 기업을 하나 추천했다.

이후 그 종목은 좋은 결과를 냈다.

Hello World!

● 유튜브 영상으로 남아있다. tinyurl.com/2j2b397m

2부 마무리

지금까지 내가 규칙 파괴 기업을 찾는 데 활용하는 6가지 속성을 소개했다. 이 속성들의 전부, 또는 대부분에 해당하는 기업이 당신의 눈에 띄었다면 관심을 가져야 한다.

속성①: 주요 신흥 산업의 최강자이자 선두주자

속성②: 지속가능한 경쟁우위

속성③: 과거의 눈부신 상승

속성④: 훌륭한 경영자와 똑똑한 후원자

속성⑤: 강력한 상품 호소력

속성⑥: '고평가되었다'

투자에 있어서는 종목 선정이 가장 중요하다. 2부에서 다룬 내용이 그것이다.

하지만 종목 선정만으로는 100배짜리 홈런을 날릴 수 없다! 100배거는 하나가 아니라 2개의 범주에서 나온다. 좋은 습관, 즉 1부에서 다룬 6가지 습관도 잘 따라야만 100배거를 손에 넣을 수 있다.

이 2가지 범주는 함께 나아간다. 6가지 속성은 규칙 파괴 기업을 찾는 데 필요하고, 6가지 습관은 그것을 계속 보유하는 데 필요하다. 수학 기호로 표시하면 '습관＋속성'이 아니라 '습관×속성'이 되어야만 시장이 제공하는 모든 가치를 획득할 수 있다.

시장은 생각보다 많은 것을 우리에게 제공할 수 있다. 거기에는 수많은 100배거들이 있다. 나는 여러 개의 100배거를 찾아냈다. 그 중 하나에서 얻은 수익만 해도 경제적 자유를 뒷받침하거나 완전히 실현해 줄만한 것이다.

하지만 종목 추천과 수치를 넘어서 내가 자랑스러워하는 점은 '그것이 가능하다'는 사실을 증명했다는 것이다. 많은 투자서 저자들이 투자 성공에 대한 이론을 제시하는 책을 쓴다. 하지만 이론 너머에는 실천이 있다.

나는 그저 관중석에 앉아 지켜보고만 있지 않았다는 것을 기쁨이자 특혜로 여긴다. 나는 내내 경기장에 나가 있었고, 거의 30년 동안 매달 타석에 들어섰다 그리고 삼진도 많이 당했다.

나의 100배거 매수 리포트 ●

기업	종목코드	추천일	추천 당시 주가	2024.12.3 기준 주가	수익률	배거
인튜이티브서지컬	ISRG	2005.3.16	$4.91	$521.96	10,530%	106
메르카도리브레	MELI	2009.2.18	$14.13	$1,700.44	11,934%	120
테슬라	TSLA	2011.11.23	$2.10	$403.84	19,130%	192
부킹홀딩스	BKNG	2004.5.19	$23.71	$4,968.42	20,855%	209
넷플릭스	NFLX	2004.12.1	$1.85	$891.32	48,079%	481
엔비디아	NVDA	2005.4.15	$0.16	$134.29	82,795%	828
아마존	AMZN	1997.9.8	$0.16	$219.39	137,019%	1,371

내게 가장 중요한 점은 수많은 투자자들에게 위 목록을 제시하는 장면을 상상만이 아닌 현실로 만들었다는 것이다.

각각의 종목은 특별하다. 나의 추천일 이후로 주가는 계속 변했다. 일부 종목은 인기가 생겼다가 잃기를 반복했다.

또한 100배거에서 탈락하는 종목도 나왔다. 반면 쇼피파이, 세일즈포스, 치폴레처럼 100배거 근처까지 간 종목들도 있었다. 이들도 언젠가는 100배거의 반열에 오를 수 있을 것이다.

자꾸 '100배거 100배거' 하는데, 뭐 숫자 100에 내가 특별한 인연이 있는 것은 아니다.

사실 나는 1,371배거가 더 좋다.

● 나의 매수 리포트는 언제든 무료로 볼 수 있다. tinyurl.com/5n94b9f3

두 투자자 이야기

그녀는 그렇게 말했다.

"반가워요, 숫자를 중시하는 분. 저는 샐리예요. 썬빔 프로젝트에서 일해요. 여기는 어쩐 일로 오셨어요?"

그날 밤 이후, 해리의 머릿속에는 그녀와 나눈 대화가 계속 떠올랐다. 그녀가 한 말들이 잊혀지지 않았다.

두 사람은 전화번호를 교환했지만 아직 문자를 보내지는 않았다. 두 사람이 나눈 대화 중 특히 이 대화는 해리의 기억 속에 또렷하게 남아 있었고, 심지어 그를 사로잡았다.

해리는 그녀에게 "목표 모금액이 얼마예요? 수치를 달성할 수 있을까요?"라고 물었다.

샐리는 생각에 잠긴 듯 아련하게 말을 멈추더니 거북이 모양의

얼음 조각상을 바라보며 미소 지었다.

"그게 가장 중요하죠. 하지만 가끔은 그런 숫자가 없는 때도 있어요."

∾

다음 주.

제이크가 다시금 해리의 파티클 너머로 고개를 들이밀었다.

"시너테크SynerTech 상장주 들어갔어? 오늘 대박날 거야! 한마디만 할게, 잘 들어." 그는 해리를 끌어당기며 말했다. "바이오플라스틱!"

해리는 어깨를 으쓱했다. "맞아. 한번 살펴봐야겠네. 근데 제이크, 솔직히 난 잘 모르겠어. 지난주에 기금 모금 행사에 다녀온 후로 내 안에서 뭔가가 바뀐 것 같아. 그 여자 이름이 뭐였더라? 샐리라고 했던가?"

제이크는 히죽거리며 말했다. "그, 태양광 패널 회사에서 일하고 거북이 보호 운동한다던 여자? 그 여자하고 대화 한 번 했다고 재테크에 대한 생각이 날아간 거야?"

해리는 키득거리며 "이 말만 할게. 그날 이후로 다른 주식은 쳐다보지도 않았어"라고 말했다.

"다른 주식이 아니고, 다른 여자 아냐?"

"그 여자 말에 일리가 있어! 그 여자를 '거북이 등껍질'이라고 부른 게 후회돼. 거북이 보호 운동을 하고, 또 와비파커[*] 안경을 썼으니까 그렇게 불렀지. 그런데 자기는 와비파커 주식도 갖고 있대. '강력한 브랜드를 구축했고, 하나를 사면 하나를 더 주는 사회적 사명도 추구해요'라고 하면서 말이야. 그래서 확인해 보니까 당연히 엄청 고평가된 상태였어. 그래도 열광적인 팬들이 많아. 지난 4달 동안 40%나 올랐다니까!"

제이크는 농담조로 말했다. "엄청 고평가되었다고? 넌 테슬라도 '고평가되었다'고 말했잖아. 계속 상승하는 내내 그랬지. 내가 궁금한 건 '와비파커가 실제로 지속가능한 경쟁우위를 가졌는가' 하는 거야."

그때 해리의 휴대폰에 투자 관련 알림이 올라왔다. 몇 달 전에 그가 산 최악의 종목이 신저가를 기록했으니 당장 대응하라는 알림이었다. 알림 내용에 따르면 그것은 '흥분되는 신저가'였다.

게다가 15분 안에 물타기를 하면 온라인 아바타에게 입힐 수 있는 새 스킨을 해제하는 혜택까지 누릴 수 있었다. 사실 해리는 거의 모든 스킨을 수집한 상태였다. 새로 나온 스킨은 광대 복장이었다.

광대 이야기가 나왔으니 하는 말인데, 해리는 요즘 그 기업의 대표가 광대 같다고 생각하는 중이었다.

제이크는 해리의 어깨 너머로 차트를 보며 말했다. "주식은 말이야, 찌질한 기업들 말고 최강자를 찾아야 돼."

---

[*] 거북이 등껍질 패턴 안경으로 유명함-옮긴이

"맞아. 이 차트 보고 말하는 거지? 이 회사 대표가 찌질한 거 아닌가 싶어." 해리는 앱으로 문제의 종목에 대한 통계들을 살펴보다가, 자신의 투자 기준에 맞지 않는다는 사실을 깨달았다.

"기업 대표들을 평가하는 수치를 만들어야 해. 그러면 아마 마이너스도 나올 거야."

제이크는 "그래?"라며 해리의 말에 대해 생각하다가 완전히 즉흥적으로 이렇게 말했다. "아냐. 가끔은 가장 중요한 걸 말해주는 숫자가 없을 때도 있어."

한편, 샐리는 썬빔 솔라어레이 프로젝트에 관한 보고서와 청사진에 둘러싸여 있었다. 그녀의 친구이자 동료인 클라라_{Clara}가 미소를 지으며 사무실로 들어왔다.

"안녕. 오늘 유난히 기분 좋아 보이네. 무슨 일 있어? 마침내 양면 태양광 패널 승인을 받아낸 거야?"

샐리는 웃는 얼굴로 고개를 들었다. "아니. 그거 때문이 아냐. 지난주 기금 모금 행사에서 관심 가는 사람을 만났어."

"자세히 말해봐!"

"그 남자는 흔히 만나던 사람들하고는 달라. 단기 트레이딩과 빠른 수익만 노리지. 하지만 뭔가 흥미로운 구석이 있어서 문자를 보내볼까 해. 근데 조금 어색하기는 해. 뭐라고 문자를 보내지?"

클라라는 함박웃음을 지었다. "그냥 네 방식대로 보내. 기금 모금 행사에서 흥미를 느꼈던 걸 이야기하든가."

샐리는 고개를 끄덕이며 이렇게 문자를 입력했다.

"안녕하세요. 와비파커 주식이 잘나가고 있다는 당신 말을 곱씹어 보는 중이에요. 나한테는 항상 좋은 신호였거든요. 당신도 투자할 거예요? 같이 커피 마시면서 얘기해 보면 어때요?"

샐리는 발송 버튼을 누른 후 기다렸다. 심장 박동이 약간 빨라졌다.

거의 즉시 휴대폰이 울리면서 해리의 답장이 들어왔다.

"좋아요. 이번 주말 어때요?"

클라라는 샐리의 휴대폰을 들여다보며 말했다. "너 데이트하게 생겼네!"

샐리는 미소를 지으며 말했다. "그런 것 같아. 참 재미있어. 가끔은 다른 시각을 갖게 만드는 사람, 접근법을 재고하게 만드는 사람을 만나게 돼."

클라라는 고개를 끄덕였다. "그 남자 입장에서도 그런 것 같아. 어쩌면 두 사람이 단기적 흥분과 장기적, 뭐랄까? 비전의 균형점을 찾아낼지도 모르지." 클라라다운 재치 있는 말이었다.

그때 샐리의 휴대폰에 벨소리가 울렸다. 스크린을 흘긋 본 샐리의 표정이 굳어졌다.

클라라는 "왜 그래?"라고 물었다.

샐리는 눈살을 찌푸리며 말했다. "저번 프로젝트 투자자야. 급한 일 아니면 절대 전화 안 하는 사람인데." 그녀는 차분한 목소리로 전화를 받았다.

"여보세요."

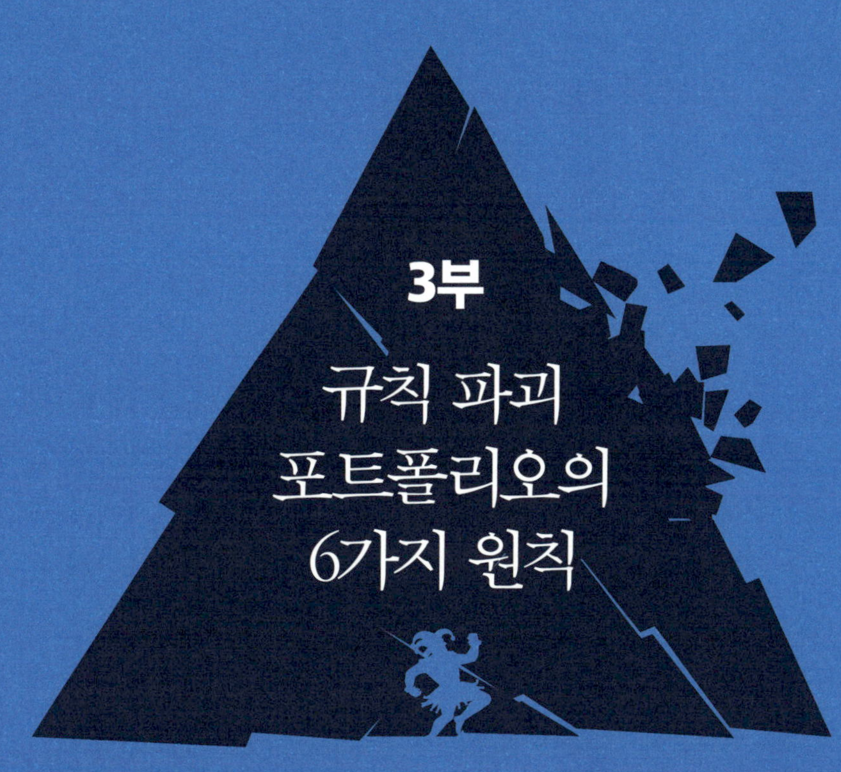

3부

규칙 파괴
포트폴리오의
6가지 원칙

3부 들어가며

주가가 터지면 투자자들은 환호한다. '터진다는 것'은 언제나 상승을 뜻했다. 보통은 어닝 서프라이즈나 대규모 계약, 규제 당국의 승인, 투자 의견 상향 이후에 급등이 나온다. 급등이라 하면 그래도 최소 +5% 수준의 상승인데, 좋아하지 않을 사람이 있을까?아마도 공매도자들?

하지만 주식시장에는 또 다른 종류의 급등이 있다. 나는 그것을 가리키는 단어를 만드는 데 일조했다. 반드시 필요한 단어였기 때문이다. 『웹스터Webster's 사전』에는 올라가지 않았지만 '어번 딕셔너리Urban Dictionary'에는 나온다. 또한 0장에서 살짝 맛보기로 언급하기도 했다.

물론 그냥 급등도 있다. 하지만 그다음에 '폭등spiffy-pop'도 있다.

가령 당신이 오래 전 어떤 종목을 60달러에 처음 매수했다고 치자. 이후 주가는 1,000달러까지 올랐다. 그러다가 어느 날 장이 열렸을 때 회사가 엄청나게 좋은 실적을 발표한다. 덕분에 주가는 70달러나 뛴7% 상승 1,070달러가 된다. 그러면 사람들은 '급등이 나왔다'고 말한다. 하지만 우리는 '폭등이 나왔다'고 말한다. 하루 만에 매수가60달러보다 더 큰 폭70달러으로 주가가 상승했기 때문이다.

많은 사람들에게 이는 상상하기 힘들거나 최소한 이룰 수 없는 일이다. 하지만 규칙 파괴자들에게는 일상적인 일이 된다. 투자는 그렇게 하는 것이다.

나는 그저 나의 조어 능력을 자랑하려고 '폭등Spiffy-Pop'이라는 말을 고안하지 않았다. 그것이 가능하다는 사실을 증명하려고 고안했다. 그리고 오랜 기간에 걸쳐, 말 그대로 수천 번도 넘게 그것을 증명했다.

앞서 '습관×속성'이 100배거를 만든다고 말했다.

하나 더 말할 것이 있다.

습관×속성은 당신만의 포트폴리오로 이어진다.

3부에서 초점을 맞출 부분은 '규칙 파괴 포트폴리오의 6가지 원칙'이다. 이 원칙들은 당신의 최선의 비전을 반영한 포트폴리오를 구축하고 관리하기 위한 지침이다.

무엇보다 이 지침들은 '실로 당신만의 것'으로 느껴지는 포트폴리오를 만들고 키우기 위한 체계와 자유를 부여한다.

13

당신의 최선의 비전을 반영한
포트폴리오

"요점은 리더가 되는 것이 아니라 자신이 되는 것이다. 자신의 모든 기술, 재능, 에너지를 온전히 활용하여 비전을 실현하는 것이다. 중략 요컨대 처음부터 되고자 했던 그 사람이 되어야 하며, 그 과정을 즐겨야 한다."

—워런 베니스『리더가 되는 일에 대하여』

워런 베니스는 리더십과 관련하여 좋은 책을 많이 썼다. 그중에서 내가 가장 좋아하는 책은『리더가 되는 일에 대하여』이다. 나는 그 책에 나오는 구절을 자주 인용한다. 모두에게 일독을 권한다.

글에서 알 수 있듯이 그의 조언은 '되어야 하는 사람'이 되는 데 초점을 맞춘다. 그는 리더의 가장 중요한 자질은 참됨, 진정한 자신이 되는 것, 자신의 기술과 재능 그리고 에너지를 온전히 활용하는 것이라고 주장한다.

이는 당신의 포트폴리오를 만들 때도 적용된다!

당신 자신을 관리하고1부, 종목을 선정한2부 그 결과물, 즉 포트폴리오는 실제로 '당신의 비전을 실현하는 것'이어야 한다. 주식 중개인의 비전이나 그냥 모든 종목을 매수하는 인덱스펀드의 비전이 아니라 '나의 비전'이어야 한다.

이것이 규칙 파괴 포트폴리오의 가장 중요한 원칙이다.

원칙 ①: 당신의 최선의 비전을 반영한 포트폴리오

다만 이야기가 조금 앞서갔다. 우선 3부가 어떻게 구성되었는지 먼저 설명하도록 하겠다. 3부에서는 '규칙 파괴 포트폴리오의 6가지 원칙'을 알려줄 것이다.

포트폴리오를 관리하는 지침이 될 이 원칙들은 대단히 높은 가치를 지닌다. 특히 포트폴리오를 운영하는 방법에 대해 의미 있는 가르침이나 조언을 받은 적이 없는 많은 사람들에게는 더욱 그렇다.

머리말에서 말한 대로 내가 오랫동안 팟캐스트를 운영하면서 가장 자주 받은 질문은 '포트폴리오를 구성하는 종목의 수는 몇 개가 적절한가요?'였다. 일단 답을 하자면, 이는 잘못된 질문이다. 하나의 적절한 숫자는 없다.

나는 사람들이 더 나은 질문을 던지고 그 답을 구할 수 있도록 돕기 위해 오랜 기간에 걸쳐 6가지 원칙을 개발했다. 3부에서는 이 것들을 차례대로 소개할 것이다.

여기서 미리 말해둘 점이 2개 더 있다.

첫째, '습관'과 '속성'처럼 '원칙'도 딱 6개이다. 나는 그만큼 6이라는 숫자를 좋아한다!

여기 수록된 6가지 습관이나 6가지 속성 또는 6가지 원칙이 당신이 알아야 할 모든 것을 포괄한다거나 빈틈없이 완벽한 것은 아니다. 그러나 각 범주의 6가지 항목들은 탄탄한 기틀을 제공하면서도 잊어버릴 정도로 너무 많은 수는 아니다.

당신이 길러야 할 다른 습관, 분석할 때 살펴야 할 다른 속성, 그리고 포트폴리오 관리에 관해 알아야 할 다른 원칙이 분명히 존재한다. 6가지 항목으로 모든 사람의 포트폴리오 문제를 해결할 수는 없다.

빈틈은 당신 자신의 통찰과 경험으로 메워야 한다. 이 책은 당신이 활용할 수 있는 토대를 제공할 뿐이다.

둘째, 3부의 6가지 원칙은 3개씩 2부문으로 나누어진다. 한 부문은 '포트폴리오 구축_{원칙①~③}'이고, 다른 한 부문은 '포트폴리오 관리_{원칙④~⑥}'이다.

은퇴할 때 또는 생을 마감할 때 포트폴리오를 처분하거나 정리하는 방법은 이 책의 초점이 아니라는 점도 일러둔다. 그 문제는 가끔 언급하긴 하겠지만 그냥 잡담 정도로 들어도 무방하다.

3부의 주된 초점은 당신의 역동적인 성장 지향 포트폴리오를 구축하고 관리하는 방법이다.

그러면 시작해 보자.

'당신의'

원칙①과 관련해서는 어절 별로 분석을 해볼 것이다. 모든 단어가 중요하기 때문이다. 그러면 '당신의' 부분부터 살펴보자.

당신의 포트폴리오는 워런 베니스가 말한 대로 '당신의 비전을 실현하기 위해' 존재한다. 포트폴리오를 진정 당신의 것으로 만들어야 성공 가능성을 가장 크게 높일 수 있다.

당연한 말처럼 들리는가? 막상 실전에서는 많은 사람들이 그렇게 하지 못한다. 그들은 투자 전략뿐 아니라 투자 종목을 선택하는 일까지 다른 사람에게 맡긴다.

나는 리사 링에게 물었던 것을 당신에게도 묻고 싶다. 우리는 그녀에게 이렇게 물었다. "냉장고를 열었을 때 당신을 미소 짓게 만드는 건 뭔가요?"

당신의 포트폴리오를 전반적으로 훑어보라. 거기에는 인류를 더 나은 방향으로 이끌 것이라고 믿는 기업들, 그 이름만 봐도 미소가 지어지는 기업들의 주식이 있어야 한다.

‘당신의 포트폴리오’와 ‘다른 사람의 포트폴리오’ 소유 여부에 관계 없이 당신은 둘 중 무엇에 더 헌신하게 되고, 거기서 교훈을 얻고, 그 결실에 기뻐할 수 있을까? ‘당신의 최선의 비전을 반영한 포트폴리오’를 만들어야 한다. 그러면 배움, 즐거움, 충족감, 수익, 모든 측면에서 더 나은 결과를 얻을 것이다.

‘포트폴리오’

이번에 살필 단어는 3부의 핵심 주제이다. 그러면 포트폴리오 구축과 관련된 구체적인 지침을 몇 가지 제시하도록 하겠다.

- 처음부터 20개 이상의 종목에 동일한 비중을 두어야 한다: 이는 ‘신규 포지션에 최대 5%의 비중만 할애하라’는 습관⑤와 일맥상통한다!15장에서도 자세히 살펴볼 것이다 그 목적은 포트폴리오의 기반을 폭넓게 잡고 출발하도록 만드는 데 있다. 어떠한 단일 종목이 투자 결과나 투자 심리에 과도한 영향을 미치게 해서는 안 된다.
- 포트폴리오를 전반적으로 훑어보고 자신감을 느낄 수 있어야 한다: 당신은 해당 기업들이 어떤 일을 하는지 알아야 하고, 그들의 미래에 대해 당신만의 의도와 기대를 가져야 하며, 그들이 성공하면 모두의 미래가 더 나아질 것이라고 믿어야 한다.
- 다양한 산업에 속한 서로 다른 규모의 기업들소기업, 중기업, 대기업로 구

성되어야 한다: 그래야 단일 업종에 과도한 투자를 피할 수 있고 특정 추세에 과도한 영향을 받지 않을 수 있다.

- 모든 종목은 투자 대상으로서 최소한 3년은 보유해야 한다: 이 문제는 앞서 다루었다. 당신은 포트폴리오의 관점에서도 이런 자세를 견지해야 한다. 다만 한두 종목에 가볍게 베팅해 보고 싶다면 3년 안쪽으로 시도해봐도 된다. 해보라. 허락한다. 누구에게 내가 허락했다고 말하지만 마라. 그런 종목들은 나의 규칙이 타당함을 증명하는 예외가 되어줄 것이다.

- 배당이 들어오면 수익이 정말 필요치 않은 한 재투자하라: 배당으로 더 많은 주식을 사면 장기적으로 복리효과를 누릴 수 있다. 이는 '돈 나무'를 심는 것과 같다. 재투자된 배당금은 주식 나무의 씨앗이다. 뒤이어 늘어난 주식은 더 많은 배당금을 낳는다. 장기적으로 포트폴리오는 돈 나무가 우거진 숲이 될 것이다!

위에서 빠진 부분을 간략히 짚고 넘어가겠다.

우리는 위대한 기업이 있는 곳이면 어디든 간다. 맞다. 거기는 대개 미국이지만 세계 곳곳에 위대한 기업들이 있다.

그러나 나는 굳이 '지리적 분산 투자여러 국가의 자산시장에 투자하는 것'를 권하지는 않는다. 나는 어디서든 주식을 고를 수 있다고 생각한다. 하지만 당신의 관심과 전문성을 벗어난 영역의 종목까지 포트폴리오에 밀어넣는 '강제 행군' 정책에는 반대한다.

누가 '신흥시장 비중을 늘려야 한다'거나, '업종별로 최소 비중을 배분해야 한다'고 해서 핫도그 매점에 5% 배분 기타 지역이나 기타 업종에 투자할 필요는 없다.

나는 또한 리밸런싱 rebalancing 도 강조하지 않는다. 이 문제는 16장에서 자세히 다룰 것이다.

예전에는 이것보다 구체적인 부분 가령 증권 계좌를 여는 법에 대한 조언도 해주었다. 그때는 지금보다 모든 게 더 복잡했다.

하지만 지금은 로빈후드 Robinhood 같은 스마트폰 앱을 쓰든, 거주지에 있는 슈왑 Charles Schwab 지점을 가든 그 어느 때보다 쉽고 저렴하게 증권 계좌를 열 수 있다. 주식을 매매할 때 수수료도 매우 낮거나 아예 없다.

또한 1주를 사기 위해 돈을 모을 필요 없이 일부만 사는 것도 가능해졌다 단주 거래. 현재 S&P500 종목 중 34개의 주가가 주당 500달러를 넘는다. 단주 거래는 당신이 이런 고가의 주식을 원하는 만큼만 매수할 수 있도록 해준다.

포트폴리오를 꾸리는 방법은 간단하다. 그리고 아주 많은 보상을 안겨준다.

'최선의'

나는 2021년 1월에 나의 팟캐스트에서 원칙①을 처음 제시했다.

그때 친구이자 유명 투자자이며, 일부 독자는 이미 알고 있을 공인 그의 이름은 일부러 뺐다으로부터 다정한 쪽지를 받았다.

그는 '당신의 최선의 비전을 반영한 포트폴리오'라는 나의 말을 듣고 나서 자신의 투자관이 바뀌었다고 말했다. 그의 말에 따르면 그의 펀드 관리 방식과 대외적으로 조언하는 내용도 변화했다고 한다. 그는 자세한 내용을 말하지는 않았다. 다만 '모든 것이 연결되어 있다'는 생각이 그에게 강한 인상을 준 듯했다.

당신은 규칙 파괴자로서 당신이 존중하는 기업들에게 투자한다. 시간이 지나면서 당신이 선택한 방식대로 그 기업들은 번성하고, 세상도 같이 번성한다. 안타깝게도 모든 기업이 번성하지는 않는다다수는 실패할 것이다!. 하지만 최고의 기업은 강력한 성장을 이어갈 것이다.

이처럼 당신의 자본은 보이지 않는 방식으로 세상을 바꾼다.

소비자의 경우도 마찬가지이다. 소비자는 특정 기업이나 브랜드에 돈을 씀으로써 매일 조금씩 세상을 바꾼다. 하지만 당신이 투자한 돈이 소비자가 쓰는 돈보다 더 강한 영향력을 미친다. 당신이 규칙 파괴자라면 평생 투자하는 돈이 소비하는 돈보다 훨씬 많을 것이기 때문이다.

당신이 생각하는 '최선'은 투자를 통해 세상에서 실현될 것이다. 모든 것은 연결되어 있다.

우리 모두는 다른 시각, 다른 희망을 갖고 있다.

따라서 한 사람이 소비자나 투자자로서 하는 선택은 다른 사람의 선택과 다르다. 때로는 비싼 재생 에너지와 저렴한 화석연료 사이의 선택처럼 그 차이가 극명하게 갈린다.

이 책의 독자들 중 일부는 내가 아는 사람일 것이다. 하지만 대다수는 결코 만나는 일이 없을 것이다. 그래서 나는 당신이 꿈꾸는 '최선'이 무엇인지 모른다!

당신의 포트폴리오에 어떤 종목을 넣으라고 내가 지시하지 않는 이유가 거기에 있다. 내가 말하고자 하는 바는 당신의 포트폴리오에는 '당신이 꿈꾸는 최선'이 반영되어 있어야 한다는 것이다.

당신이 배우자나 손주, 주식 중개인, 또는 투자 동호회 회원들에게 포트폴리오 내역을 보여준다고 가정하자.

당신의 지인들이 당신의 포트폴리오에서

당신의 비전을 볼 수 있어야 한다.

당신의 책장에 꽂힌 책들은 당신이 무엇에 열정과 관심을 기울이는지를 방문객들에게 알려준다. 당신의 포트폴리오도 그래야 한다. 그것이 규칙 파괴 투자의 핵심이다.

우리의 주식시장에는 심지어 '반자본주의자들에게 아주 좋은 주식'도 있다.

나는 2015년에 구식 사업모델로부터 벗어나는 데 어려움을 겪는 언론사에 관심을 갖게 되었다. 그 기업은 평판 높은 브랜드와 엄격한 팩트체크 정신을 갖고 있었지만, 좀처럼 인터넷에서는 자리를 잡지 못하고 있었다. 내가 보기에 그들은 자본주의, 심지어 의식 있는 자본주의에 대해서도 편향적인 태도를 가진 것 같았다.

그럼에도 내 머릿속의 '최선'은 그들이 가짜 뉴스의 시대를 넘어서서 성공적인 디지털 구독 모델로 진화하는 세상을 꿈꿨다. 그래서 그해 12월에 주가가 12.35달러일 때 '스톡 어드바이저' 코너에서 그 기업을 추천했다.

이 글을 쓰는 현재 '뉴욕타임스컴퍼니TheNewYorkTimesCompany'의 주가는 그로부터 300% 이상 상승하여 52달러를 넘어섰다같은 기간 S&P500은 200% 상승했다. 뉴욕타임스컴퍼니는 변화를 이루어냈고, 주가는 4배로 뛰었다.

아마 이 글을 읽는 사람들 중 일부는 뉴욕타임스컴퍼니를 포트폴리오에 넣고 싶지 않을 것이다. 그런 사람들에게는 이렇게 말하겠다.

'「뉴욕타임스」또는 「폭스 뉴스」나 다른 언론사가 싫다면 그들의 주식을 사지 마세요!'

'비전을'

1982년에 해리슨 포드Harrison Ford와 룻거 하우어Rutger Hauer가

주연으로 나온 기념비적인 영화 「블레이드 러너Blade Runner」는 디스토피아적 미래에 대한 암울한 시각을 담아냈다.

SF 작가들은 항상 어둡고 디스토피아적인 시각으로 미래를 바라보는 경향이 있다. 거기에는 논리적 이유가 있다. 미래가 그저 장밋빛이기만 하다면 어디서 드라마를 만들어낼 것인가?

그리고 '할리우드가 미래를 부정적으로 묘사하는 것은 실제 사회에서 최악의 결과를 예방하는 데 도움이 된다'는 주장도 있다. 이런 관점에서 보면 미래에 대한 불안을 조장하는 것은 곧 미래에 대비하는 것이다. 나는 거기에 어느 정도 동의한다.

하지만 마음 한편에선 이런 부정적 시각이 솔직히 조금 식상하기도 하다. 「핸드메이즈 테일The Handmaid's Tale」, 「웨스트월드Westworld」, 「블랙 미러Black Mirror」를 비롯한 작품들에서 그런 분위기를 느낄 수 있다.

어쩌면 우리는 정말로 「블레이드 러너」 같은 미래를 기대하고 있는 것인지도 모른다. 어쩌면 우리는 그렇게 네온사인이 켜져 있고, 거리는 비에 젖어 있고, 음산한 플라잉카들이 날아다니고, 불길한 사람들이 눈길을 피해 어둠 속에 도사리고 있는 시대를 향해 가고 싶은지도 모른다.

하지만 우리는 이미 미래를 살고 있다. 당신이 알고 있을지 모르겠지만 「블레이드 러너」의 배경은 2019년의 로스앤젤레스였다. 나는 디스토피아를 좋아하는 비관적인 친구들에게 이 사실을 즐겨 알려주곤 한다.

실제 2019년의 로스앤젤레스 선셋 대로Sunset Boulevard 주민들은 인조인간과 플라잉카가 아니라 아보카도 토스트와 셀카봉에 더 관심이 많았다. 결국 디스토피아는 브런치에게 밀려난 셈이다.

내가 매트 리들리Matt Ridley의 책『이성적 낙관주의자The Rational Optimist』에서 얻은 교훈 중 하나는, 사람들은 수세기 동안 모든 세대에 걸쳐 종말론적이고 비관적인 생각을 품어왔지만, 한 번도 실현되지 않았다는 것이다.

수십 년 전, 마침내 1984년이 되었을 때에도 사람들은 같은 교훈을 얻었다. 세상은 조지 오웰George Orwell이 예견한 것과 달랐다.

인류에게 중요한 대부분의 척도에서, 세상은 지난 수십 년 동안 계속해서 더 나아졌다. 빈곤율, 아동사망률, 문맹률, 전염병, 영양실조는 크게 줄어들었다. 반면 기대수명, 교육률, 기술 접근성은 향상되었다.

더 많은 증거가 필요한가? 주식시장의 장기 변동을 보라. 재난이 닥칠 거라는 예측이그리고 실제 재난이 엄청나게 많았음에도 꾸준히 우상향했다.

「블레이드 러너」가 그리는 미래는 언제나 지평선 너머에 있었다.

시간이 지나자 또 어떤 영화가 나왔을까? 「블레이드 러너 2049」2017년 개봉가 나왔다. 암울한 미래가 반세기 뒤로 또 밀려난 것이다. 지금은 아마존 스튜디오가 이미 「블레이드 러너 2099」를 준비하고 있다.

내가 위와 같은 담론을 얘기하는 이유는 원칙①에 '비전'이라는 단어가 포함되어 있기 때문이다.

비전이란 '당신이 바라보는 미래'를 의미한다. 비전은 당신의 포트폴리오에서 가장 중요하다. 다른 모든 것은 이미 일어났다. 앞으로 일어날 일이 당신의 수익률을 결정한다.

규칙 파괴 투자의 수익률을 극대화하기 위해서는 2가지 조건이 필수적이다.

첫째, 카누나 쪽배가 아니라 돛단배를 타야 한다 기억나는가?. 즉, 포트폴리오에 넣은 종목들이 향후 10여 년 동안 번성할 수 있는 위치에 있어야 한다. 좋은 포트폴리오는 백미러가 아니라 유리창을 통해 앞을 보면서 관리할 수 있는 포트폴리오다.

둘째, 미래에 대한 '긍정적인 비전'을 품어야 한다. 당신 자신만의 미래가 아닌 우리 모두의 미래를 생각하라. 그렇게 해서 시야를 넓히는 것이 투자에도 도움이 된다.

미래에 대한 긍정적인 비전은 암울한 전망으로 불안을 조장하는 우리의 문화와 상충한다. 그래서 효력이 발휘되는 것이다. 규칙 파괴 투자가 성공하는 이유 중 하나는 통념을 거스르기 때문이다.

미래에 대한 긍정적 시각을 반영하는 포트폴리오를 만들어라. 그러면 다른 사람들의 '게임 오버식 사고방식'을 따르는 것보다 더 정확하고 수익성이 좋을 것이다.

특히 당신이 가진 특유의 낙관적 시각이 옳을 경우, 돈을 몇 배로 불릴 수 있다.

이런 성공은 지난 수백 년 동안 낙관적 태도로 성공한 투자자와 기업인들이 걸어간 길과 동일하다. 이 시기 내내 전쟁과 대학살, 금융위기, 공공 범죄 같은 수많은 끔찍한 일들이 일어났다.

현실을 미화할 의도는 없다. 그러나 당신이 앞으로 이러한 비극들을 줄일 수 있는 비전을 당신의 포트폴리오에 반영한다면 당신의 투자수익률은 더욱 높아질 것이다.

나는 미래에 대한 시각에 있어서는 『바람과 함께 사라지다Gone With the Wind』파에 속한다. 스칼렛 오하라Scarlett O'Hara 처럼 '내일은 내일의 해가 뜬다'고 믿는다. 아니, 그녀보다 더 긍정적으로 미래를 내다본다. '내일은 더 나은 날이 될 것'이라고 믿는다.

오늘날의 밸류에이션 분석과는 상충되는 관점이라 할 수 있다.

규칙 파괴자들 또한 가격이 잘못 책정된 주식을 사들인다. 물론 가격이 잘못 책정되었다는 것은 '심하게 저평가되었다'는 뜻이다. 그렇지 않다면 우리가 어떻게 10년 내지 20년 만에 10배, 50배, 100배 홈런을 날릴 수 있겠는가?

또 다시 스포츠로 비유하자면, 규칙 파괴 투자는 환상적인 원투 펀치를 갖고 있다. 첫째, 다른 사람들은 우리가 사는 종목이 '고평가되었다'고 생각한다속성⑥. 이것이 레프트 잽이다.

그다음으로 라이트 훅에 힘을 실어주는 것은 사회가 잘못된 방향으로 나아가고 있고, 사방에 위협이 존재하고, 경제가 무너질 것이며, 시장이 다시 폭락할 것이라는 집단적 인식이다.

이런 인식에는 약간의 진실이 담겨 있기도 하다. 당신이 직접 그런 무서운 일을 겪었을 가능성도 있다. 문제는 그것이 모두 공포에 기반하고, 저절로 강화되며, 최종적인 것처럼 들린다는 것이다. 우리는 모두 끝장났으니 포트폴리오 따위는 잊으라는 듯이.

"종말론적 사고에는 매혹적인 요소가 있다. 만약 우리가 최후의 날들을 살고 있다면 우리의 행동과 삶 자체가 역사적 의미를 띠게 되며, 그래서 적지 않은 비장미가 더해지기 때문이다."

—에릭 젠시 Eric Zencey

윌리엄 깁슨William Gibson은 "미래는 이미 당도해 있다. 다만 고르게 퍼져 있지 않을 뿐"이라고 말한 바 있다. 부족한 오늘날의 우리 사회를 당신이 경험한 미래로 이끌려면 무엇이 필요한가? 그것이 당신의 비전이다.

나는 2013년부터 테슬라 전기차를 타고 내 고향 워싱턴DC를 돌아다녔다. 내 차 번호판에는 나의 포트폴리오뿐만 아니라 나의 마음까지 두고 오고 싶은 곳의 지역명이 적혀 있다. 그곳의 이름은 '미래FUTURE'이다혹시 보거든 경적을 울려라.

테슬라를 몰고 오래된 차, 주유소, 낡은 인프라, 때로 스모그가 낀 공기로 가득한 미국의 수도를 돌아다니다 보면, 마치 내가 미래에서 온 기분이 든다. 이는 우리가 투자자로서 좋은 직감을 발휘할 때 느껴지는 기분이다.

나는 테슬라 차를 몰 뿐만 아니라 테슬라 주식도 갖고 있다. 2011년부터 너무나 심하게 망가져가던 세상에서 테슬라 주가가 100배 넘게 올랐다는 사실은 '나의 비전이 옳았다는 것'을 확실하게 증명한다. 특히 테슬라 주가가 '고평가되었다'는 시각이 만연하고, 공매도가 엄청나게 이루어졌다는 사실을 감안하면 더욱 그렇다.

여러 개의 미래

'미래'에 대해 이야기할 것이 하나 더 있다. 가장 강하고 엄격한 규칙 파괴자의 투자 포트폴리오에는 다양한 가능성의 미래들을 상정한 종목들이 포진해 있다.

모틀리풀의 최고투자책임자인 앤디 크로스Andy Cross는 내 친구이기도 하다. 그는 우리의 규칙 파괴 투자가 워런 버핏의 투자 스타일과 어떻게 다른지에 대해 얘기한 적이 있다. 때는 1990년대 말이었다. 앤디는 그 차이를 아주 명확한 언어로 알려주었다. 그의 말은 내가 규칙 파괴 투자를 정의하는 데 큰 도움이 되었다.

그는 이렇게 말했다. "버핏은 투자 대상 기업에게서 하나의 확실한 미래만 찾아. 하지만 너는 복수의 미래를 가진 기업을 좋아하지." 미래는 갈림길과 같다. 모든 기업은 갈림길에 서서 복수의 경로를 두고 고민한다. 그중 어떤 것이 실제 미래로 이어질지는 모른다.

앤디의 말에 따르면 버핏은 기본적으로 하나의 경로, 하나의 선택지만 있는 기업을 좋아한다. 가이코Geico의 보험업이나 시즈캔디See'sCandies의 초콜릿처럼 '영원한 사업'을 하는 기업 말이다. 실제로 가이코나 시즈캔디 같은 기업은 단순한 경로를 따른다.

뉴욕 양키스의 영구결번 포수 요기 베라Yogi Berra는 "갈림길에 이르면 가던 방향으로 가라"라는 위트 넘치는 말을 한 것으로 유명하다. 이런 기업들에게는 그 말이 완벽하게 들어맞는다! 그들은 사업 방향을 바꾸지 않으며, 그럴 필요나 의욕도 없다. 많은 투자자는 한 길로 계속 가는 에너자이저 토끼 같은 기업을 좋아한다.

2011년 「블룸버그」에 실린 기사는 이에 대한 전형적이면서도 인상적인 사례이다. "버핏이 애플 및 전자기기 제조사를 기피하는 입장을 고수하다"•라는 제목의 이 기사는 다음과 같이 시작된다.

* 워런 버핏은 애플 같은 전자기기 제조사를 기피하는 입장을 계속 유지할 것이라고 말했다. 그 이유는 그들의 사업 전망이 코카콜라 같은 기업보다 예측하기 어렵기 때문이다.

「버크셔 해서웨이」의 억만장자 의장은 오늘 한국 대구에서, 전자기기 제조사에 대해 "이전에도 그런 기업의 주식을 거의 보유하지 않았고 앞으로도 그럴 겁니다"라고 말했다. 뒤이어 그는 이렇게 말했다. 애틀랜타에 본사가 있는 코카콜라는 "5년 내지 10년

● Jun Yang, "Buffett to Extend Aversion Toward Apple, Electronics Makers", Bloomberg, 2011.3.21.

후에 어떤 재정 상태일지 결론을 내리기가 아주 쉽습니다. 반면 애플 같은 기업은 결론을 내리는 게 쉽지 않습니다."

하지만 나는 10장에서 '더 많은 선택지를 열어주는 선택지를 골라라'는 금언을 제시했다. 이는 위 성향과는 정반대이다. 즉, 나는 규칙 파괴 기업과 그들의 가능성 그리고 그에 따른 혁신과 혼란_{예측 불가능성}을 선호하며, 미지의 불확실성을 수용한다.

나는 2008년 1월 18일에 '스톡 어드바이저' 코너에서 진정한 규칙 파괴 기업으로 애플을 처음 선정했다_{네네, 지금도 보유하고 있다}. 하지만 그때도 조금 늦었을지 모른다고 느꼈다! 애플이 전년도에 아이폰을 출시했을 시점이었다.

당시 나는 개인용 컴퓨터를 윈도우 PC에서 Mac으로 바꾸고 있었다. 언제나 우리 집의 혁신가였던 십대 딸, 케이트_{Kate}가 우리 가족 중에서 처음으로 맥북을 샀다. 그때까지 30년 동안 윈도우 PC를 쓰던 나는 딸의 개인 서비스센터 직원으로서 애플 제품 사용법을 공부해야 했다!_{부모라면 이 이야기에 공감할 것이다}

당시 애플은 규칙 파괴 기업의 6가지 속성을 모두 갖추고 있었다. 그래서 '가보자!'라고 생각했다. 그리고 애플 주식은 쭉 갔다. 이 글을 쓰는 현재, 애플 주가는 51배나 뛰었다.

코카콜라를 고수하고 애플을 기피하겠다는 버핏의 2011년 발언은 그의 논리 및 투자 이력과 일맥상통한다. 물론 그의 방식은 멋지게 성공했다! 하지만 다른 방식도 있다. 이 방식은 때로 '오마하의 현인'과 상반된 논리와 선택에 기반한다.

위 기사가 나온 이래, 애플 주가는 21배나 뛰었다. 반면 코카콜라의 주가 상승폭은 2배에 그쳤다.

나를 비롯한 많은 모틀리풀 회원들은 그때부터 지금까지 여전히 애플 주식을 들고 있다. 재미있는 사실은 결국 버핏이 1,000억 달러 넘게 애플 주식을 사모았다는 것이다. 그가 생각을 바꾼 것인데, 덕분에 우리는 부자가 됐다.

일반적인 중소기업은 미래와 관련하여 3개에서 5개의 선택지를 갖는다. 반면 일반적인 대기업의 선택지는 2개나 3개에 불과하다. 당신은 반대로, 즉 규모가 클수록 더 많은 선택지가 생긴다고 생각했을지 모른다. 그렇지 않다. 항공모함 함장에게 물어보라.

그런데 규칙 파괴 기업은 다르다. 그들은 평균적으로 8개에서 20개의 선택지를 갖는다. 각각 다른 보상과 위험을 지니는 8개에서 20개의 갈림길을 갖는 셈이다.

게다가 그중 절반은 쉽게 또는 아예 예측할 수 없다! 아마도 '알파벳'이 가장 좋은 사례일 것이다. 알파벳은 수많은 계열사를 통해 AI부터 자율주행, 차세대 의료까지 수많은 분야를 동시에 개척한다. 구글의 엄청난 수익이 이 모든 활동의 자금줄 역할을 한다.

모든 산업에 걸쳐서 '누가 혁신가인지'에 초점을 맞춰서 살펴보라. 그러면 당대 최고의 기업 중 대다수는 '여러 개의 무한한 미래를 소유하고 있다'는 사실을 알게 될 것이다. 나는 미래에 관한 선택지가 하나뿐인 것보다 그 편을 더 선호한다앤디, 네 말이 맞아.

내가 가장 좋아하는 '미래에 관한 이야기'는 충분히 했다. 이제 포트폴리오 얘기로 다시 돌아가도록 하자.

헨릭의 티셔츠 테스트

포트폴리오에 반영할 당신의 '최선'을 찾고 싶을 때 사용할 수 있는 멋진 수단이 있다. 그것은 내 친구 헨릭이 만든 '티셔츠 테스트'이다.

독일에 사는 규칙 파괴자인 헨릭은 2022년에 내게 이런 편지를 보냈다.

* 데이비드, 투자의 라틴어 어원이 '옷을 입다'라는 뜻을 지닌다는 당신의 설명을 듣고 생각난 게 있어요. 나는 '투자하려는 기업의 로고가 크고 뚜렷하게 찍힌 티셔츠를 자랑스럽게 입고 다닐 수 있는지' 따져요. 이 테스트가 당신의 스냅 테스트에 좋은 보완 수단이 될 거예요.

어떤 기업은 세상을 더 나은 곳으로 만들고, 평등과 품위 같은 중요한 가치를 촉진하고, 의식 있는 자본주의를 지지하고, 장기적으로 시장수익률을 크게 앞질러요. 나는 그런 기업에 투자할 뿐 아니라 그 로고가 찍힌 티셔츠를 자랑스럽게 입고 다닐 겁니다.

반대로 나의 기준을 충족하지 못한다면 가령 해로운 남성성을 촉진하거나 이해관계자들을 부당하게 대한다면, 그런 기업에 투자하거나 그 로고가 새겨진 티셔츠를 입고 다니지 않을 겁니다.

나의 테스트에 대한 당신의 생각을 듣고 싶어요 좋은 이름도 붙여줘요.

헨릭

헨릭이 해냈다! 그는 투자의 어원 '인베스티레'와 스냅 테스트에서 영감을 얻어 최고의 해결책을 고안했다.

투자한 기업의 로고가 찍힌 티셔츠를
자랑스럽게 입고 다닐 수 있는가?

한 달 동안 매일 입어도 아무렇지 않아야 이상적이다. 오히려 재미있어야 한다. '당신의 비전을 드러내는 일'은 그 기조를 오랜 기간 유지할수록, 그 비전이 성공했을 때 큰 보람을 느끼게 해준다.

헨릭의 티셔츠 테스트 헨릭, 이게 내가 붙인 이름이에요! 는 재미있는 챌린지이든, 단지 투자에 도움이 되는 평가 수단이든 간에 규칙 파괴 포트폴리오 원칙 중 가장 중요한 원칙①을 명심하도록 해준다.

원칙①: 당신의 최선의 비전을 반영한 포트폴리오

14

목적을 알고
명시하라

포트폴리오를 구축하는 이유가 무엇인가? 기본적인 이유는 돈을 최대한 크게 불리는 것이다. 나 또한 마찬가지다.

하지만 항상 그런 것만은 아니다. 다음과 같은 이유도 있다.

- 손주들에게 평생 투자에 대한 애정을 심어주기 위해 대신 포트폴리오를 만든다.
- 꾸준하고 안정적인 수입을 얻는다.
- 친환경 기업에 투자하여 환경 보호를 돕는다.
- 암호화폐로 투기하는 재미?를 누린다.
- 자선 활동을 계속 이어가기 위한 유산을 만든다.

첫 번째 목적의 경우, 포트폴리오를 구성할 때 손주들이 이해하고 즐거워 할 종목을 우선적으로 골라야 한다. 자신이 좋아하는 브랜드의 일부를 보유할 수 있다는 사실을 가르치는 것이다. 어린 시절의 내게 이는 엄청난 발견이었다. 그것은 단순히 수익률을 극대화하는 일보다 더 중요하다.

두 번째 목적의 경우, 높은 상승률을 보이는 종목과 꾸준한 현금흐름을 내는 종목 사이에서 절충해야 한다.

이처럼 당신이 왜, 무엇을 위해 포트폴리오를 구축하는지를 처음부터 명확하게 해야 한다.

그것이 원칙②다.

원칙②: 목적을 알고 명시하라

나의 경우 포트폴리오의 목적은 어디까지나 전반적인 수익률 극대화에 있었다. 2005년 내가 모틀리풀 커뮤니티에 기고한 칼럼 「가능한 최고의 수익률, 그것이 전부이다」는 이를 자세히 설명하고 있다.●

당신이 포트폴리오를 꾸리는 '목적'은 나와 다를 수 있고, 그에 따라 얼마만큼 돈을 벌어야겠다는 '목표'도 다를 수 있다. 우리는

● tinyurl.com/2w2r6mdv

목적과 목표, 둘을 구분할 필요가 있다.

대다수 사람들은 목적보다 목표를 더 중시한다. 목표는 빠르게 설정할 수 있다. 또한 '은퇴하는 데 필요한 최소 금액'처럼 측정 가능한 액수나 '60살까지 경제적 자유를 얻는다'처럼 정확한 기한을 지정할 수 있다.

그렇기에 목표는 달성하지 못할 수도 있다. 구체적으로는 소득 중심 포트폴리오의 경우, 변동성이 낮고 배당률이 3% 이상인 종목들로 구성한다는 목표를 세울 수 있다. 하지만 해당 종목들의 베타beta•가 실제로 낮을지는 장담할 수 없다. 이처럼 목표는 구체적으로 세울 수 있으나 달성하지 못할 수 있다. 목표는 확률과 예측의 영역에 속한다.

반대로 목적은 항상 딱 들어맞는 것은 아니다. 손주들이 투자에 대한 올바른 습관과 애정을 얻었다는 것을 확실하게 알려주는 정량화된 수치를 세울 수 있을까? 불가능할 것이다.

목적은 의지와 의도의 영역에 속한다. 내가 목적 및 목적 중심 포트폴리오 구성을 선호하는 이유가 거기에 있다. 목적의 달성은 내가 통제할 수 있다. 목적은 성취감으로 나를 이끈다.

목적을 정하는 일과 목표를 정하는 일이 상호 배타적인 것은 아니다. 목표는 목적을 이루는 과정에서 점수판이나 이정표로서 대

단히 효과적인 역할을 한다.

재무 설계 및 재테크 관련 글들은 대부분 목표 설정, 특히 포트폴리오의 목표 수치와 기한을 정하는 데에 중점을 둔다. 그래서 나는 목표를 정하는 것보다 목적을 정하는 것이 규칙 파괴자에 걸맞다고 생각하기도 한다.

나는 투자와 관련하여 정량화된 목표를 설정한 적이 거의 없다. 그런데도 내가 꿈꾸었던 모든 것보다 더 많은 성과를 이루었다. 그 부분적인 이유는 내가 목적을 추구했고, 꿈을 지침으로 삼았기 때문이다.

그러니 당신은 스스로 또는 다른 사람을 위해 포트폴리오를 꾸릴 때 목적을 깊이 고민하라. '그 포트폴리오는 무엇을, 누구를 위한 것인가?' 처음부터 목적을 분명히 정하면, 목표가 무엇이든 그리고 세상이 당신에게 무슨 짓을 하든 투자하기가 더 쉬워진다.

오디세이 혹은 불사조?

아마도 포트폴리오의 목적을 결정하는 데 있어 고려할 최대의 변수는 '앞으로 계속 들어올 돈이 있는지' 여부일 것이다.

이를 내 방식대로 표현하자면 '오디세이인가, 불사조인가?'가 된다. 이는 내가 과거 모틀리풀의 포트폴리오 서비스 '슈퍼노바 Supernova'를 관장할 때 포트폴리오에 붙인 명칭이다. '신사는 금발을 좋아하듯이'•, 문학 전공자는 신화를 좋아한다.

우선 오디세이와 불사조의 차이부터 짚고 넘어가자.

'오디세이형 포트폴리오'는 주로 직장에 다니는 젊은 사람들을 위한 것이다. 그들은 노력가, 모험가로서 아직 살아갈 날이 많다. 또한 계속 돈이 들어온다. 당신이 이런 경우에 속한다면 내가 지금까지 줄곧 말한 대로 항상 저축하고 투자해야 한다.

'롤러코스터를 타고 적립식 투자를 하라.' '가장 잘 맞는 주기에 따라 몇 주 또는 몇 달 동안 돈을 모은 다음 투자하라.' '이를 계속 반복하라.' 이 경우 당신의 목적은 경제적 자유_{조기 은퇴라고 부르기도 한다}일 것이다. 당신은 아직 거기까지 가지 못했으니 오디세이처럼 항해를 계속해야 한다.

또는 당신은 '불사조 포트폴리오' 유형일 수도 있다. 불사조는 전설에 나오는 새로, 생이 끝나면 불타오른 후 잿속에서 재탄생한다. 내가 보기에 이는 생의 후반기에 있는 투자자들, 은퇴한 지 얼마 되지 않은 투자자들에 대한 적절한 비유이다.

'은퇴'는 대개 새로 들어올 돈이 없다는 것을 뜻한다. 그러나 규칙 파괴 포트폴리오와 함께 그들은 아름답게 재탄생한다. 그리고 돈에 대한 그들의 접근법도 같이 바뀐다.

나의 동료인 짐 뮬러_{Jim Mueller}는 회원들에게 불사조 포트폴리오

• 마릴린 먼로(Marilyn Monroe)가 출연하는 영화 제목–옮긴이

를 제공하는 일을 한다. 이 포트폴리오의 방향성은 '규칙 파괴 기업에 한 번에 목돈을 넣어 생활비를 확보하는 것'이다. 이때 그는 천천히 매도할 것을 강조한다. 마치 빙하가 바닷물에 녹는 것처럼 정말로 천천히.

짐은 파네라브레드PaneraBread를 그렇게 천천히 매도하지 못한 것을 자신의 실수 사례로 꼽는다. 2014년에 파네라브레드는 비효율적인 운영과 낮은 고객 만족도라는 문제에 직면했다. 그들은 '파네라 2.0'을 선포했다. 그 일환으로 디지털 주문 서비스를 개시하고 음식 준비 방식을 개선하며 고객서비스를 강화했다.

하지만 짐은 이런 변화가 일어나던 초기에 보유 물량의 절반을 처분해 버렸다. 변화의 효과는 아직 실적에 반영되지 않았고, 주가와 투자 심리가 저조했기 때문이었다. 하지만 그로부터 1년도 채 되지 않아서 JAB홀딩컴퍼니JABHoldingCompany가 약 2배의 가치로 파네라브레드를 인수했다!

주식을 장기 보유하면 주기적으로 문제가 생긴다. 주기적으로 공매도자와 비판적인 언론이 들이닥치고, 주가가 하락한다. 이런 상황은 무서울 수 있다. 하지만 해당 기업의 경영진이 훌륭하다면속성 ④를 지켰다면 이미 문제를 파악하고 대처했을 것이다. 10장에서 소개한 AOL의 젊은 CEO, 스티브 케이스의 사례를 떠올려보라.

짐이 전하는 또 다른 조언이 있다. '대박 종목이 나오면 주저하지 말고 수익을 실현하라. 그 수익으로 다른 종목의 비중을 늘리든지,

생활비를 충당하라.' 물론 이는 습관①에 어긋난다. 하지만 '은퇴용 불사조 포트폴리오'라는 점에서 이는 맞는 말이 될 수 있다.

은퇴용 포트폴리오의 목적은 돈 걱정 없이 여생을 보내는 것이다. 그러나 이런 경우에도 먹고살기 위한 자본을 구할 수 있는 최고의 원천은 대박 종목이다. 그러니 규칙 파괴 기업에 투자하되, 장기적으로 대박 종목의 비중을 줄이는 것을 두려워하지 마라.

투자금의 10% 정도를 여윳돈으로 보유하고 있으면 주식을 급매해야 하는 스트레스를 받지 않을 수 있다. 주식시장이 침체에 빠졌을 때 일시적인 '세일 가격'에 최고의 종목을 파는 것보다, 단기적 고점에 조금씩 매도하여 여윳돈을 갖고 있는 편이 낫다.

이 책은 은퇴용 포트폴리오를 관리하는 방법을 알려주기 위한 책이 아니다. 다만 포트폴리오를 만드는 목적을 명확하게 알고 고수하는 것이 중요하다는 점을 강조하는 것이다. 그러면 투자와 세상을 바라보는 시각이 선명해질 것이다.

일반적으로 규칙 파괴 투자에는 불사조형보다 오디세이형이 맞다고 생각하기 쉽다. 나도 대체로 동의한다. 하지만 역사적으로 보면 꾸준히 매수만 하는 오디세이 포트폴리오든 분기마다 매도하는 불사조 포트폴리오든 둘 다 시장수익률을 크게 넘어섰다.

포트폴리오를 만드는 목적과 관련하여 마지막으로 할 말이 있다. 모든 투자자에게 인생주기가 있듯이, 모든 기업도 마찬가지이다. 이 두 주기는 서로 같이 가는 경우가 많다.

일반적으로 나이 많은 사람은 자신이 평생 알아온 오랜 기성 기업에 투자하는 것이 좋다. 반대로 젊은 사람은 새롭게 등장한 신흥 기업, 규칙 수립자를 무너트리려는 규칙 파괴자에게 투자하는 것이 좋다.

이는 상당히 개괄적인 내용이어서 예외가 많다는 사실을 인정한다. 다만 잭 스패로우 선장이 말한 해적의 규칙을 다시 상기하자면, '그냥 지침일 뿐'이다.

'그냥 지침일 뿐'이라는 말은 3부 전체의 내용에도 해당된다.

1부는 일부러 '지시'하는 형식으로 썼다. 사람들이 6가지 습관을 받아들이면 더 나은 수익률을 올릴 수 있다고 확신하기 때문이다.

2부는 '주장'하는 형식으로 썼다. 1990년대 중반 이후로 다양한 시장 여건 속에서 내가 꾸준히 100배짜리 홈런을 날릴 수 있게 해준 요인들이기 때문이다.

1부가 지시, 2부가 주장을 담고 있다면 3부는 '제안'을 담고 있다. 포트폴리오를 구축하고 관리할 때 고려해야 할 요소는 너무나 많다. 그래서 6가지 '원칙principle'이라는 이름을 붙이고, '원칙은 원칙일 뿐'이라는 접근법을 취하는 것이 최선으로 보였다.

이름

지금까지는 이 장의 제목에 나온 앞부분, 즉 '목적'에 대해서만 이야기했다. 이제 '명시'하는 일에 대해 이야기해 보자.

'오디세이'와 '불사조' 같은 이름은 일견 무의미해보이지만, 우리를 목적에 붙들어 두고 그것을 고수하는 데 도움을 준다. 목적을 명시해두지 않으면 우리는 목적을 잊고 헤맬 수 있다.

가령 주식시장이 활황이었던 해를 지나고 나면, 원래 의도와 다르게 과도한 투기를 시작할 수 있다. 반대로 끔찍한 하락장 후에는 아예 투자를 중단할 수도 있다. 맑은 눈과 정신으로 고른 종목들이 큰 실수였으며, 이제 끝장났다고 결론지으면서 말이다.

하지만 포트폴리오 이름을 '할아버지가 물려줄 가보'로 지으면 어리석거나 탐욕스러운 실수를 저지를 가능성이 크게 줄어든다! 또는 '샐리의 햇살 같은 주식들'로 지으면 투자를 포기할 가능성이 크게 줄어든다! 특히 이 이름을 친구나 가족에게 알려주고 공식화하면 더욱 그렇다.

이름은 우리가 시장 여건에 과잉반응하지 않고, 처음에 가졌던 합리적 사고로 돌아가게 해주는 북극성과 같다.

이름에는 무엇이 담겨 있을까? 셰익스피어의 『로미오와 줄리엣』에서 줄리엣은 "장미를 다른 이름으로 불러도 여전히 좋은 향기가 난다"고 말한다.

하지만 나는 이름이 그보다 강력한 힘을 지닌다고 믿는다. 실제로 그녀가 자신의 죽음을 가장하는 계획에 '부활 작전'이라는 구체적인 이름을 명시하고 수도승 외에 다른 믿을 만한 친구들에게도 알렸다면, 그녀와 로미오가 겪은 결말은 다르게 바뀌었을 것이다.

어쩌면 『로미오와 줄리엣』의 최대 비극은 이러한 조언을 전해줄 우리 회원들 같은 인물이 주변에 없었다는 것일지도 모른다!

그래서 나는 아래 원칙을 지키면 수많은 실수를 바로잡을 수 있을 것이라고 제안한다.

원칙②: 목적을 알고 명시하라

15

공정한 출발선에
세워라

나는 경마에 큰돈을 쓰면 안 된다고 생각한다. 그래도 나는 어머니를 닮아서 항상 경마를 좋아했다. 다만 동물 털 알레르기가 있어서 엄마처럼 말을 타지는 못했다.

그래도 기수의 유니폼 색깔, 더비 경기의 화려함, 경마장의 축제 같은 분위기, 경주마의 번호 참고로 번호가 낮을수록 트랙 안쪽에 배치되어 더 유리하다, 우승 확률, 개별적이면서도 연관성을 지닌 경주마와 기수라는 요소 등에서는 낭만적인 매력을 느낀다.

또한 '경주 시작'을 알리는 나팔소리는 내게 형언할 수 없는 즐거움을 준다.

모틀리풀은 1993년에 가내수공업으로 만들어져 친구나 가족에게 판매하는 투자 정보지로 출발했다. 실제로 도움이 되는지 알 수 없는 투자 정보지에 48달러나 되는 연 구독료를 내줄 사람은 그들밖에 없었다.

모틀리풀을 종이로 발행하기 시작한 지 1년 후에 인터넷이 생겼다. 우리는 곧 기존의 모틀리풀을 '구닥다리 인쇄판'이라 불렀다.

구닥다리 인쇄판은 경마를 디자인 테마로 삼았다. 선정된 각 종목은 경주마로 묘사되었고, 각 페이지에는 순종마대박 종목와 노새를 표현하는 만화와 낙서가 들어갔다. 또한 우리는 어떤 종목을 매도하는 걸 '경주에서 은퇴했다'고 표현했는데, 부실한 종목초반에는 그런 종목이 많았다을 처분한 후에는 '그 말은 아교 공장으로 갔다'는 어두운 농담을 던지기도 했다.•

투자와 경마는 비슷한 점이 많다. 우리는 승자와 패자에 대해 얘기하고, 성공 확률을 계산하고, 개별 종목을 색상 및 기호와 연계하고, 과거의 실적을 분석하고, 트랙시장의 여건을 고려하며, 결과를 기다린다.

물론 돈을 걸고 어떤 일이 생기는지 지켜보는 데서 얻는 강렬한 흥분도 있다! 사실 즉각적인 스릴을 안기는 측면에서는 경마가 훨씬 짜릿하다. 그리고 실패의 대가도 훨씬 작다.

그래서인지 원칙③을 설명하는 이 장에서는 나도 모르게 '처칠

• 과거에는 쓸모없어진 말을 아교의 재료로 쓰기도 했음-옮긴이

다운스Churchill Downs [*]의 분위기에 젖어들게 된다. 여러분도 그렇게 되기를 권한다.

밝은색 모자를 쓰고, 요란한 색상의 옛 넥타이를 꺼내라신사들이 넥타이를 매던 때를 기억하는가?. 그리고 민트 줄렙mint julep ^{**}을 한 모금 마셔라맛이 이상하다. 사람들은 왜 이런 걸 좋아하는 걸까?.

그렇게 권하는 이유는 포트폴리오를 구축하는 모든 투자자는 경마장에서 가치 있는 교훈을 얻을 수 있기 때문이다.

원칙③: 공정한 출발선에 세워라

승자의 자리

켄터키 더비가 시작되는 광경을 머릿속으로 그려보라. 대개 20개의 게이트에 20마리의 경주마가 나뉘어 들어가 있다. 최근 10년 동안에는 20마리가 출전한 횟수가 가장 많았으며, 가장 적었을 때는 코로나 사태 당시의 15마리였다.

나는 20마리가 기준인 것이 좋다. 신규 포지션의 비중을 최대 5%로 제한하는 습관⑤와 완벽하게 들어맞기 때문이다. 자고로 규칙이란 여러 맥락에서 딱 떨어지는 게 최고이다.

● 유명 경마 대회인 켄터키 더비가 열리는 경마장-옮긴이
●● 켄터키 더비에서 많이 마시는 칵테일-옮긴이

모든 경주마는 공정한 출발선에 선다. 이것이 세 번째이자 '포트폴리오 구축'과 관련된 마지막 원칙, 원칙③이다. 다음에 살펴볼 원칙④, ⑤, ⑥은 '포트폴리오의 유지 및 관리'에 관한 것이다.

새 포트폴리오를 시작하는 것은 경마 출발 신호가 울리기 직전과 같은 흥분을 안긴다. 당신은 여러 종목들을 안정시킨 다음당신 자신 포함, 나란히 게이트에 넣는다.

아마 그중에는 다른 말들보다 더 믿음이 가는 말들이 있을 것이다. 말들의 수가 20마리나 되기에 그들을 훑어보면서 좋아하는 말들과 크게 기대하기 힘든 말들을 구분 지을 수밖에 없다.

그래도 모든 말들은 우승 가능성을 지닌다. 경마를 오래 지켜본 사람들은 잘나가는 말이 부진한 성적을 내고, 갑자기 놀라운 성적을 내는 다크호스가 나타날 수도 있다는 사실을 잘 알 것이다. 당신의 포트폴리오가 켄터키 더비라면, 1973년 배당률 3대2짜리 우승을 기록한 새크리터리엇Secretariat이나 2022년 배당률 80대1짜리 우승을 기록한 리치 스트라이크Rich Strike 같은 말들이 속해있어야 한다.

당신은 모든 종목을 각각 공정한 출발선에 세운다. 이제 곧 경주의 시작을 알리는 뉴욕증권거래소의 벨이 울린다.

여기서 잠깐!

원칙①은 '당신의 최선의 비전을 반영한 포트폴리오'를 만들어야 한다는 내용이었다.

하지만 많은 사람들의 경우, 그 최선의 비전이 특정한 결과나 기술 또는 산업에 치우쳐 있다. 인간의 상상력과 지식은 자연스레 특정 분야에 초점을 맞춘다. 즉, 우리의 포트폴리오는 대부분 20개의 개별적 생각이나 20개의 다른 업종에 균등하게 나눠지지 않는다.

그래서 흔히 벨이 울리기 전에 좋아하는 종목의 비중을 늘리고 싶은 유혹이 생긴다.

그러지 마라!

나는 초기 포지션에 과도한 비중을 할애했을 때마다 거의 항상 실패했다. 특정 종목만 비중을 늘리고 싶은 본능의 근원에는 대개 우리가 가장 경계해야 할 대상인 '탐욕'이 있기 때문이다.

내가 한 최악의 투자는 한 스타트업에 트럭으로 돈을 쏟아부은 것이었다. 나는 사실 엔젤 투자 또는 초기 단계 투자를 몇 번 해봤다. 한번은 유망한 스타트업의 주식을 많이 보유하고 싶다는 생각에 개인적으로 약간 모아둔 벤처 투자 자금을 털어넣었다.

물론 사전 리서치는 충분히 했다. 그리고 투자 초기에는 상황이 아주 좋아 보였다. 그럼에도 불구하고 나는 그 스타트업에 투자할 금액을 5등분하여 다른 4개의 스타트업에 분산했어야 했다. 그렇게 하지 못한 것을 후회한다.

대니얼 핑크는 『후회의 재발견 The Power of Regret』에서 '후회한다는 사실을 인정하라'고 조언한다. '난 후회하지 않아 사실 후회함'라고 말하는 대신 과거를 돌아보고 후회스러운 일을 인식하고, 명확화하고, 공유해야 한다.

내가 후회하는 일 중 하나를 밝히자면, 가끔 초기 단계 벤처 기업에 과도한 비중을 할당했다는 것이다.

리치 스트라이크가 배당률 80대1로 우승하는 대박을 친 이유는 우승 가능성이 낮은 말이 정말 우승하는 경우가 아주 적었기 때문이다. 실제로는 리치 스트라이크 같은 말에 80번 돈을 걸어도 한 번도 못 이길 확률이 높다.

그러니 그런 기업에 너무 많이 베팅하지 마라!

이제 경주의 끝부분으로 빠르게 넘어가 보자. 최소 3년 후, 바람직하게는 30년 후다.

당신은 어느 말이 승자의 자리에 올랐는지 보고

놀랄 가능성이 아주 높다.

다른 모든 사람도 그럴 것이다. 어느 말이 그 자리에 오를지를 모두가 알았다면 놀랄 일도 없고, 큰돈을 딸 일도 없다.

아마 무엇이 대박을 낼지는 물론, 무엇이 쪽박을 낼지를 보고도 놀랄 것이다. 두 일이 다 일어날 수 있다.

인생에서 승자의 자리에 오른 대다수 사람들이 하나의 결과에 큰 베팅을 하지 않는 이유가 거기에 있다. 그들은 베팅을 분산한다 최소한 처음에는.

능력을 키워라

워런 버핏은 '능력 범위circle of competence'라는 개념을 널리 알렸다. 능력 범위는 당신 주위에 그려진 가상의 원과 같다. 그 안에는 당신이 알고, 사랑하고, 소중히 여기는 모든 것이 담겨 있다. 또한 그것은 당신이 잘하는 일의 범위이기도 하다.

당신의 돈 또한 그 원 안에 있어야 한다.

많은 사람들이 자신의 능력 범위 밖에서 상당한 돈을 베팅한다. 그것은 큰 실수이다. 왜 홈 어드밴티지를 포기하는가? 당신의 홈팀 유니폼 색상을 잊지 마라.

능력 범위는 당신의 소중한 돈과 시간을 어떻게 투자해야 할지 알려주는 등대가 되어준다. 그 돈과 시간이 얼마나 소중한지를 당신이 알고 있다면 말이다.

앞서 특정 포지션에 과도한 비중을 할당하는 일의 근원에는 '탐욕'이 있다고 말했다. 하지만 어떤 이들은 그다지 탐욕이 없는데도 불구하고 그러한 행동을 한다. 왜냐하면 그들에겐 별다른 좋은 투자 아이디어가 없기 때문이다. 그래서 그들은 소수의 종목만 매수하고, 그중 한두 개에 큰 희망과 큰돈을 건다.

물론 '노련한 집중 투자자'로서 의도적으로 그렇게 하는 사람도 있다. 그러나 그들은 극소수이다. 대다수의 경우 초보이거나 미숙하기 때문에 그렇게 한다. 20개 종목을 찾아내는 일은 그들에게는 너무 버거운 게 사실이다.

나는 개별 종목 투자를 사랑한다. 모든 투자자가 적어도 하나의 개별 종목은 보유해야 한다고 믿는다.

하지만 모틀리풀 서비스를 시작한 이래로 어느 정도는 인덱스펀드에 비중을 할당해야 한다고 강조하기도 했다. 그래야 한 종목에 과도한 비중을 할당하지 않고, 밤에 편히 잠을 잘 수 있기 때문이다. 이 문제는 다음 장에서 원칙④를 다룰 때 자세히 설명할 것이다.

인덱스펀드는 우리의 친구이며,

필요한 만큼 포트폴리오에서 큰 비중을 할당해도 된다.

'공정한 출발선'은 개별 종목 투자에만 적용되는 원칙이다. 폭넓게 분산된 펀드는 당신의 포트폴리오에 안정성을 제공하고 리스크를 줄여준다는 측면에서 원하는 만큼 보유해도 된다.

이는 아직 '당신의 최선의 비전'이 충분히 갖춰지지 못해서 투자할 종목이 너무 적을 때, 이를 보완하는 또 다른 방법이기도 하다.

우리의 능력 범위는 고정되어 있지 않다!

"지식의 섬이 커질수록 궁금증의 해안선이 길어진다"는 윌리엄

템플 대주교의 말을 기억하라. 어쩌면 이 말을 처음 한 사람은 미국의 라디오 진행자인 랠프 삭먼Ralph Sockman일지도 모른다. 그는 이렇게 말했다. "지식의 섬이 커질수록 '경이'의 해안선이 길어진다." 그래도 나는 대주교의 버전을 더 좋아한다.

우리는 더 많이 배울수록 모르는 게 얼마나 많은지 깨닫게 된다. 호기심은 우리를 앞으로 나아가게 만든다. 그것이 인류의 역사이다.

지적 호기심이 평생 당신의 삶을 이끌 뿐 아니라 당신의 포트폴리오까지 이끌기를 바란다. 그래서 당신에게 능력 범위를 넓히라고 촉구하는 것이다. 자신의 능력 범위를 계속 확장시키는 사람이 곧 승자다. 유전학, AI, 재생에너지, 사이버보안, 양자컴퓨팅 같은 최첨단 분야를 당신의 능력 범위에 포함하라.

나는 평생 바보Fool이자 제너럴리스트generalist였다. 나는 내가 생각할 수 있는 거의 모든 분야에 대해 나보다 더 많이 아는 이들을 안다. 그러나 나는 그 분야들에 대해 한 번도 투자를 주저한 적이 없다. 아이러니하게도 그 분야의 전문가들은 자기 분야에 투자하지 않는 경우가 많았다!

유전학, AI, 재생에너지, 사이버보안, 양자컴퓨팅 등 이 모든 분야의 전문가가 될 필요는 없다. 다만 관심을 가질 수는 있다. 관심만 가지면 된다. 이해할 수 있는 정도면 된다.

그리고 그 관심과 이해는 당신의 능력으로 이어진다. 계속 당신의 능력 범위를 넓혀 나가라. 지식의 섬을 넓혀가는 것은 투자에 있어서 너무나 큰 가치를 지닌다.

무엇보다 너무 적은 종목을 사서 과도한 비중을 할당하는 흔한 실수를 피할 수 있다. 그 원인은 탐욕 때문이기도 하지만, 돈을 분산할 만큼 충분한 투자 아이디어가 없기 때문이기도 하다.

가드너―크레츠만 연속체

내가 팟캐스트를 진행할 때 신규 청취자들로부터 가장 자주 받는 질문이 있다. '포트폴리오를 구성하는 종목의 수는 몇 개가 적절한가요?'이다. 머리말에서도 이 얘길 했는데, '그 문제는 나중에 다룰 것'이라고 말했던 걸 기억할 것이다.

이제 그 '나중'이 되었다.

신규 포지션에 최대 5%만 할당하는 습관⑤를 따르고, 모든 종목을 공정한 출발선에 세우라는 원칙③을 고수하려면 최소 20개의 종목을 찾아야 한다.

그러면 보유 종목이 20개든 70개든 150개든, 맞거나 틀린 숫자는 없다. 신규 포지션의 비중은 최대 5%라는 기준만 만족시키고 모두가 공정한 출발선에 선다는 룰만 지키면 되기 때문이다.

그래서 '정해진 숫자는 없다'고 말한 것이다. 당신에게 맞는 숫자를 골라라.

이보다 세세한 지침을 원한다면, 2018년 3월 28일 즉흥적으로 얻은 아이디어를 알려주겠다.

당시 나는 오랜 친구이자 직원인 데이비드 크레츠만David Kretzmann과 함께 팟캐스트를 진행하면서 청취자의 질문에 답변하는 중이었다.

그때 그는 포트폴리오에 무려 70개 종목이 들어 있다는 사실을 밝혀서 나를 놀라게 만들었다. 하지만 어떤 의미에서 그것은 그렇게 놀랄 일이 아니었다. 앞서 공정한 출발선만 부여하면 종목이 몇 개인지는 중요치 않다고 말하지 않았던가?

나는 방송에서 이렇게 말했다. "방금 말한 숫자를 듣고 놀랐어요. 마음에 드네요. 몇 개라고 했죠?"

"거의 70개예요. 정확하게 세어 보지는 않았는데 하여간 많아요."

"새로운 개념을 하나 알려드리죠. 이 팟캐스트에서 처음 말하는 겁니다. 그게 세월의 시험을 견딜지는 모르겠어요. 설마 이 방송이 끝나면 바로 묻히는 건 아니겠죠? 그걸 가드너-크레츠만 연속체Gardner-Kretzmann continuum라고 부르기로 합시다."

"좋아요."

"그게 뭐냐면, 대략 '나이와 비슷한 수의 종목'을
포트폴리오에 넣어야 한다는 겁니다."

나는 말을 이어갔다. "제가 좋은 사례예요. 제 나이는 51살이고, 실제로 제 포트폴리오에는 51개 종목이 들어 있어요. 반면 당신은 이 규칙을 완전히 어겼어요. 정말 특이한 사람이네요."

"전 그냥 미리 숫자를 늘렸을 뿐이에요. 그게 다예요."

"지금 몇 살이죠?"

"25살요."

"그런데 종목이 70개나 된다고요? 당신은 가드너-크레츠만 연속체를 어겼어요!"

포스Force 가 흐트러진다.●

"전 벌써 은퇴할 준비를 마쳤어요. 더 뭐라 할 말이 있겠어요?"

"대단하네요."

실제로 그랬다. 그토록 어린 나이에, 그토록 다양한 종목들을 모아서, 그토록 대단하고 탄탄한 기반을 쌓다니! 그중 한 기업이 실적을 망쳤다고 해서 그가 마음을 졸일까?

우리는 뒤이어 즉흥적으로 개념을 다듬어 '기준 수치'를 만들었다. 먼저 명칭을 'GKC'로 줄였다. 일부러 월가 스타일로 쓸데없이 거창한 이름을 붙여서 웃기는 효과를 낸 게 흡족했다. 이는 단순하기 짝이 없는 것을 복잡한 이름으로 가리는 현실에 대한 풍자였다.

우리는 한 걸음 더 나아가 '보유 종목 수'를 분자로 삼고 '나이'를 분모로 삼아 비율을 정했다. 우리가 내세운 목표는 1 이상이었다51 살인 경우 51개 이상. 1보다 높아도 된다. 아니, 오히려 장려한다.

● 영화 「스타워즈」 세계관에서 우주를 관장하는 섭리인 'Force Continuum'에서 비롯됨-옮긴이

하지만 1보다 낮으면 포트폴리오가 마땅한 수준으로 충분히 분산되지 않은, 그리고 변동성으로부터 충분히 보호되지 않은 것이다.

이런 면에서 그 친구가 25살에 70개 종목을 보유하는 것은 좋은 쪽으로 너무나 이례적인 것이었다. 크레츠만의 GKC는 무려 2.8이었다!

우리 수치는 공개했다. 당신의 수치는 무엇인가?

이로써 규칙 파괴 투자를 지향하는 독자와 팬들은 세세한 지침을 얻었다. 이제는 '포트폴리오를 구성하는 종목으로 몇 개가 적절한지'를 물어보지 않아도 될 것이다.

GKC 1.0 이상이 답이다.

3단계 매수법

앞서 가드너-크레츠만 연속체에 입문했으니 한 걸음 더 나아가보자. 이번에 이야기할 주제는 '3단계 매수법'이다.

당신이 포트폴리오에 추가할 종목을 찾았고, 매수액으로 3,000달러를 할당했다고 치자. 이때 3,000달러는 당신의 포트폴리오에서 '공정한 출발선'에 해당하는 기본 금액이다.

문제는 해당 종목이 규칙 파괴 기업이라서 변동성이 심하다는 것이다! 게다가 주가가 역대 최고점에 이르러서 다들 고평가되었다고 말한다(아마 그들은 주가가 오르는 내내 그렇게 말했을 것이다). 힘들게 모은 3,000달러를 지금 넣는 것은 너무 위험해 보인다.

그래도 해라!

그렇게 하기가 너무 망설여진다면 내가 나의 첫 대박 종목인 AOL에 투자했던 방법을 써라. AOL은 초기부터 세상을 주름잡을 것처럼 보였다. 주가는 급등했고, 다들 고평가되었다고 말했다. 미숙한 투자자였던 나는 AOL에 투자하는 것이 좋은 생각인지 확신하지 못했다. 내가 지켜보던 1년 동안 이미 주가가 2배나 오른 상태였다!

그때 나는 AOL에 투자하면서, 정신적 부담을 줄일 방법을 스스로 찾아냈다. 나는 그 방법을 찾아낸 어린 나에게 너무나 감사하다. 덕분에 처음으로 초대박을 칠 수 있었다.

내가 쓴 방법은 돈을 3등분하여 다음과 같이 투자하는 것이었다.

- 첫 번째 1/3: 묻지도 따지지도 말고 바로 매수.
- 두 번째 1/3: 한 달 후 또는 한 분기 후 주가 상관없이 매수.
- 세 번째 1/3: 다시 한 달 후 또는 한 분기 후 주가 상관없이 매수.

나는 이를 '3단계 매수법'이라 부른다. 3단계 매수법은 주가가 고공행진하는 변동성 심한 주식에 투자하는 엄청나게 효과적인 방법이다.

이 방법이 통하는 이유와 양상을 처음부터 차근차근 살펴보자.

우선 3,000달러를 할당하는 단계로 돌아가자. 먼저 1,000달러씩 3등분한다.

그다음 그날 1,000달러를 투자한다. 필요하다면 스마트폰이나 컴퓨터에서 '매수' 버튼을 누를 때 눈을 돌려라. 그냥 눌러라_{잠시만 힘들 뿐이다}. 이제 투자는 시작되었다! 남은 2/3의 돈으로 다음 달이나 다음 분기 또는 당신에게 맞는 시기에 같은 금액을 투자하라.

가령 '어떤 달의 14일'에 투자했다고 치자. 주가가 어떻게 되든 간에 한 달 후 같은 금액을 투자하라. 7월 14일에 1,000달러를 투자했다면, 8월 14일에 또 1,000달러를 넣어라. 그리고 주가가 어떻게 되든 간에 9월 14일에 남은 1,000달러를 넣어라. 이렇게 하면 영원히 투자하지 못할 수도 있는 돈을, 공정한 출발선을 지키면서 3개월에 걸쳐 투자할 수 있다.

그것이 내가 AOL에 투자한 방법이다. 그 후 6년 동안 주가는 150배로 뛰었다. 이 경험은 내게 대단히 소중한 교훈을 가르쳐 주었다. 처음에는 전액을 다 넣기가 망설여졌지만 말이다.

지금의 AOL은 내게 '100배거'가 아니다. 과거에는 _{한동안} 확실히 그랬지만 말이다! 내게 '100배거'는 기준선을 넘은 후 다시 후퇴하지 않는 종목이다. AOL은 2000년에 타임워너_{TimeWarner}에 합병된 후 다시는 이전의 상승세를 회복하지 못했다. AOL은 내게 너무나 많은 것을 가르쳐 준 엄청난 종목이다. 다행히 나는 회사 설립 자금을 모으기 위해 AOL 주식을 때때로 매도하거나 증여했다.

어떤 사람들은 이를 '진전의 원칙'이라 부른다. 그들은 목표를 향한 점진적 증강의 힘을 강조한다. 또 어떤 사람들은 이를 '발 담그기 기법'이라 부른다. 이는 처음에는 조금만 들어갔다가 시간이 지남에 따라 더 깊이 들어가는 것을 말한다. 그러나 근본적으로 이는 '적립식 투자'에 해당한다.

반면에 나는 그냥 이것을 3단계 매수법이라 부르고 싶다. 그리고 내가 항상 이 방법을 쓰는 것은 아니다.

연구 결과에 따르면 일관되게 3단계 매수법을 쓰면 장기적으로 수익률이 줄어든다. 왜 그럴까? 시장은 장기적으로 우상향하는 경향이 있다. 그래서 매수 시점을 늦추면 기회비용이 발생한다. 즉, 처음부터 전액을 투자하는 편이 더 나을 수 있다.

하지만 규칙 파괴 기업들로 많은 포트폴리오를 구축하고 관리해본 나의 경험에 따르면, 약간의 단기 수익을 희생하더라도 매수 시점을 여러 번 나눠서 투자하는 것이 나은 경우가 많았다.

9장에서 본 규칙 파괴 기업들의 차트를 기억하는가? 그 종목들은 우리가 돈을 넣기 직전에 급등 및 급락했다.

3단계 매수법을 따르는 과정에서 내가 항상 다짐하는 생각이 있다. '어느 쪽이든 괜찮다'는 마음가짐이다.

주가가 로켓처럼 계속 오르면 '계속 오르기만 하네. 진작 투자를 시작해서 다행이야!'라고 생각한다. 주가가 하락하거나 급락하면, '주가가 과열돼서 쉬어가는 중이야. 한 번에 전액을 다 넣지 않아서 다행이야!'라고 생각한다.

어느 경우든 목표대로 전액을 다 투자하면 된다. 포트폴리오는 그렇게 구축하는 것이다.

어떤 종목은 큰 고민 없이 바로 살 수 있다. 반면 어떤 종목은 시간을 들여서 단계적으로 사들이고 싶다. 이럴 때는 절반씩 또는 5분의 1씩 원하는 대로 사도 된다. 반드시 3분의 1씩 사들일 필요도 없다.

다만 모든 포지션에 대해 다음 요건을 제공해야 한다.

원칙③: 공정한 출발선에 세워라

지금까지 규칙 파괴 포트폴리오의 원칙 3가지를 살폈다.

첫째, 미래에 대한 당신의 최선의 비전을 반영하는 포트폴리오를 만들어야 한다.

둘째, 포트폴리오를 만드는 목적을 파악하고 명시해야 한다. 이때 정기적으로 새로운 자금을 넣을지유연한 포트폴리오 아니면 정해진 금액만으로 운용할지고정된 포트폴리오를 미리 결정해야 한다.

셋째, 철저히 탐색하여 찾아낸 순종마 같은 규칙 파괴 기업들 20여 개를 게이트로 보내서 공정한 출발선에 세워야 한다인덱스펀드로 보완한다면 그보다 적어도 된다. 아직은 재갈을 물고 날뛰는 소수의 종마를 전적으로 신뢰하거나, 보라색 모자를 쓰고 8번마를 모는 기수에게 모든 돈을 걸고 싶지 않을 수 있다. 그래도 괜찮다. 3번에 걸쳐서 단계적으로 들어가면 된다.

이제 포트폴리오가 구성되었다. 경주 트랙은 준비되었고, 하늘은 푸르다. 경주의 시작을 알리는 예비 나팔을 울려라!

나팔소리가 점차 작아지면서 메아리칠 무렵, 당신은 앞으로 다가올 일들을 직감한다.

당신의 남은 투자 인생을 결정할 종소리가 울린다.

땡, 땡, 땡!

경주가 시작되었다.

16

숙면 지수를
정하라

20여 개 종목으로 포트폴리오를 만들고 각자 알아서 가도록 놔두면, 즉시 각 종목들은 자신에 걸맞은 비중을 찾아가기 시작한다. 시간이 지남에 따라 어떤 종목의 주가는 2배로 뛰고, 어떤 종목의 주가는 절반으로 줄어든다. 당신은 모든 종목에 공정한 출발선을 부여했지만, 자고 일어나 보니 더 이상 같은 비중이 아닐 것이다.

당연히 그래야 한다! 시간이 흐르면 진실이 드러난다. 정말 잘 고른 종목도 있고, 정말 잘못 고른 종목도 있을 것이다. 말들이 흩어져서 달리다 보면 어느 말이 좋은 말이고, 나쁜 말인지가 갈수록 분명해진다. 처음에 맞췄던 완벽한 균형은 불균형으로 바뀐다.

이 경우 일반적인 투자자들은 균형을 다시 맞출 생각을 한다. 오른 종목을 무작정 파는 것이다. 그러지 말고 대신 이렇게 하라.

이 말은 약간의 설명이 필요하다.

잘 달리는 말은 밀어주고, 못 달리는 말은 은퇴시켜라

당신은 '꽃에는 물을 주고 잡초는 뽑아야 한다'는 기본적인 개념을 이미 알고 있을 것이다. 앞서 이미 비슷한 말을 한 적이 있다. 피터 린치는 1980년대에 이 말을 유행시켰다. 하지만 잘 살펴보면 그 기원은 고대 그리스까지 거슬러 올라간다.

주식투자자에게 조언하는 고대 문헌은 사실상 없다. 다만 아리스토텔레스가 거의 비슷한 말을 했다. 그는 실천적 지혜, 즉 프로네시스phronesis와 덕德에 따른 행동의 중요성을 역설했다. 거기에는 잘되는 일은 계속하고꽃에 물 주기, 안 되는 일은 버릴잡초 뽑기 때를 아는 것도 포함된다.

이 관행을 실제로 따르는 소수의 투자자들이 있다. 그러나 그들은 아주 특별한 특정 종목에 대해서만 그렇게 하곤 한다. 나는 이 관행을 당신의 포트폴리오 전반을 관장하는 상위 전략인 원칙④로 격상하고자 한다. 핵심 개념은 성공을 강화하고 실패를 최소화하는 것이다.

린치의 비유는 정말로 완벽하지만 이제는 다소 진부해졌다. 그러니 약간의 재미를 위해 다른 신선한 비유들을 들어보자.

- 엔진에 연료를 채우고, 닻은 내려라.
- 호랑이에게 먹이를 주고, 달팽이는 굶겨라.
- 별은 밝히고, 등불은 꺼라.
- 성은 쌓고, 폐허는 버려라.
- 보석은 닦고, 자갈은 무시하라.

이 비유들은 모두 생생하며, 일부는 상당히 매력적이다!

그래도 3부에서 사용한 경마 비유를 계속 이어가기 위해 나는 이렇게 말하고자 한다. '잘 달리는 말은 밀어주고, 못 달리는 말은 은퇴시켜라.' 이는 투자 인생 전반에 걸쳐 당신과 당신의 포트폴리오에 보탬이 될 것이다.

좋은 투자 조언이 대개 그렇듯이, 이 조언 역시 투자 이외의 영역에서도 유효하다. 가령 사업이나 인생에서도 통하는 조언이다.

다만 이 원칙을 충분히 오래 밀고 나가면 엄청난 변동성을 겪게 될 것이다. 또한 소수 종목의 움직임에 포트폴리오가 지배당하는 상황이 지속될 것이다.

그래서 '숙면 지수'가 필요하다.

포트폴리오 집중도와 잠자리의 상관관계

이미 알고 있을지도 모르겠지만 '숙면 지수'라는 워딩은 '매트리스 산업'에서 빌려온 것이다. 사실은 내가 선정한 최악의 종목 중 하나인 '슬립넘버SleepNumber'에서 빌려왔다. 나는 이 종목을 2021년 2월코로나 사태로 인한 주가 상승의 절정기 주당 136달러일 때 매수 종목으로 선정했는데, 현재 주가는 89%나 하락한 15달러이다.

슬립넘버는 매트리스 각 부분의 딱딱함을 1부터 100까지 설정할 수 있는 제품을 만들었다. '숙면 지수'라는 이 숫자가 높을수록 더 딱딱하게 설정된다. 같은 침대를 쓰는 두 사람은 각자에게 맞는 딱딱함을 갖출 수 있다.

물론 여기서 내가 말하는 '숙면 지수'는 매트리스가 아닌 주식투자와 관련 있는 수치다. 그리고 이 말은 규칙 파괴 포트폴리오의 핵심 원칙을 완벽하게 담아낸다.

숙면 지수란 포트폴리오에 들어 있는 특정 종목에

허용해도 숙면이 가능한 최대 비중을 말한다.

자신의 숙면 지수는 스스로 정해야 한다. 자신의 위험 감수도, 투자 전략, 은퇴 시점, 금전적 목표에 따라 적합한 수치를 산정하기 바란다.

그러나 한번 숙면 지수를 정해두면 자신 있게 포트폴리오를 관리하는 데 도움이 된다. 투자에 만능의 해답은 없지만, 그렇기에 숙면 지수를 정해두면 앞으로 계속 지침이 되어줄 것이다.

사례를 들어보자.

숙면 지수 '5'에서 시작해 보자. 이는 한 종목의 비중이 5%를 넘어가면 편히 잘 수 없음을 뜻한다. 잘나가는 종목이 상승해 5%를 초과할 때마다 일부를 팔아 비중을 축소해야 한다.

이는 내가 보기에 인덱스펀드와 매우 비슷해 보인다. 실제로 대다수 투자자들, 즉 인덱스펀드를 보유한 투자자들의 숙면 지수는 낮은 한 자릿수이다.

수조 달러 규모의 '뱅가드 토털 마켓 펀드Vanguard Total Market Fund' 같은 인덱스펀드 덕분에 투자자들은 방대한 분산화의 혜택을 누린다. 이런 펀드의 경우, 어떤 단일 종목도 좋거나 나쁜 쪽으로 큰 영향을 미치지 못한다.

세계적인 대기업, 즉 마이크로소프트나 애플 같은 기업은 5%의 비중을 차지할 수 있다. 하지만 나머지는 수천 개의 다른 종목들로 채워진다. 한 종목에 5%조차 과하다고 느낀다면, 어떤 종목에도 1% 이상의 비중을 두지 않는 '동일 비중 펀드'도 있다.

만일 당신의 숙면 지수가 '5'라면 규칙 파괴자로서는 대단히 보수적인 접근법을 취하고 있는 것이다. 당신은 아마도 예측 가능성과 자금 보존을 중시할 것이다.

당신의 숙면 지수가 몇이든 그 숙면 지수를 정한 이유는 정확히 해두는 편이 좋다. 다시 말하지만 어떤 수치도 맞거나 틀리지 않으며, 만능의 해답은 없다.

이제 반대 사례를 보자. 숙면 지수 '80'은 어떨까? 이는 최대 비중 종목이 나머지 모든 종목을 합친 것보다 4배나 큰 비중을 차지해도 숙면을 취할 수 있다는 뜻이다!

'80'은 실로 크고, 말도 안 되게 높은 수치이다. 그럼에도 예로 든 이유는 내가 한때 달성한 적이 있기 때문이다. 지금부터 그 이야기를 해보자.

앞서 말한 대로 AOL은 나의 첫 대박 종목이었다. 1994년에 매수한 가격 기준으로 6년 동안 150배나 주가가 올랐다.

지금쯤이면 내가 어떤 사람인지 잘 알 것이다. 나는 '가는 종목이 계속 간다!' 또는 '대박 종목은 일단 계속 가도록 놔둬라'라고 말하는 유형의 사람이다. 구닥다리 인쇄판 모틀리풀의 1993년 7월호를 보면 이런 구절이 나온다. '가장 적게 언급되지만, 가장 큰 위험은 충분한 위험을 감수하지 않는 것이다.' 100배거를 만들고 싶다면 그에 합당한 리스크를 져야 한다.

물론 원칙③에 따라 모든 종목에 공정한 출발선을 보장해야 한다. 그중에서 특정 종목은, 다른 종목들이 아직 한 바퀴도 채 돌지 못했는데 혼자 150바퀴를 돌기도 한다. 그러면 해당 종목이 큰 비중을 차지하기 마련이다.

나의 경우, AOL이 약 80%의 비중을 차지한 적이 있다.

그래도 내 마음이 편했던 데에는 3가지 이유가 있다. 이 이유들을 제시하는 이유는 나처럼 하라고 설득하기 위해서가 아니라, 그냥 나 자신의 마음가짐과 여건을 설명하기 위해서이다.

첫째, 나는 원래 극단적인 변동성도 편하게 받아들이는 편이다. 그냥 원래 그렇다. 물론 주가가 떨어지는 건 싫다. 나처럼 비중을 할당하면 하루아침에 포트폴리오의 가치가 크게 줄어들 수 있다. 그래도 나는 감당할 수 있다. 나는 나 스스로에 대해 그 정도는 알고 있다.

나는 앞서 '수익을 위한 손실을 감내하는 마음가짐'과 그 수학적 배경을 설명했다. 내가 큰 손실을 감당할 수 있는 주된 이유는 규칙 파괴 기업의 6가지 속성을 소유한 종목들만 골랐기 때문이다. 또한 무엇보다 이러한 나의 숙면 지수가 안겨줄 보상이 크다는 걸 알기 때문이다.

둘째, 20대의 젊은 나이였기 때문이다. 나는 20대 때 비행기에서 뛰어내린 적도 있다. 딱 한 번뿐이었지만 말이다 다시 할 생각은 없다. 어쩌면 스카이다이빙과 숙면 지수 사이에는 약간의 연관성이 있을지도 모른다.

아마 나도 60대나 70대가 되면 그렇게 하지 못할 것이다 아직 그렇게 늙지는 않았다. 그렇다. 이 문제에서는 나이도 꽤나 중요하다. 나이가 어릴수록 손실을 만회할 시간, 그리고 실수로부터 배울 기회가 더 많은 게 사실이다. 그리고 이는 숙면 지수에 반영된다.

세 번째 이유가 가장 중요할 것이다. 나는 사업가이기 때문에 동생과 같이 세운 회사의 지분이 나의 가장 큰 자산이었다.

자신이 세운 회사가 가장 큰 부의 원천이라는 사실은 호사인 동시에 저주이다. 아마 다른 많은 중소기업 대표들은 이 말에 공감할 것이다. 그리고 그 덕분에 나는 주식투자에서 더 많은 위험을 감수할 수 있었다.

제프 베이조스 같은 거물부터 우리 같은 피라미들까지 많은 창업자들이 장기간에 걸쳐 창업한 회사의 지분을 조금씩 처분하는 이유가 있다. 자산 관리사들이 이런 식으로 권하기 때문이다. '전체 자산에서 회사 지분의 비중이 90%를 넘었습니다. 너무 과도합니다. 숙면 지수가 그렇게 높으면 안 됩니다. 그러니까 조금씩 지분의 비중을 줄여요.' 이는 좋은 의도를 담은 합리적인 조언이다.

다들 알다시피 AOL은 끝이 좋지 않았다. 다이얼업 모뎀에서 브로드밴드로 넘어가는 시대에 타임워너와의 합병이 잘못되는 바람에 장기적인 하락세에서 결코 회복하지 못했다. 나의 자산도 당연히 타격을 받았다. 하지만 새로운 규칙 파괴 기업들이 등장했고, 나는 체계적으로 자산을 재배분했다안녕, 넷플릭스^^.

누구에게도 '80'이라는 숙면 지수를 추천하지 않는다. 근래에 나의 숙면 지수는 '35' 정도이다. '35'는 아마 '정신 나간 수준'의 문턱일 것이다.

대다수 사람들은 아마 '10' 정도의 포트폴리오를 유지하면 편하게 숙면을 취할 것이고, 위험 감수도가 높은 사람은 '20' 정도일 것이다. 다시 말하지만 나는 특정한 수치를 주장하려는 것이 아니다. 단지 당신의 숙면 지수를 정하고 그걸 지켜야 한다고 말하는 것이다.

원칙④ : 숙면 지수를 정하라

우리 각자는 고유하다. 연령, 재산, 위험 감수도, 투자에 대한 관심도, 주의력 같은 모든 요소가 다르다.

그리고 앞서 말한 대로 이런 이유 때문에 3부는 주관적일 수밖에 없다. 이 장에서는 숙면 지수를 반드시 정하도록 가르치고 있기는 하지만 말이다. 다만 수치 자체는 당신이 정해야 할 몫이다. 그 이유는 당신만이 스스로를 온전히 이해할 수 있기 때문이다.

또한 숙면 지수는 살아가는 동안 계속 바뀌게 되어 있다! 나도 그랬다.

과도한 리밸런싱에 대한 반론

많은 투자 자문사 그리고 정부 규제를 받는 펀드들은 불균형이 생기면 리밸런싱을 한다. 리밸런싱이란 비중이 늘어난 포지션을 자동으로 매각하고, 거기서 나온 돈을 비중이 줄어든 포지션에 재투자하는 것을 말한다. 그러면 전체 보유 종목의 비중을 비슷하게 유지한다는 목표를 달성할 수 있다.

그들에게는 다른 선택지가 없다. 정관에 그렇게 하라고 기재되어 있기 때문이다! 게다가 리밸런싱은 보수적 접근법으로서 합당해 보인다.

하지만 규칙 파괴자로서 광대 같은 시각으로 보면, 오히려 그것은 못 달리는 말을 밀어주고, 잘 달리는 말을 은퇴시키는 것임을 알 수 있다. 그러니 펀드와 자문사가 대부분 시장수익률보다 못한 수익률을 올릴 수밖에 없다.

희소식이 있다다음 장에 더 많은 희소식이 기다리고 있다!. 직접 포트폴리오를 운용하는 개인 투자자는 리밸런싱의 제단 앞에 무릎을 꿇을 필요가 없다. 대신 그런 개인 투자자는 자신의 두뇌와 직감을 모두 활용해야 한다. 어떤 사람들은 '상식적 판단력horse sense'이라고 부르는 그것 말이다.

잘 달리는 말은 밀어주고, 못 달리는 말은 은퇴시켜라.

마지막 고려사항

끝으로 몇 가지 짚고 넘어갈 부분이 있다.

첫째, 규모가 크고 폭넓게 분산화된 뮤추얼펀드는 전체 포트폴리오의 50% 이상을 차지해도 된다. 이 경우 사실상 수백 개 또는 수천 개 종목에 투자한 셈이 되며, 예측하기 어려운 이유로 시장이 폭락하는 것이 유일한 위험이다. 퇴직금 대부분을 뱅가드 토털 마켓 펀드 같은 S&P500 인덱스펀드에 투자했다면, 숙면 지수를 크게 고민할 필요가 없다. 계속 돈을 모으고, 계속 숙면을 취하라.

둘째, 포트폴리오를 막 만들기 시작했다면 아직 20개 종목을 확보하지 못했을 수도 있다. 이 경우 신규 포지션에 최대 5%의 비중만 두기가 어렵다. 그래도 괜찮다. 특히 소액으로 단주를 살 수 없는 경우에는 더욱 그렇다.

일단 투자를 시작하라. 나는 '3단계 매수법'에 따라 첫 3분의 1의 돈으로 당장 투자에 뛰어들라고 추천한다. 행동이 중요하다. 시장은 우상향하는 경향이 있다는 것을 기억하라. 일단 투자를 시작하는 것이 초보 투자자에게 가장 중요하다.

당신이 가령 8개의 규칙 파괴 기업만 찾아놓은 상태에서 소액으로 투자를 시작한다고 가정하자. 당신은 앞으로 돈을 더 모아서 포트폴리오를 구축하고자 한다. 이런 경우 몇 달 동안은 숙면 지수가 높게 나올 수 있다.

요점은 처음부터 숙면 지수를 설정하고, 필요에 따라 포트폴리오를 조정해 나가야 한다는 것이다. 어떤 사람은 급여가 상당히 많은데, 급여에 비해 미미한 돈으로 투자를 시작했을 수 있다. 당신이 그런 경우라면 숙면 지수가 크게 중요치 않다.

셋째, 숙면 지수를 정할 때 최대 비중 종목이 무엇이 될지도 어느 정도는 고려해야 한다.

이는 폴 누르바시Paul Nourbash가 「룰브레이커 인베스팅」 팟캐스트에 보낸 글을 참고한 것이다.

폴은 의료계에 종사한다. 그래서 내가 추천한 쇼크웨이브메디컬ShockwaveMedical에 매력을 느꼈다. 이 회사는 원래 신장결석 치료에 쓰이던 초음파 기술을 응용하여 미국에서 사망 원인 1위인 심장질환을 치료하기 시작한 곳이다.

이 회사의 주가는 내가 추천한 2019년 4월 이후 700% 넘게 상승했고, 폴의 최대 비중 종목이 되었다.

폴의 이야기를 들어보자.

* 나는 일찍이 매수한 다음 자라는 꽃에 물을 주었어요. 그랬더니 결국에는 그 비중이 숙면 지수를 넘어서고 말았어요. 그래서 일부를 매도하여 비중을 줄이려던 차에, 존슨앤존슨이 그 회사 주식들을 주당 335달러에 매수했어요! 덕분에 문제가 해결됐어요. 매도 대금은 지금 제 계좌에 들어 있어요.

이 행운은 소형주가 최대 비중 종목인 데서 생긴 폴의 스트레스를 해소해 주었다. 만약 그의 최대 비중 종목이 애플 같은 초대형주였다면 그는 매도를 전혀 고려하지 않았을 거라고 말했다.

우리는 모두 고유한 상황에 처해 있다. 그래서 각자 미묘하게 다른 유형의 문제에 직면한다. 그럼에도 나는 폴이 좋은 의견을 제시했다고 생각하기 때문에 여러분에게도 소개한 것이다.

숙면 지수는 모든 비중 문제를 단순화시키는 것이 장점이다. 하지만 때로는 어떤 유형의 종목이 높은 비중을 차지하는지가 문제를 복잡하게 만들기도 한다.

넷째이자 마지막으로, 적절하게 쓴 돈은 마음의 평화를 얻고 심지어 수명을 늘리는 데 정말로 도움이 된다. 돈 때문에 수면이 영향을 받는 경우에는 더욱 그러하다!

수면의 중요성을 거듭 확인하는 연구 결과들이 계속 나오고 있다. 실제로 돈을 잘 관리하고 잠을 잘 자는 것은 건강하게 오래 사는 데 필수적이다. 둘 다 너무나 중요하다.

따라서 다음 원칙을 지켜야 한다.

원칙④ : 숙면 지수를 정하라

17

전체 경주에 걸쳐
투자하라

'반칙'은 부정적인 어감을 지닌다. 당연한 일이다.

나는 8장에서 반칙의 중요성에 대해 이야기했다. 그때 내가 좋아하는 세스 고딘의 말을 인용했다. 그는 너무나 강력한 경쟁우위를 확보한 나머지, 반칙을 쓰는 것처럼 보이는 기업들을 찬양했다.

그리고 이것은 진짜 반칙은 아니다. 어디까지나 공정한 게임이고 법을 어기는 게 아니기 때문이다. 단지 신이 우리에게 준 재능이나 특이한 상황을 최대한 활용할 뿐이다.

반칙은 어떤 맥락이든 성공하기 위해 자신이 타고난 장점을 활용하는 데 대한 농담 섞인 표현이다. 다른 사람들이 발견하지 못하거나 따라할 수 없는 방식으로 이득을 보면 짓궂은 미소가 새어 나오기 마련이다.

반칙에 대한 몇 가지 사례를 더 살펴보자.

책을 빨리 읽거나 읽은 내용을 모조리 기억하는 사람들은 어떤가? 나는 둘 다 안 된다 그들이 절반의 시간만 들여서 숙제를 마치거나, 1년에 남들보다 3배나 많은 책을 읽고 그 내용까지 기억하는 것은 완전히 불공평하다. 반칙이다! 재능을 타고난 운동선수? 덩크슛을 넣을 수 있는 사람? 반칙이다!

실제로 덩크슛은 1967년부터 1976년까지 대학 농구에서는 반칙이었다. 전미대학체육협회는 1967~1968 시즌부터 덩크슛을 금지했다. 부상을 입을 위험이 있고, 루 앨신더Lew Alcindor 같은 키 큰 선수들이 누리는 이점을 줄이기 위한 조치였다.

모든 반칙이 타고난 재능이나 실력에서 비롯되는 것은 아니다. 상황에 따른 이점은 어떤가? 마트에는 소량 구매 고객을 위한 전용 계산대가 있다. 카트에 짐을 많이 실은 내가 느리게 움직이는 계산 줄에 서 있는 동안 그들은 금방 계산을 끝낸다. 반칙이다!

또한 일찌감치 여행을 예약하는 사람들은 제일 좋은 자리나 방을 차지하고, 조기 예약 할인까지 받는다. 반칙이다!

하지만 당신이 책을 빨리 읽을 수 있고, 덩크슛을 넣을 수 있고, 마트에서 물건을 8개만 샀고, 몇 달 전에 여행 계획을 세웠다면, 이런 보상은 마땅하게 느껴진다. 핵심은 자신이 지닌 이점을 최대한 활용하는 것이다.

규칙 파괴 투자는 '반칙' 같은 이점들로 가득하다. 지금쯤이면 당신도 그 이점들을 읊을 수 있을 것이다.

투자하는 데 시간을 덜 들이고도 돈을 더 번다고? 반칙이다! 일찌감치 저축과 투자를 시작하여 10년 더 복리효과를 누린다고? 반칙이다! 열심히 공부하여 주요 신흥 산업에서 일자리를 얻고, 최강자이자 선두주자를 일찍이 알아본 덕분에 말도 안 되게 싼 가격으로 규칙 파괴 기업을 매수했다고? 반칙이다!

혹은 이건 어떤가? 누군가가 어떤 종목을 주당 15달러에 사서 신고점인 25달러에 당신에게 팔았다. 즉 저가 매수, 고가 매도에 성공한 셈이다. 당신은 그 종목을 역대 최고가에서 샀지만 팔지 않고 계속 보유했다매도 원칙이 없기 때문에. 그런데도 당신에게 그 종목을 매도한 사람보다 훨씬 많은 수익을 올렸다. 반칙이다!

지금까지 당신은 이 책을 읽으면서 내가 제시하는 최선의 습관과 속성, 원칙을 알았고, 이제 이 페이지에 이르렀다. 대다수 사람들은 이런 책을 전혀 신경 쓰지 않는데도 말이다. 반칙이다!

이왕 여기까지 왔으니 반칙을 하나 더 알려주겠다. 이것은 내가 가장 좋아하는 반칙이다. 경마에서는 출발 신호가 울리기 전에 돈을 걸어야 한다. 하지만 주식투자에서는 원칙⑤를 따를 수 있다희소식이다.

원칙⑤ : 전체 경주에 걸쳐 투자하라

이는 반칙이다.

팔아야 할 때

세상은 변하고 기업들도 변한다. 그들은 급등 또는 급락으로 우리를 놀라게 만든다.

줌비디오(2020.1~2023.3)

줌비디오ZoomVideo를 예로 들어보자. 줌의 주가는 팬데믹 동안 급등했다80달러에서 580달러까지. 그러다가 폐쇄 조치가 풀리면서 바닥까지 쭉 미끄러졌다580달러에서 60달러까지.

당신이 줌비디오의 투자자라면 그동안 어떡해야 됐을까?

모든 주식 종목은 적어도 분기별로는 한 번씩 자세히 살펴봐야 한다이는 다음 장에서 설명할 것이다. '전체 경주에 걸쳐 투자하라'는 원칙⑤를 수행하기 위해서도 이는 필수적이다. 해마다, 경주 구간마다 얻은 통찰을 활용하여 자본을 재배분해야 한다.

나는 '물타기는 두 번 다시 하지 말고, 불타기를 하라'는 습관②를 통해 잘 달리는 말을 밀어주는 방법을 설명했다. 이제는 못 달리는 말을 은퇴시키는 문제를 이야기할 때이다.

지금쯤이면 이런 의문이 생길 것이다. '절대로 매도하지 말라는 건가?' '이 사람 매도를 한 적은 있나?'

그러나 나는 첫 책인 『모틀리풀 투자 가이드』에서도 나의 간단한 매도 규칙을 소개했다. 지금도 나는 이 규칙을 따른다.

돈을 넣을 더 나은 종목을 찾으면 거기에 넣어라.

이게 전부이다.

다른 책들은 복잡한 매도 규칙을 제시하며, 탄탄한 기준으로 독자들에게 강한 인상을 주려 한다. 하지만 나는 '바보Fool'라서 매수에 초점을 맞추는 것을 선호한다. 그것이 가장 중요한 결정이기 때문이다. 종목 선정만 잘하면 '하버드에서 인증한 매도 원칙' 같은 건 필요 없다.

그럼에도 나의 간단한 매도 규칙은 기억해 둘 가치가 있다. 포트폴리오에 들어있는 종목보다 들어있지 않은 종목에 더 마음이 끌리는 경우에 대비해서 말이다.

나는 어디까지나 개별 종목에 가격 목표를 설정하는 것을 추천하지 않는다. 이 접근법은 과잉 매매로 이어지는 경우가 많다. 반면 포트폴리오 전체와 외부의 종목을 놓고 비교해 보는 건 다르다.

출전조에 넣은 말보다 넣지 않은 말이 더 잠재력이 높아 보인다면 어떻게 해야 할까? 그때야말로 매도를 진지하게 고려해야 한다! 현재 보유 종목보다 더 높이 평가할 만한 종목이 보이는가?

그렇다면 내가 앞장서서 말하겠다. 언제든지 포트폴리오를 업그레이드하라.

나는 주로 원칙①에 따라 종목을 살 자금을 확보하기 위해 기존 보유 종목을 매도한다. 참고로 원칙①은 '당신의 최선의 비전을 반영한 포트폴리오'이다. 현재 당신의 포트폴리오가 이 원칙을 온전히 따르지 못한다면 일부 종목은 매도하는 것이 타당하다.

주식투자에서는 경주 중간에 들어오는 그것도 불공정하게 현재 지점부터 출발하는 새 말에 베팅해도 된다!

자금을 확보할 때는 숙면 지수를 넘어서는 과비중 종목부터 먼저 매도해야 한다.

그럴 수 없다면 손실 종목, 즉 못 달리는 말을 찾아라. 손실이 나도 본전을 바라며 계속 들고 있는 사람들이 많다. 나는 대개 반대로 한다. 항상 손실이 난 종목부터 처분한다.

특히 연말이 가까워지면 절세 목적으로 투자 이익을 줄이기 위해 더욱 그렇게 한다. 나는 소득세를 많이 내는 편이라서 자본소득세를 최대한 줄이려고 노력한다.

이런 점에서도 장기 보유에 초점을 맞추는 규칙 파괴 투자는 부를 늘리는 최고의 수단이다.

아직 과비중 종목이나 '팔기 좋은 손실 종목'이 없음에도, 포트폴리오를 업그레이드하고 싶은가? 이 경우 힘든 선택에 직면하게 된다. 그래도 지침이 되어줄 강력한 토대가 있다. 바로 규칙 파괴 기업의 6가지 속성이다.

당신은 전체 경주에 걸쳐 투자할 수 있다. 그러니 경주를 지켜보다가 더 이상 6가지 속성을 구현하지 못하는 종목이 나오면 눈여겨보던 신규 종목과 비교해 보라.

나의 경우는 대개 이 기준을 적용하면 답이 나왔다. 당신도 그렇기를 바란다. 그래도 결정하지 못하겠다면 다음 장에서 소개하는 '5와 3 프레임워크'를 참고하라.

마지막으로 '천천히 팔아라'라고 얘기하고 싶다. 이에 대해서는 2가지 말을 덧붙이고자 한다.

첫째, 벤저민 그레이엄과 워런 버핏의 말로 종종 인용되는 고전적인 격언이 있다. 바로 "주식시장은 참을성 없는 사람으로부터 참을성 있는 사람에게로 돈을 옮기기 위해 고안되었다"는 말이다.

이 말이 전적으로 옳은 것은 아니다. 그래도 시장의 속성을 냉소적이나마 아주 잘 표현하고 있다. 급하게 파는 참을성 없는 사람들은 위대한 기업의 주식을 장기 보유하는 사람들에게 서서히 부를 이전한다. 그러니 천천히 팔아라.

'매그니피센트 세븐Magnificent Seven, 애플·마이크로소프트·알파벳·아마존·테슬라·엔비디아·메타' 같은 일시적으로 유행을 타는 인기주를 쫓아다니는 일은 트레이더들이나 하도록 놔두어라. 그러면서도 규칙 파괴자는 '매그니피센트 세븐 점수'를 극대화해야 한다. 매그니피센트 세븐 점수란 이처럼 그때그때 주목받는 인기 종목에 자신이 미리 투자한 해를 더한 값이다.

규칙 파괴자는 유행 종목을 쫓아다니지 않고, 그저 자신이 대박 종목을 얼마나 오래 보유했는지 점검할 뿐이다. 성급한 매도를 자제하면 그냥 좋은 종목이 실로 위대한 종목이 되는 데 필요한 시간을 가질 수 있다.

둘째, 나를 포함해 모든 사람들은 '정말로 똑똑하게 매도했다'는 기분을 느끼고 싶어 한다. 매도한 직후에 해당 종목의 주가 또는 전체 지수가 하락해 '시장을 이겼다'는 기분 말이다. 어떤 전문가는 난리가 나기 직전에 한 번 매도 의견을 낸 것으로 명성을 쌓기도 한다.

하지만 당신에게는 좋은 종목을 너무 일찍 매도한 경험도 있을 것이다. 이 경우 자신이 그다지 똑똑하게 느껴지지 않는다.

나는 '스톡 어드바이저' 코너에서 10년이 넘는 기간에 걸쳐 주식을 추천해왔다총 146회. 한번은 나의 추천 실적을 검토한 칼럼을 실은 적이 있다.

숫자는 거짓말을 하지 않았다.

단 한 주도 매도하지 않았다면 수익률이 더 높았을 것이다.

이는 내 동생 톰의 경우도 마찬가지였다.

가령 나는 2003년 10월에 반도체 설계 기술 지적재산권 부문 강자로, 전 세계의 혁신을 뒷받침하는 영국 기업 'ARM AdvancedRISC Machine'을 추천했다. 당시 주가는 4.75달러였다. 나는 2달 후 주가가 6달러에 약간 못 미쳤을 때 재추천불타기했다.

그리고 5년 넘게 보유한 결과, 3.27달러로 주가가 떨어졌다.

결국 나는 2009년 6월에 다음과 같은 풀죽은 글과 함께 매도를 추천했다. "이 종목의 수익률은 대체로 실망스러웠습니다. 앞으로도 같은 결과가 나올 것 같아서 지금 매도하고자 합니다."

하지만 주가는 계속 내려가지 않았다. 2016년에 소프트뱅크는 주당 22.50달러에 ARM을 인수했다.

같은 글에서 나는 다른 손실 종목이었던 스트레이어에듀케이션 StrayerEducation을 성공적으로 매도한 사례를 언급했었다. 그 종목은 우리가 매도한 후 75%나 더 하락했다. 아마 그때는 꽤 똑똑하다고 생각했을 것이다!

설령 그전까지 매도한 종목들이 때가 맞았다 해도, ARM 같은 홈런 종목에서 빠져나온 타격은 좀처럼 회복하기 힘들었다. 계산을 해보면 너무나 손해가 크다.

우리가 매도한 이후 ARM의 주가는 588% 상승했고, 스트레이어의 주가는 75% 하락했다. 이 둘을 평균해 봐도 상당한 기회를 날린 셈이 된다. ARM 한 종목을 매도한 실수를 만회하려면 스트레이어 같은 잡주를 6번이나 더 '잘 매도'해야 한다. 우리는 그런 적이 2번밖에 없었다.

당신의 지난 매매 기록을 검토해 보라. 아마 나처럼 손실 종목으로 인한 피해보다 대박 종목을 팔아서 얻을 기회를 날린 돈이 더 많을 것이다.

그러니 돈을 넣을 더 나은 종목을 찾으면 거기에 넣되, 천천히 팔아라.

주식투자 대 스포츠 베팅

3부 앞부분에서 밝힌 대로, 이 원칙들은 지시가 아니라 제안이다. 각자의 고유한 상황, 자원, 마음가짐을 고려해야 한다.

원칙⑤의 핵심은 단순하다. 경주에서 일어나는 일을 참고하여 경주 중간에 더 똑똑하게 추가 투자를 하라.

이는 요즘 새로운 투기 종목으로 인기를 끌고 있는 '스포츠 베팅'과는 상반되는 주식의 속성이다. 말이 나왔으니 스포츠 베팅에 대해 잠깐 이야기하고 싶다.

당연한 얘기지만 스포츠 베팅은 따거나 잃는 2가지 결과밖에 없다. 또한 경기가 시작되기 전에 모든 베팅을 완료해야 한다.

스포츠 베팅꾼들은 주식투자자들과 비교하면 불리한 점이 많다. 단번에 따거나 잃는 베팅을 해야 하고, 중개업자에게 최대 10%의 수수료를 지불해야 하며, 경기가 시작되기 전에 돈을 다 걸어야 한다.

이처럼 날마다 돈을 잃을 수밖에 없는데도 쉽고 매력적인 오락으로 포장되는 것은 안타까운 일이다. 이 책을 많은 사람이 읽어서 주식시장에 투자하는 게 훨씬 낫다는 사실을 알게 되기를 바란다.

스포츠 베팅은 본질적으로 제로섬 게임이다. 즉, 기대수익률이 마이너스일 수밖에 없다. 핸디캡은 아주 정교하게 설정된다. 농구의 6.5점차 이상 승이든, 경마의 7대5 배당률이든 똑같다. 한 사람이 돈을 따면, 다른 사람은 돈을 잃는다. 그리고 중개업자는 언제나 돈을 번다.

결국 장기적으로 꾸준히 베팅하다 보면 거의 모두가 돈을 잃는다.

반면 주식에 장기적으로 꾸준히 투자하면 어떻게 될까? 그 차이는 엄청나다. 주식시장은 장기적으로 우상향하는 경향이 있다. 우리는 돛단배에 타 있고, 순풍이 불고 있다.

현재 스포츠 베팅은 미국에서 대부분 합법화되어 있다. 그렇다고 해서 그게 현명한 행동인 것은 아니다.

나는 오랫동안 친구들과 스포츠 경기에 내기를 걸어왔다. 그러면 경기를 보는 재미그리고 스트레스가 커진다. 하지만 고액 베팅, 그리고 그것이 내가 사랑하는 스포츠에 대한 언론의 보도에 영향을 미치는 사실은 곱게 보이지 않는다. 도박 산업의 급성장은 미래에 대해 내가 가진 최선의 비전을 반영하지 않는다.

스포츠 베팅은 복권과 마찬가지로 멍청이들에게 부과하는 또 다른 세금 역할을 한다. 일부 베팅꾼들이 때때로 돈을 벌더라도, 장기적으로는 대부분이 돈을 잃는 게 현실이다.

당신은 투자자인가 아니면 방구석 애국자인가?

잘생긴 경주마들과 자부심 넘치는 기수들, 그리고 승리에 대한 온갖 화려한 미사여구를 떠올리면 마음이 벅차오른다. 그건 당연한 일이다.

원칙⑤는 응원의 박수와도 같다.

원칙 ⑤: 전체 경주에 걸쳐 투자하라

현명한 사람들을 위해 마지막 한마디를 덧붙이고자 한다. 경주

내내 몇 번이고 상황이 나빠 보이거나 심지어 암울해 보일 수 있다
는 사실을 절대 잊지 마라.

전체 경주 내내 3년 중 1년꼴로 시장은 하락하고 가치를 잃을 것
이다. 그리고 당신의 돈도 함께 사라질 것이다. 나의 경험에 따르면
규칙 파괴자는 하락기에 가장 큰 타격을 입는 경우가 많다. 내가
2009년에 괜히 ARM을 포기한 게 아니다.

1932년 이전에 태어난 사람이 아니라면 2008년보다 시장이 나
쁜 해를 겪어보지 못했을 것이다. 당시 다우지수는 -33.8%, 나스닥
은 -40.5%를 기록했다. 변동성도 엄청났다. 2008년 9월 15일 이후
56거래일 중 26일 동안 지수가 4% 넘게 움직였다. 이전 25년 동안
에는 그런 날이 총 29일밖에 되지 않았다!

전체 경주에 걸쳐 투자하는 것은 특혜이자 고통이다. 반복적 손
실과 자기 회의에 시달리고, 심지어 눈물까지 흘릴 마음의 준비를
하라. 나는 이 3가지를 모두 경험했다.

그래서 힘든 시기에 격려가 될 이야기를 들려주겠다.

토머스 페인Thomas Paine, 1737~1809은 미국 독립전쟁 시기의 논객
이자 『상식Common Sense』의 저자로서, 영국 출신이었음에도 미국의
자유라는 대의를 탁월한 언변으로 주창했다.

그는 시대를 초월한 유명한 말을 남겼다. 이 말은 모든 어두운 시
기에 우리에게 큰 울림을 준다.

미국인 중에는 이 말을 알고, 또 그것이 토머스 페인의 말이라는 사실도 아는 사람이 많다. 하지만 그 뒤에 나오는 내용까지 기억하는 사람은 거의 없다.

> ＊ 지금은 사람들의 영혼을 시험하는 시기이다. 유리할 때만 싸우는 병사와 입으로만 애국하는 사람들은 이런 위기 상황에서 나라를 위한 봉사를 기피한다. 그들과 달리 지금 앞으로 나서는 사람들은 모든 이의 사랑과 감사를 받을 자격이 있다.
>
> 폭정을 종식시키는 일은 지옥을 정복하는 일보다 어렵다. 그럼에도 우리에게 위안이 되는 사실은, 투쟁이 격렬할수록 승리의 영광이 커진다는 것이다. 너무 쉽게 얻은 것은 가벼이 여기게 되어 있다. 오직 간절함만이 모든 것에 가치를 부여한다.

"유리할 때만 싸우는 병사와 입으로만 애국하는 사람들"이라는 이미지는 언제나 나의 상상력을 자극한다. 이 표현은 페인의 탁월한 비유 능력을 증명한다.

이 글은 물론 미국 독립전쟁을 위해 쓰였다. 하지만 나는 미국인이자 주식시장 애호가로서, 대약세장을 견디는 모든 규칙 파괴자들에게 힘을 주기 위해 이 글을 소개한다.

위 글을 다시 보고 몇 개의 단어만 바꿔보라 가령 '나라를 위한 봉사'

를 '주식투자'로. 그러면 페인의 말이 시대를 가로질러 오늘날의 투자자들에게도 울림을 준다는 사실을 쉽게 알 수 있다.

세상은 예나 지금이나 유리할 때만 싸우는 병사와 입으로만 애국하는 사람들로 가득하다. 그런 사람들은 상승기에만 주식을 사거나, 칵테일파티에서만 주식 이야기를 한다.

그들이 주식을 얼마나 오래 보유하는지는 명확하지 않다. 다수는 문제의 조짐만 보여도 도망친다. 물론 2008년에는 그들처럼 했다면 자본을 지킬 수 있었을 것이다. 하지만 그들은 위기의 조짐이 보이는 모든 순간에 주식을 팔았다. 그중 다수는 최악의 시기, 오히려 매수해야 할 시장의 바닥이었다.

그들은 자신과 상반되는 사람들, '힘들 때도 싸우는 병사와 인내심 강한 애국자들'에게 주식을 넘긴다. 즉, 우리 같은 사람들이 그들의 주식을 사들이게 된다.

시장이 폭락하는 중이던 2008년 11월에 '모틀리풀 이벤트'가 열렸다. 그 자리에서 나는 200여 명의 참가자들에게 질문을 던졌다.

"지난 60일 동안 주식을 매수한 사람 있습니까?"

당시 포트폴리오의 가치가 40% 넘게 줄어든 상태였지만, 나는 손을 들었다. 나만이 아니었다. 약 200명의 다른 사람들도 손을 들었다. 그날 밤, 나는 힘들 때도 함께 싸우는 병사들이 나에게도 있었음을 깨달았다.

당시에는 알지 못했지만, 그때의 매수는 결국 역대 최고의 매수

중 하나가 되었다.

힘들 때도 싸우기는 쉽지 않다. 전혀 재미있지 않다. 규칙 파괴자는 원래 주식을 오래 보유하기 때문에 즉각적인 만족을 얻지 못한다. 암울한 분위기 속에서 매수 주문을 넣을 때, 그것이 올바른 선택인지를 적어도 3년 동안 알 수 없다.

토머스 페인이 말했듯이 "투쟁이 격렬할수록 승리의 영광이 커진다." 조지 워싱턴 장군은 그의 글을 병사들에게 읽어주라고 지시했다. 트렌턴 전투Battle of Trenton•를 앞두고 사기를 진작하기 위한 조치였다.

힘든 시기가 닥칠 때마다 페인의 말을 기억하라.

• 미 독립군이 불리한 전황을 뒤집는 계기가 된 전투-옮긴이

18

분기마다 점검하고,
적절하게 관리하라

"우리는 스스로의 정원을 가꾸어야 한다Il faut cultiver notre jardin."
—볼테르Voltaire, 『캉디드 혹은 낙관주의Candide, ou l'Optimisme』

포트폴리오에 얼마나 많은 종목이 있든 간에 당신은 같은 빈도로, 같은 수준의 관심을 기울일 수 있다. 보유 종목 수가 20개나 60개나처럼 또는 100여 개라고 해서 점검 시간과 관심의 정도가 다를 필요는 없다. 말이 안 된다고 생각하는가?

다만, 적절한 점검의 주기는 정해져 있다. 이것이 원칙⑥이다.

원칙⑥: 분기마다 점검하고, 적절하게 관리하라

나는 응원하는 팀의 성적을 매일 확인하듯이 시장 상황을 매일 확인한다. 주식시장이나 야구장에서 누가, 어떻게 점수를 내는지 보는 것이 좋다.

또한 나는 응원하지 않는 팀이나 보유하지 않은 종목의 동향도 확인한다. 내가 좋아하는 것은 주식시장과 야구장에서 이루어지는 모든 활동이고, 현황을 파악하는 일이다.

어떤 사람들은 당신? 매일 시장 상황을 확인하면 과잉 매매로 이어질 수 있다고 우려한다. 그럴 수도 있다. 그러나 이는 절제로 해결할 문제다. 나는 시장 상황이나 점수판을 매일 본다고 해서, 보유한 종목을 매도하거나 좋아하는 팀을 저버리지는 않는다.

그리고 이렇게 관심을 기울이는 만큼 해당 기업을 소중하게 여기는 마음도 깊어진다. 인생처럼 말이다.

3달마다 한 번씩 포트폴리오와 당신 자신 그리고 세상을 돌아보는 것이 적절해 보인다. 3달이면 '아주 좋은 실적'이나 '25% 하락' 같은 의미 있는 변화를 확인하기에 충분한 시간이다. 또한 큰 그림을 놓칠 만큼 긴 시간도 아니다.

전체 경주에 걸쳐 투자해야 한다는 사실을 명심하라! 분기별 점검은 미세한 재분배에든, 추가 매수에든, 아니면 3단계 매수법의 마지막 매수 과정에든 도움이 될 것이다.

포트폴리오를 점검하는 데 어느 정도 시간을 들일지는 당신이 결정할 문제이다. 분기당 5시간이 될 수도 있고, 50시간이 될 수도 있다. 그것은 관심의 정도, 시간적 여유, 인생에서 투자의 우선순위에 의해 좌우된다. 다행인 점은 보유 종목이 10개든 100개든 관계없이 효과를 낼 수 있다는 것이다.

혹시 어떤 분기에 일이 너무 많아서 시간을 낼 수 없더라도 걱정하지 마라. 이 책과 규칙 파괴 투자가 도와줄 것이다.

우리는 단타꾼들처럼 주식과 시장을 쫓아다니지 않는다. 당신의 포트폴리오는 이미 미래에 대한 당신의 최선의 비전을 반영한다. 당신의 주식과 시장은 당신이 준비가 되기를 기다리며 언제나 그 자리에 있다.

간단한 시간관리 지침

일단 각 종목이 차지하는 비중에 따라 점검의 정도에 차등을 둘 수 있다.

비중이 5% 이상인 종목에는 추가 시간을 들여라. 분기 실적을 검토하고, 기업 컨퍼런스와 업계 추세를 확인하고, 애널리스트 보고서를 조사하라. 그 기업을 우연히 접하는 대다수의 사람들보다는 더 많이 알려고 노력하라. 이런 종목에는 추가 시간을 들일 가치가 있다. 결국 당신의 포트폴리오에서도 소수의 종목이 실로 중요한 역할을 하기 때문이다! 소수보다 많으면 외려 안 좋다 비중이 1.5%에서 5% 사이인 종목들에는 소위 ‘정규 시간’을 들여라. 정규 시간이 어느 정도인지는 앞서 말한 대로 당신의 취향과 검토 방식에 달려있다.

대부분의 경우 당신의 지난 점검 이후에 나온 주요 뉴스를 훑어보는 것으로 충분하다. 다만 매주 또는 나처럼 매일 점검을 한다면 이미 그 내용을 알 것이다. 그렇다면 온라인 커뮤니티에서 오가는 말이나 유튜브에 올라온 경영진 인터뷰를 살펴볼 수도 있다.

나는 온라인 커뮤니티와 관련된 정보를 수집하는 일환으로 오랫동안 ‘모틀리풀 캡스 Motley Fool CAPS: caps.fool.com’의 덕을 많이 봤다. 혹은 투자 모임에 가입하여 다른 회원들과 정보를 나눌 수도 있다.

이런 것들이 부담스러운가? 쉬운 방법이 있다. 다음은 내가 쓰는 AI 프롬프트이다 내용은 알아서 조정하라.

다음 종목을 3개월 간격으로 검토하고 있어.
주주가 알아야 할 주요 내용을 정리해 줘.
답변은 최대 250자로 하되 링크를 제공하고,
가장 중요한 최신 뉴스에 중점을 둬.

이 프롬프트는 제법 쓸 만하다. 그래도 아직은 AI가 틀린 답을 주는 경우가 있어서 교차 확인이 필요하다!

나는 이 프롬프트가 곧 단순하고 낡아 보이게 될 것을 안다. 계속해서 좋은 AI가 나올 것이고, 그에 맞는 좋은 프롬프트가 작성

될 것이다. 나는 평생 신기술의 팬이었다. 그래서 현재 쓰이는 AI들이 점차 더 좋아지고 쓰기 쉬워질 것이라고 확신한다.

AI 프로그램은 당신의 마음에 드는 것으로 골라라.

비중이 1.5% 미만인 종목들에는 자유롭게 휴지기를 두어라. 아예 점검하지 말라는 말이냐고? 아니다. 다만 시간이 부족하면 덜 챙겨도 된다는 뜻이다.

오르는 종목은 비중이 늘어날 것이고, 그때부터 제대로 점검하면 된다. 안 오르는 종목은… 관심을 기울인다고 해서 도움이 될까? 그래도 회사에 흥미가 생겨서 신규 포지션을 잡았다면, 계속 지켜보라! 이 방법은 보유 종목이 20개든 200개든 관계없이 시간을 보다 효율적으로 쓰는 데 도움을 준다.

'바보스럽게Foolishly' 역설적인 결론을 내자면, 보유 종목이 많을수록 점검 시간이 줄어든다. 이 말을 다시 읽어보고, 곰곰이 생각해 보라. 이는 분산 투자의 필요성을 말해주는 또 다른 훌륭한 근거이다.

5와 3 프레임워크

이전 장에서 매도 기준에 대해 이야기할 때 모 아니면 도로 구분할 수 있는 간단한 기준을 세울 수 있는 건 아니라고 얘기했다. 숙면 지수에 이를 때까지 비중을 줄이거나 손실 종목을 처분하였더니, 오히려 투자 이익이 줄어들었던 예시를 기억할 것이다.

분기별 점검을 하다보면 힘든 문제에 직면하게 된다. 당신을 흥분시키는 새 종목을 사고 싶거나, 주택 계약금을 마련해야 할 때가 온다. 이밖에 당신이 투자를 하는 목적을 달성하기 위해 돈이 필요해지는 상황이 온다. 이때 우리는 어떤 종목을 팔아야 할까?

간단한 해결책을 원한다면 전체 종목을 일정한 비율대로 매도하면 된다가령 각각 10%씩. 다만 이 경우 세금 문제가 복잡해질 수 있다.

진지하게 투자 실력 향상을 바라는 투자자들을 위해, 매도 결정에 도움을 주는 나의 기준을 알려주고자 한다.

핵심은 '미래'에 초점을 맞춰서 판단하고 기대치를 설정하는 것이다. 투자수익과 관련하여 무엇보다 중요한 것은 앞으로 일어날 일이기 때문이다. 과거의 재료와 변동은 이미 주가에 반영되었다. 주요 보유 종목에 대한 기대치를 명확하게 설정하고 장기적으로 평가하면, 훨씬 현명한 결정을 내릴 수 있다.

나는 회원들을 위해 종목을 추천할 때, '5와 3 프레임워크'를 활용한다. 이는 5개의 초록 깃발과 3개의 빨간 깃발을 말한다맞다. 3부에서는 경마 용어가 계속 등장한다.

우선, 올바른 투자를 위해 살펴야 할 5가지 초록 깃발은 무엇일까? 초록 깃발은 당신이 찾아야 할 기업의 '강세 신호'를 말하며, 애초의 매수 근거와 매수 논리가 여전히 유효하다는 것을 확증하는 증거다. 반대로 일이 잘못되었음을 알리는 3가지 빨간 깃발이 있다.

이는 일종의 사전 경고와도 같다. 그래서 매도를 고려해야 할 때가 되었음을 알려준다. 이 프레임워크는 실제로 주가를 추동하는 미래의 요소를 반영하는 것을 목표로 한다. 조사의 강도는 보유 종목의 중요도에 따라 원하는 만큼 시간을 할애하면 된다.

아래에 활용 사례를 제시한다. 기업명과 연도는 곧 밝힐 것이다. 우선은 프레임워크 내용부터 살펴보자.

5개의 초록 깃발

1. 타 기업 인수를 통해 특히 건축 및 자동차 시제품 분야에서 매출 성장률을 개선했다.

2. 큐비파이닷컴Cubify.com이 충분한 사용자를 확보하여, 일반인용 3D 프린터인 큐브Cube가 경쟁 제품인 메이커봇MakerBot의 판매량을 앞지르는 데 도움을 주었다.

3. 인쇄용 재료소모성 수지 등 판매량이 늘면서 수익률이 상승하고 있다.

4. 계속해서 새로운 인쇄용 재료가 제품군에 추가되고 있다.

5. 바이다Vidar 인수로 의료용 3D 프린터 부문에서 주도권을 키우고 있다.

3개의 빨간 깃발

1. 매출 성장률이 1분기의 실적 개선 흐름을 이어가지 못하고 있다.

2. 순이익률과 영업이익률이 동반 하락하고 있다.

3. 새로 합병된 스트라타시스Stratasys와 오브제지오메트리스Objet Geometries에 특정 시장을 잠식당하고 있다.

어떤 종목의 미래를 완벽하게 머릿속으로 그릴 수 있는 것은 아니다. 하지만 조금만 노력하면 그 미래를 그려갈 이정표 정도는 만들 수 있다. '5와 3 프레임워크'는 언제든 작성하고 필요에 따라 갱신할 수 있다. 분기별 점검 때 써도 탁월한 통찰을 제공한다.

또한 여기서는 매도 시점과 관련하여 이야기하고 있지만, 다른 방향으로 활용할 수도 있다. 관심 있는 종목의 5개 초록 깃발을 뽑아보면 이 기업이 생각보다 더 앞날이 창창할지도 모른다는 느낌을 받게 될 것이다. 즉, 관심 종목에서 매수 종목으로 상향시킬 수도 있다. 또는 이미 보유하고 있다면 불타기를 할 수도 있다물타기는 하지 마라.

물타기 이야기를 하자면, 아직도 나는 3D시스템스3D-Systems에 물타기를 하지 않은 게 기쁘다. 위에 나온 분석은 2012년 3D시스템스에 대해 5와 3 프레임워크를 작성한 내용이다. 내용만 보고 무슨 기업인지 알았다면 자신에게 칭찬 스티커를 줘라. 만약 당신이 그 기업의 주주였다면 그 칭찬 스티커가 당신이 3D시스템스로부터 얻을 수 있는 유일한 것일 터다.

나는 주가가 12달러이던 2012년 1월에 이 주식을 처음 추천했다. 또한 주가가 20달러 선이던 6개월 후에 추가 매수를 제안했다. 그리고 2014년 1월, 주가가 90달러를 넘어섰다. 하지만 2년 후 주가는 10달러 밑으로 떨어졌다. 결국 우리는 2020년 11월, 6달러에 매도했다.

그러나 그로부터 몇 달 후, 코로나 사태로 주가가 6달러에서 50달러 이상으로 폭등했다가! 2021년에 10달러, 현재는 3달러까지 떨어졌다. 대박 사례뿐 아니라 쪽박 사례까지 알려주지 않으면 진정한 '바보Fool'라 말할 수 없다.

첫 평가는 단기적으로 좋은 신호를 보였다. 어떤 의미에서 보면 타당한 신호였다. 첫 2년 동안 잠깐이지만 7배짜리 홈런을 날려주었기 때문이다.

하지만 이익률과 관련된 빨간 깃발이 현실화된 이후에는 이야기가 달라졌다. 그때 좀 더 주의를 기울이거나 더 자주 내용을 갱신해야 했다.

나는 이 사례를 통해 많은 교훈을 얻었다.

그건 그렇고, 왜 초록 깃발은 5개인데 빨간 깃발은 3개뿐일까? 왜 각각 5개이거나 초록 깃발 3개, 빨간 깃발 5개가 아닐까?

기본적으로 규칙 파괴 투자가 세상을 긍정적으로 바라보기 때문이다. 이는 규칙 파괴 투자가 통하는 이유이기도 하다.

반면 다른 사람들은 결함과 두려움에 집착하며, 손실을 피하려 애쓴다. 내가 '일이 잘 풀리면요? 정말로 잘 풀리면요?'라고 자주 묻는 이유가 거기에 있다. 주식투자라는 경이로운 수단을 통해 한 기업의 지분을 보유할 거라면, 비관적인 신호보다 긍정적인 신호를 더 찾아야 하지 않을까?

적절하게 관리하라

'적절하게 관리하라'는 구절은 낙관적 자세로 열린 결말을 시사하는 느낌이다. 이는 3부의 정신과 궤를 같이하기도 한다.

우리는 매일 시간, 관계, 건강 등 뭔가를 관리한다. 특히 돈은 신중하게 관리해야 한다. 자기가 직접!

당신보다 당신의 돈을 아끼는 사람은 없다.

자신의 포트폴리오를 직접 관리하라는 말은, 어린 시절 재미있게 읽었던 『당신만의 모험을 선택하세요Choose Your Own Adventure』● 같은 느낌을 준다. 이 비유를 통해 '적절하게 관리하라'는 나의 말을 이해할 수 있기를 바란다.

첫째, 6가지 습관을 탁월한 수준까지 터득하라.

둘째, 6가지 속성에 따라 종목을 선정하라. 주주가 된 것을 자랑스러워 할 만한 기업의 주식을 매수하라.

셋째, 6가지 습관을 실천하고, 6가지 속성에 따라 기업을 찾으면 포트폴리오라는 결과물이 나온다. 당신의 포트폴리오를 6가지 원칙 위에 견고하게 구축하라. 원칙 ①~③은 포트폴리오를 구축하기 위한 것이고, 원칙 ④~⑥은 포트폴리오를 유지하기 위한 것이다.

● 어린이용 게임북으로 독자의 선택에 따라 이야기가 달라지며, 수많은 시리즈로 출간됨-옮긴이

이처럼 '적절하게 관리하라'는 말은 계속 투자 실력을 올리고, 시장에 관심을 기울이며, 궁극적으로 자신을 믿고 시장의 등락을 자신 있게 헤쳐 나가라는 뜻이다.

6가지 습관과 속성 그리고 원칙은 그렇게 할 수 있는 토대를 만들어준다. 그 위에서 어떤 포트폴리오가 구축될지는 전적으로 당신의 선택에 달려 있다.

사실 6가지 습관은 당신이 취한 자세일 뿐이고, 6가지 속성은 당신이 관찰한 결과일 뿐이다. 열심히 수행하더라도 이 둘은 어디까지나 조력자로서 존재할 뿐이다.

톨킨J. R. R. Tolkien의 『반지의 제왕The Lord of the Rings』에서 반지 원정대가 프로도와 샘을 운명의 산까지 데려다주기 위해 잠시 존재했던 것처럼 말이다. 그러나 결국 세상을 구한 것은 두 호빗이 취한 행동이었다.

이제 당신은 6가지 습관과 6가지 속성의 도움을 받게 되었다. 그 잠재력을 살려서 포트폴리오를 구축하고 성장시키는 일은 당신의 몫이다. 지금부터는 당신이 알아서 해야 한다. 나는 내가 가진 최선의 지식을 모두 전했다. 그러니 당신만의 모험을 선택하라! 그 과정에서 원칙⑥을 따르라.

원칙⑥ : 분기마다 점검하고, 적절하게 관리하라

볼테르는 기념비적인 소설『캉디드』말미에서 시대를 초월한 금언을 제시한다. 그는 "세상에서 일어나는 일을 통제할 수는 없지만, 자신의 환경을 만들어갈 수 있다"고 말했다.

주인공인 캉디드는 고난과 환멸로 가득한 기나긴 여정을 겪었다. 그는 마지막에 이웃인 터키 농부와 대화를 나눈다. 터키 농부는 자신과 자신의 가족은 그저 열심히 일할 뿐, 거창하고 혼란스러운 세상사에는 얽히지 않으면서 소박하고 충만한 삶을 살았다고 말한다. 이런 맥락에서 캉디드는 마지막 말을 전한다.

"우리는 스스로의 정원을 가꾸어야 한다."

이렇게 해서 3부가 끝났다.

미래를 바라보고, 분명한 목표의식을 가져라. 올바른 수의 종목을 보유하여 숙면을 취하고, 전체 경주에 걸쳐 투자하는 자유를 누려라. 그리고 적절하게 관리하라.

당신의 정원을 가꾸어라.

3부 마무리

원칙①: 당신의 최선의 비전을 반영한 포트폴리오

원칙②: 목적을 알고 명시하라

원칙③: 공정한 출발선에 세워라

원칙④: 숙면 지수를 정하라

원칙⑤: 전체 경주에 걸쳐 투자하라

원칙⑥: 분기마다 점검하고, 적절하게 관리하라

여기까지 이 책을 읽은 당신은 더 많은 것을 알게 되었다. 나는 각 장마다 나름의 교훈이 담긴 책을 쓰고자 했다. 어떤 장을 읽든 거기에 담긴 교훈을 따르라. 그러면 더 현명하고 행복하고 부유해질 것이다.

당신이 배운 각각의 습관, 속성, 원칙은 같이 작용할수록 효력이 배가된다. 당신의 마음에 드는 것들을 활용하여 멋진 포트폴리오를 만들어라.

나의 포트폴리오는 내게 값을 따질 수 없는 가치를 지닌다. 나를 울고 웃게 만들었고, 아이들의 학비를 마련해 주었고, 집을 가질 수 있게 해주었고, 모틀리풀의 이름을 세상에 알리도록 해주었다.

당신도 그것을 통해 자유의 땅에 이르기를 바란다. 그것은 바로 '당신의 포트폴리오'이다.

포트폴리오를 만드는 일은 쉽지 않다. 하지만 너무 쉽게 얻은 것은 가벼이 여기게 되어 있지 않은가? 투쟁이 격렬할수록 아주 많은 하락장이 나올 것이다 승리의 영광이 커진다.

오직 간절함만이 모든 것에 가치를 부여한다.

두 투자자 이야기

샐리는 전화를 받았다.

"안녕하세요, 소로스 씨. 프로젝트 기한에 대해 걱정하시는 건 이해합니다. 네. 맞습니다. 양면 태양광 패널이 더 비쌉니다. 납기가 조금 늦춰지고, 예산을 조금 초과하는 게 드문 일은 아닙니다. 알겠습니다. 걱정하시는 건 이해합니다. 그래도 투자를 해주셨으면 해요! 이 프로젝트는 모두에게 이득입니다. 심지어 거북이에게도요. 고려해 주셔서 감사합니다!"

전화를 끊자 클라라가 곧바로 끼어들었다. "아직도 투자자를 모으는 중이야?"

"항상 업그레이드를 해야지."

클라라는 이렇게 대꾸했다. "업그레이드 이야기가 나왔으니 하는

말인데, 토요일에 있을 데이트를 약간 업그레이드할 방법이 생각났
어. 두 사람, 투자 이야기를 하다가 만난 거 맞지?"

"맞아."

"재미있는 아이디어가 있어. 친구한테 얻은 아이디어인데 말이야.
그날 두 사람이 각자 주식을 보유한 회사의 티셔츠를 입으면 어때?
기업 티셔츠 같은 거 있잖아. 유치한 슬로건까지 같이 적혀 있으면
가산점을 받는 거지."

"그거 되게 웃기겠다."

스타벅스에서 샐리를 찾아내는 건 그리 어렵지 않았다. 해리는
이미 그녀의 외모가 마음에 들었던 터였다. 하지만 오늘은 한층 더
정돈된 모습이었다. 진녹색 티셔츠가 그녀의 눈을 돋보이게 만든
걸까?

그는 그녀의 티셔츠에 찍힌 로고를 내려다보며 미소를 지었다.

"엔비디아네요."

샐리는 웃으며 두 팔을 활짝 펼치더니, "AI의 미래를 이끕니다"라
며 티셔츠에 찍힌 문구를 크게 읽었다. 그러고는 고개 숙여 인사하
며 이렇게 말했다. "2005년부터 엔비디아 주식을 보유하고 있어요!
내가 구독하는 정보지가 있는데…, 참 당신은 무슨 회사예요?"

그녀의 티셔츠는 화사했지만, 그의 티셔츠는 초라했다.

해리는 자신의 가슴 쪽을 보는 샐리에게 말했다. "당신이 말한 아이디어가 실없으면서도 재미있더라고요. 이 회사 몰라요?"

샐리는 들어본 적 없는 회사였다.

"오래 전에 구독을 끊은 정보지를 보고 주식을 산 회사인데, 3D 시스템스라고 해요."

샐리는 슬로건을 읽었다. "'미래를 인쇄하다' 3D 프린팅 회사예요?"

"그 비슷한 사업을 해요. 보유 물량을 늘릴까 생각 중이에요. 주가가 3달러 밑으로 떨어졌거든요."

그 말에 샐리의 미간이 살짝 찌푸려지는 듯했다.

"내가 쓰는 앱으로 매수를 하면 수수료 할인에다가 아바타 업그레이드 혜택까지 줘요."

"아바타 업그레이드라고요?"

"그냥 재미로 하는 거예요. 투자를 게임화하는 거죠. 새 복장을 해제할 수 있어요."

"무슨 복장요?"

"결국에는 안 했어요."

해리는 샐리와 같이 카운터로 걸어갔다. 마침 카페인이 필요하던 참이었다. 어제 잠을 잘 이루지 못했기 때문이었다.

"뭐 마실래요?"

샐리는 주문한 음료가 나오기를 기다리면서 '인베스트허스 InvestHers'라는 여성 투자 모임을 이끌어온 이야기를 했다.

"이름이 어때요?"

해리는 그냥 키득거리기만 했다.

"우리 모임 포트폴리오에는 엔비디아가 들어 있는데, 그것 때문에 선진국형 문제에 시달리고 있어요. 회원들이 밤에 잠을 잘 수 있도록 비중을 계속 줄이는 중이에요!" 회원들을 자랑스러워하는 샐리의 마음이 분명하게 드러났다.

"우리 모임의 목적은 교육을 통해 여성들에게 힘을 부여하는 거예요. 그래서 수익 중 일부를 여성 대상 필수 금융교육 사업에 쓰고 있어요."

해리는 샐리의 말에 강한 인상을 받았다.

동시에 식당에 좋은 자리가 없다는 사실도 재빨리 깨달아가고 있었다. 점심시간이라 자리가 꽉 차 있었다!

해리의 스마트워치가 진동했다. 제이크가 보낸 문자메시지가 들어와 있었다.

"해리, 너한테 줄 게 있어. 두 사람 지금 시내 스타벅스에 있지? 두 구역만 내려와. 같이 보자."

제이크는 언제나 장난기가 넘쳤다. 해리는 거기가 어딘지, 자리가 2개 있는지 묻는 답장을 보냈다.

"경마장에 있고, 자리도 있어. 20분 후에 메인 경주가 시작돼."

샐리는 어릴 때 경마장에 가본 적이 있었다. 하지만 그때는 지금처럼 거창하고 열광적인 분위기가 아니었다.

경마장은 활기로 넘쳐났다. 멀리서 들리는 말 울음소리와 갓 튀긴 팝콘 냄새가 관중들의 웅성거리는 소리와 뒤섞였다. 기수들의 화려한 유니폼은 오후의 햇살을 받아 색종이 조각처럼 반짝였다.

제이크는 그가 말했던 대로 트랙이 내려다보이는 안락한 박스석에 2개의 좋은 자리를 잡아둔 터였다.

"두 주식꾼들 어서 와요. 잠깐, 해리. 너 진짜 그걸 입었어?"

해리는 제이크에게 혀를 내밀었다.

"아무튼 6분 뒤에 메인 경주가 시작될 거야." 제이크는 배당판을 흘끗 바라보았다.

"신사숙녀 여러분, 베팅을 하세요." 안내 방송이 울려퍼졌다.

해리는 샐리에게 25달러를 내밀었다.

"이건 왜요?"

해리는 웃으며 말했다. "당신이 25달러, 내가 25달러 거는 거예요."

"해리는 회사에서도 항상 내기를 해요. 내 돈 주고 사먹은 커피보다 해리가 사준 커피가 더 많을 거예요."

샐리는 당황하며 말했다. "하지만 뭘 보고 베팅을 해요?"

해리의 입꼬리가 올라갔다. "이름이 멋진 말에 걸어요. 아니면 잠을 푹 잔 것처럼 보이는 말에 걸든가요."

제이크도 거들었다. "아니면 내 전략대로 해요. 배당률이 가장 높고, 다리가 가장 짧은 말에 걸어요. 그럼 항상 돈을 따요."

그는 샐리가 출전마들을 훑어볼 수 있도록 경마지를 건네며 이야기를 이어갔다. "재미를 더하기 위한 1가지 규칙이 있어요. 바로 각자 25달러를 베팅하되 어느 말에 걸었는지는 비밀로 하는 거에요. 끝까지 말하면 안 돼요."

그들은 베팅을 끝내고 몇 분 후 자리로 돌아왔다.

하지만 해리의 놀이는 아직 끝난 게 아니었다. 그에게는 마지막 수가 남아 있었다. "들어봐요. 당신도 베팅했고, 나도 베팅했잖아요. 제이크는 우리더러 서로 절대 말하지 말라고 했죠? 자, 이게 마지막 반전이에요."

"선물입니다. 나의 통찰이 담긴 마권을 당신에게 줄게요." 그는 샐리에게 자신의 마권을 뒤집어서 내밀었다.

샐리는 어리둥절한 표정으로 멈칫했다.

샐리는 깜짝 놀라는 한편, 약간 뭉클하기도 했다. "좋아요. 데이터 마케팅 애널리스트로 위장한 데이트레이더가 이렇게 매력적인 줄 몰랐네요."

그녀는 자신의 마권을 뒤집어서 해리에게 건넸다. "첫 데이트 잘해봐요. 이 말이 우승했으면 좋겠어요."

이윽고 출발 신호가 울렸다.

그날 오후 세 사람은 경마장 안에 있는 칵테일바 ‘위너스 서클The Winner's Circle ’에 모였다.

제이크는 두 사람에게 작별을 고했다. “두 사람이 어느 말에 베팅했는지 계속 말 안 해줄 거예요? 세상에, 주식꾼들은 비밀을 잘 지키는군요.”

해리와 샐리는 미소를 지으며 초대해줘서 고맙다고 말했다.

“혹시라도 둘 중에 당첨된 사람이 있을지 모르니까 말해둘게요. 7시까지 창구에서 당첨금을 받을 수 있어요.”

그는 두 사람이 회개하기를 바라며 잠시 말을 멈추었지만, 아무 소득이 없었다. “좋아요, 좋아. 대신 해리 너, 월요일에 전부 보고해!”

바에 사람들이 점차 줄어들었다. 이제 사실을 밝힐 시간이었다.

샐리가 말했다. “당신 먼저 해요. 어느 말인지 봐요.”

해리는 그녀에게 받은 마권을 마치 윙카의 황금 티켓처럼어떤 면에서는 정말로 그렇기도 했다 조심스레 뒤집었다.

“와, 이 말이군요. 그래서, 몇 등 했어요?”

샐리가 베팅한 말은 13번마, ‘근사한 매력Dashing Charm ’이었다. 샐리는 얼굴을 붉혔다.

해리는 놀리는 투로 말했다. “아나운서가 13번을 외친 적이 별로 없었던 것 같아요. 아니, 한 번도 없었던가?”

샐리는 다시 얼굴을 붉혔다. 이번에는 후회하는 기색도 조금 있었다. "이름이 마음에 드는 말을 고르라고 했잖아요. 게다가 누군가를 생각나게 만드는 이름이라서 골랐어요. 그런데 경주가 시작될 때부터 비틀거리며 게이트에서 나오더니 꼴찌를 했어요. 25달러를 날려서 미안해요."

해리는 계속 마권을 바라보았다. "근사한 매력이 누구를 생각나게 만든다는 거죠?"

샐리는 세 번째로 얼굴을 붉혔다.

"좋아요. 이제 당신 차례예요."

샐리는 자신의 황금 티켓을 뒤집었다. "어느 말에 걸었어요? 세상에! 말도 안 돼!"

해리는 샐리를 바라보며 말했다. "나한테 우승마를 알아보는 눈이 있는 거 같아요. 그렇죠?"

샐리는 믿기 어렵다는 표정으로 말했다. "6번마가 우승했어요? 10대 1 배당률에 25달러를 걸었으니까 250달러나 돼요!"

"잔돈은 가져요."

"하지만 당신 돈이잖아요."

"선물로 준 거예요."

"어느 말이 우승했는지 몰랐어요. '근사한 매력'이 뒤로 밀려나는 걸 보느라 바빴거든요."

"6번마가 쉽게 이겼어요. 사실 나는 경마도 잘 몰라요. 제이크가 잘 알죠. 난 그냥 이름이 좋아서 건 거예요."

"말 이름은 '정원을 가꿔라Cultivate Your Garden'인데요?"

해리가 캐스터의 말투를 흉내 냈다. "말들이 마지막 구간으로 접어듭니다. 일방적인 독주네요. '정원을 가꿔라'가 그 주인공입니다! '정원을 가꿔…', '정원을 가꿔라'가 우승합니다!"

"그 이름이 좋다고요?"

"당신 생각을 하게 만들었으니까요."

그때 바텐더가 외쳤다. "주문 마감합니다."

샐리는 해리에게 말했다. "이제 지갑이 두둑해졌으니까 내가 술 한잔 사도 될까요?"

"그럼요."

샐리는 바텐더를 향해 소리쳤다. "오늘 밤의 시그니처 칵테일이 뭐예요?"

"오늘 밤의 시그니처 칵테일은 멋진Spiffy 겁니다. 그리고 톡 터지는Pop 맛을 지녔죠. 새로 만든 건데 이름은 '폭등Spiffy-Pop'입니다. 한번 드셔보시겠습니까?"

샐리는 "마셔보고 싶네요"라며 맞장구를 쳤다.

바텐더는 해리를 보며 말했다. "손님은요? 미녀 분께서 쏘신답니다."

해리는 바텐더와 샐리를 번갈아보다가 잠깐 멈춘 후 말했다.

"나도 같은 걸로 주세요."●

● 영화 「해리가 샐리를 만났을 때(When Harry Met Sally)」에 나오는 대사-옮긴이

X

엑셀시오르

2018년 가을, 제프 베이조스는 경제 클럽The Economic Club에서 강연하기 위해 내 고향 워싱턴DC를 방문했다. 나는 그 자리에 참석할 계획이었다.

세계 최고 부자가 우리 동네에 오는 것이 흔한 일은 아니었다. 그 자리에는 기업계, 정치계, 문화계 거물들이 참석할 게 분명했다. 엄청난 행사가 될 것이었다.

나는 전날 아내에게 말했다. "혹시라도 제프와 이야기할 기회가 생기면 이렇게 말할 거야. '아마 제가 여기서 아마존 주식을 두 번째로 낮은 가격에 보유하고 있는 사람일 겁니다'라고 말이야."

물론 가장 낮은 가격에 보유하고 있는 사람은 창업자인 제프 베이조스일 테다. 그래도 나는 내가 우리 회원들에게 상장 직후부터 아마존을 추천했다는 사실을 그에게 알리고 싶었다. 내가 아마존 주식을 매수한 때는 아주 오래 전이었다. 당시 가격은 지금은 상징 적인 가격이 된 주당 16센트였다.

대다수 다른 참석자들도 그때부터 아마존을 알고 있었을 것이 다. 하지만 그들은 고평가된 온라인 서점이라며 무시했을 것이다.

나는 제프를 다시 만나서 위 대사를 전하고 싶었다. 만약 그럴 기회가 생긴다면 말이다.

나는 예전에 제프를 인터뷰한 적이 있었다. 하지만 그건 20년 전 일이었다. 아마존의 규모가 지금의 100분의 1이던 시절에는 제프 를 「모틀리풀 라디오 쇼」에 부르기가 훨씬 쉬웠다.

다음 날 저녁, 나는 기업계 유명인, 언론사 간부, 보안요원들이 둘 러싸고 있는 워싱턴 힐튼 호텔로 향했다. 수천 명이 줄을 서 있었 다. 마치 서커스 공연장 같았다.

길 건너편에서 확성기에 대고 '노동자들에게 저임금을 지불하는 베이조스는 떠나라!'라고 외치는 사람들 때문에 거리가 더 소란스 러웠다. 그때는 아마존이 최저임금을 시간당 15달러로 인상하기 전 이었다. 이와 별개로, 제프는 그날 오전 무주택 가정을 지원하고 조 기 아동 교육을 강화하기 위해 20억 달러의 데이 원 펀드Day One Fund를 조성하겠다고 발표한 상태였다.

나는 간신히 호텔 로비로 들어가는 데 성공했다쉬운 일이 아니었다. 바에 가서 와인을 한잔 마시려 했지만 허사였다. 사람이 너무 많았다. '여기는 소방 규정도 안 지키나?'라는 생각이 들었다. 어찌나 많은 사람이 빽빽이 들어차 있는지 헛웃음이 나올 지경이었다. 광대차가 들어와서 사람을 더 풀어놓을 것처럼 느껴졌다.●

'제프 베이조스를 만나기는 그른 것 같다'는 생각이 들기 시작했다. 나는 접수대에 가서 좌석 배정표가 들어 있는 봉투를 집어 들었다. 나는 334번 테이블이었다. 1번 테이블을 기대한 건 아니었지만, 세상에. 334번은 무대에서 한참 떨어져 있었다.

행사의 시작을 알린 진행자는 억만장자이자 워싱턴 경제 클럽 회장인 데이비드 루빈스타인David Rubinstein이었다. 그는 명민하면서도 관대한 사람이었다지금은 볼티모어 오리올스 야구팀의 최대 주주. 수많은 후원업체가 소개되고, 뒤이어 워싱턴 경제 클럽 장학생 명단이 발표되었다.

이후 루빈스타인은 "오늘 밤, 제프 베이조스 씨가 이 자리에 와 있습니다"라며 제프에게 일어나 손을 흔들어 달라고 요청했다. 멀리 앞쪽에서 손을 흔드는 사람이 작게 보였다. 그의 모습은 만찬이 준비되는 동안 인터뷰를 할 준비가 되었음을 말해주었다.

마침내 20분에 달하는 발표가 마무리되고, 샐러드가 들어왔다. 만찬이 시작되었다는 신호였다.

하지만 내게는 다른 계획이 있었다.

● 서커스에서는 작은 차에서 많은 광대들이 나오는 장면이 연출됨-옮긴이

334번 테이블에는 모두 모르는 사람들이 앉아 있었다. 나는 옆에 앉은 2명의 신사에게 말했다. "지금 베이조스를 만나러 갈 겁니다. 될지 안 될지는 5분 안에 알게 될 거예요. 실례합니다."

∾

여론조사 전문가인 마크 펜Mark Penn은 저서 『마이크로트렌드 XMicrotrends Squared』2018에서 이렇게 썼다. "지난 10년 동안 미국에서 중대한 변화가 일어났다. 가장 낙관적이고 진취적이던 나라가 끝없는 비관주의와 부정적 태도에 빠져버렸다."

이 변화는 놀라우면서도 심히 유감스럽다. 나는 확고한 '헨리 포드 낙관파Henry Ford Optimism School'이다. 이는 내가 만든 용어로, 아마 공식적으로 존재한 적은 없을 것이다.

포드는 미국 역사상 최악의 시기에 속하는 1863년에 태어났다. 그럼에도 산업을 혁신했고, 누구나 자동차를 탈 수 있도록 만들었다. 그는 이런 유명한 말을 남겼다.

"할 수 있다고 생각하든, 할 수 없다고 생각하든, 그 생각이 맞다."

'아멘'이라는 말이 절로 나오지 않는가?

나는 특히 초기 단계 기업우리 회사 포함에서 낙관주의의 힘을 몸소 체험했다. '할 수 있어'라고 말하는 기업은 '할 수 없어'라고 말하는 기업보다 성공할 가능성이 훨씬 크다. 낙관주의는 단순한 마음가짐이 아니라 창조적 힘이다.

'100배짜리 홈런을 날릴 때까지 계속 주식을 들고 있을 수 있다고 믿는가?' 이 책을 거의 다 읽은 당신이 그럴 수 있다고 믿고 있기를 바란다. 당신은 할 수 있다. 그렇게 생각하면, 그럴 수 없다고 생각하는 경우보다 실제로 해낼 가능성이 훨씬 커진다.

제프 베이조스 또한 '할 수 없다'형 인간이 될 수도 있었다.

그는 뉴멕시코 주 앨버커키에서 십대 엄마에게 태어나 수많은 어려움을 겪었다. 우선 그는 태어난 직후 부모가 헤어지는 바람에 엄마와 양아버지쿠바 이민자 밑에서 컸다. 빈 스컬리Vin Scully의 표현을 빌리자면 그는 '무너진 꿈의 무덤에 갇히기 십상인 어린 시절'을 보냈다.

다시 말해서 '끝없는 비관주의와 부정적 태도에 빠지기' 쉬웠다. 하지만 우리 시대의 가장 위대한 인터넷 기업인인 그의 마음가짐은 남달랐다.

'궁지에서 빠져나오는 유일한 길은 출구를 만드는 것이다.'

'나는 설령 실패하더라도 후회하지 않을 것임을 알았다.

하지만 시도조차 하지 않으면 후회할 게 분명했다.'

제프만 그런 것이 아니다.

스타벅스를 창업한 하워드 슐츠는 뉴욕시 브루클린의 공공주택 단지에서 자랐다.

오프라 윈프리는 미시시피 시골의 가난한 집안에서 태어나, 어린 시절에 학대를 비롯한 수많은 고난에 시달렸다. 하지만 지금은 세상에서 가장 영향력 있는 언론계 거물의 반열에 올랐다.

얀 쿰Jan Koum은 16살 때 우크라이나에서 미국으로 이민을 와 식료품 구매권으로 먹고살았으며, 생활비를 벌기 위해 청소부로 일했다. 그러나 나중에 와츠앱WhatsApp을 공동 창립한 후 190억 달러를 받고 페이스북에 팔았다.

애플의 공동 창립자인 스티브 잡스는 어린 미혼모 대학원생 엄마에게서 태어나 입양되었다. 이후 노동자 계급 양부모 밑에서 자랐으나 어려운 집안 사정 때문에 대학을 중퇴해야 했다. 당시 그는 친구들의 기숙사 방바닥에서 자면서 돈을 벌려고 콜라병을 주우러 다녔다. 이후의 이야기는 익히 알려져 있다.

이런 어려움을 이겨내기란 쉽지 않다. 결코 쉬울 수 없다. 이들 중 누구도 유리한 위치에서 인생을 시작하지 않았다. 누구도 역사에 이름을 남길 것이라는 기대를 받지 않았다. 하지만,

결국, 우리는 자신이 한 수많은 선택의 결과물이다.
자신을 위대한 이야기의 주인공으로 만들어라.

나는 은수저를 물고 자라지 않았다. 우리 집 찬장에 내 이름이 새겨진 은수저가 있기는 했지만 말이다. 그러니까, 우리 집은 나름대로 잘살았지만 티를 내지는 않았다는 말이다.

인생이 항상 쉬운 것은 아니었다 그런 인생은 없다. 하지만 나는 나의 두 부모님 밑에서 자란 것만으로도 이미 후한 점수를 받았다고 생각한다.

나의 두 할아버지는 모두 성공한 사업가였다. 한 할아버지는 메이저리그 야구팀 지분까지 갖고 있었다. 아일랜드계 천주교도 부모님을 둔 나의 어머니는 사교계 여성으로서 허용되는 범위 안에서 우리 가문의 규칙 파괴자였다. 나의 아버지는 하버드 출신 변호사였으며, 앞서 말한 대로 내게 투자를 가르쳐 주었다.

나는 18살 때 아버지에게 주식 포트폴리오를 물려받았다. 내가

태어날 때부터 아버지가 현명한 투자로 키워온 포트폴리오였다. 대학 학비를 댈 수도 있는 금액이었지만 나는 전액 장학금을 받았다.

그날 밤 워싱턴 힐튼 호텔에 모인 사람들 사이에서 나는 딱히 '고난을 극복했던 이력' 같은 영웅적인 면모가 없었다.

하지만 아주 싼 가격에 아마존 주식을 보유한 것 말고도, 베이조스 그리고 앞서 언급한 다른 영웅들과 확실하게 비슷한 점이 하나 있었다.

어쩌면 당신도 그럴지 모른다.

우리뿐만 아니라 미국 역사상 대부분의 기간에 걸쳐서 이민자들이 폭넓게 공유해온 특징이 있다. 1세대 미국인들이 가장 분명하게 느끼고 표현했던 그 특징은 바로,

낙관주의이다.

나는 다른 많은 사람들특히 기업계 사람들처럼 몇 가지 핵심 가정에서 일을 시작한다. 그것은 '나는 할 수 있어', '노력은 보상받을 거야', '실패해도 배울 수 있어', '시도하지 않으면 무조건 실패해' 같은 것들이다.

여기에는 유명 CEO를 붙잡고 이야기하려는 시도도 포함된다.

"할 수 있다고 생각하든, 할 수 없다고 생각하든, 그 생각이 맞다."

같은 맥락에서 해리 트루먼은 이런 유명한 말을 남겼다. "비관주

의자는 기회를 난관으로 만들고, 낙관주의자는 난관을 기회로 만든다."

앞서 당신도 이런 마음가짐을 가지기를 바란다고 말했다. 적어도 이 책의 0장을 읽을 때보다 X장을 읽고 있는 지금, 거기에 더 가까워졌기를 바란다.

누구의 영향을 받는지, 누구의 글을 읽는지는 우리가 어떤 사람이 되는지에 아주 큰 영향을 미친다.

내 친구의 장인은 메릴랜드 청소년법원의 현명한 판사이다. 구금된 후 다시 세상에 나갈 준비를 하는 아이들에게 그는 이런 말을 해준다고 한다.

"너희들 중에 또 범죄를 저질러서 나를 다시 볼 사람이 누구인지, 다시 보지 않을 사람이 누구인지 쉽게 알 수 있어. 간단해. 친구가 누구인지만 보면 돼."

우리는 스스로 한 수많은 선택의 결과물이다. 거기에는 같이 시간을 보낼 사람에 대한 선택도 포함된다!

제임스 클리어James Clear는 "오늘의 친구를 선택하는 것은 곧 내일의 습관을 선택하는 것"이라고 말했다.

살을 빼고 싶은가? 살을 빼고 있는 사람들과 어울려라. 돈을 잘 관리하고 싶은가? 쓰는 돈보다 더 많이 저축하는 사람들과 어울려라. 인생의 밝은 면을 보고 싶다면, 긍정적 태도와 지성으로 빛나는 사람들을 주위에 두어라.

낙관주의 연구소The Optimism Institute● 소장인 내 친구 빌 버크Bill Burke가 내게 들려준 아주 좋은 말이 있다. 다만 원래 이 말을 한 사람은 「와이어드」를 공동 창간한 합리적 낙관주의자, 케빈 켈리이다.

"오늘의 주요 기사를 읽으면 상황이

그 어느 때보다 나쁘다는 결론을 내리게 된다.

하지만 역사서에서 오늘을 읽으면 상황이

그 어느 때보다 낫다는 결론을 내리게 된다."

나는 테이블에서 일어나 329번과 330번 테이블을 지나갔다. 200번대 후반 테이블로 가는 통로가 보였다. 거기를 지나 100번대 구역으로 들어섰다. 그리고는 결연하게 1번 테이블로 향했다.

그러면서 '이런 자리에서 무슨 큰일이야 나겠어?'라고 생각했다.

행사장 앞쪽에 도착하여 뒤를 돌아보니, 334번 테이블처럼 작은 테이블들이 연못의 수련 잎처럼 빼곡히 놓여 있었다. 사람들은 벌써 식사를 시작한 참이었다.

하지만 여기 귀빈 구역에 있는 사람들은 자리에 앉지도 않은 채 여전히 돌아다니고 있었다.

● www.theoptimisminstitute.com

그중에 제프가 있었다. 마침 단 한 명만 그와 이야기를 나누고 있었다.

기회였다. 나는 그 사람 바로 뒤에 서서 대화를 약간 엿들었다. 다행히 2분 정도가 지나자 대화가 마무리되는 분위기였다.

그 사람은 다른 곳으로 갔고, 제프만 남아 있었다.

모틀리풀에는 오랫동안 다른 무엇보다 중시해온 핵심 가치가 있다. 바로 자신의 '모틀리motley'●를 매일 일터에서 실현하는 것이다. 그 누구도 아닌 당신의 모틀리 말이다.

당신의 모틀리는 하나의 단어 또는 구절이 될 수 있다. 또한 당신이 가장 중시하는 것, 당신이 열망하는 것, 당신을 정의하는 것이자, 당신이 하고 싶은 이야기이기도 하다.

우리 회사의 구호는 '당신의 모틀리는 무엇인가요?'이다. 400명이 넘는 우리 직원들에게 모틀리를 물어보면 저마다 다른 답을 갖고 있다. 그들은 자신의 목소리를 들어주는 회사에서 일한다.

우리의 가장 근본적인 핵심 가치, 우리의 이름을 담은 가치는 이렇게 묻는다. '당신은 누구이며, 무엇을 중시합니까?'

나는 우리가 언제나 스테인드글라스와 같다고 말해왔다. 각각의

● 원래는 '잡다하다'는 뜻이지만 여기서는 '각자의 개성'이나 '특색'을 뜻함-옮긴이

신입사원은 거기에 고유한 형태와 매력적인 색깔을 지닌 자신만의 조각을 더한다.

어떤 직원들은 자신의 모틀리를 가슴 깊이 담으며, 30초짜리 이야기로 나의 가슴을 흔들어 놓는다. 또 다른 직원들은 자신의 모틀리를 재미거리로 삼고, 가볍게 받아들이며, 입맛처럼 자주 바꾼다.

당신의 모틀리는 무엇인가?

나의 모틀리는 처음부터 쭉 같았으며, 바꿀 생각이 없다. 그것은 라틴어로 '더 높이'를 뜻하는 '엑셀시오르 Excelsior'이다.

나는 주식시장이 더 높이 오르기를 바란다. 그것은 실제로 오른다. 시간만 주면 된다. 나는 우리 회사가 아주 작고 소박하게 출발하여 더 높이 오르는 모습을 지켜보았다.

나는 모든 주위 사람들 가족, 친구, 독자들의 삶, 의식, 경험도 같이 격상되기를 원한다. 나는 주위에 있는 모든 것을 격상시키고 싶다. 모든 것이 상승하는 모습을 보고 싶다.

'엑셀시오르'는 언제나 내게 '탁월성'을 연상시킨다.

나는 탁월한 주식을 찾아서 매수하고, 시간이 지나면 추가 매수한다.

반면 어중간한 주식은 매도한다. 그게 내가 투자하는 방식이다.

나는 그를 보고 웃으며 말했다. "제프, 아마 제가 여기서 아마존 주식을 두 번째로 낮은 가격에 보유하고 있는 사람일 거예요." 그리고 이렇게 덧붙였다. "다시 만나서 반가워요! 모틀리풀의 데이비드 가드너입니다. 일전에 같이 이야기 나눈 적이 있습니다."

제프는 어떻게 했을까?

그는 즉시 "데이비드!"라며 따뜻하고 친근하게 화답해 주었다. 그리고는 주머니에서 전화기를 꺼내더니 나와 어깨동무를 하면서 "같이 한 장 찍죠!"라고 말했다.

그렇게 해서 나는 제프 베이조스와 사진을 찍게 되었다.

아마 나는 그 사진을 영원히 보지 못할 것 같다. 제프의 전화기 깊은 곳에 오랫동안 묻혀 있을 것이기 때문이다!

그래도 거기에 제목을 붙여야 한다면 '낙관주의자들'이라고 하겠다. 우리는 아주 다른 곳에서 온 두 명의 낙관주의자들이었다. 한 명은 다른 한 명보다 훨씬 큰 회사를 갖고 있었다!

하지만 주식시장의 기적 덕분에 나는그리고 이 책을 읽는 일부 독자는 아마존 주주로서 큰 덕을 보았다. 또한 미국과 전 세계의 대다수 사람들은 매일 신뢰할 수 있는 커머스, 웹, 구독 서비스를 제공하는 아마존의 혜택을 누린다.

2023년 5월, 하버드 캡스Harvard CAPS와 해리스 폴Harris Poll은 미

국인을 대상으로 가장 신뢰하는 조직이 무엇인지 묻는 공동 설문 조사를 실시했다. 2위에 오른 것은 77%의 대다수가 신뢰한다고 응답한 미군이었다. 그리고 그보다 약간 높은 78%의 수치로 미국인들이 가장 신뢰하는 조직의 자리에 오른 곳은 아마존이었다. 이는 미국 의회 지지도보다 2배 이상 높은 수치였다.

～

'엑셀시오르.'

언론은 불안을 부추기는 기사들로 끝없는 스크롤을 유도한다. 금융 논평가들은 앞으로 나올 폭락에 집착한다. 오죽하면 경제학자 폴 새뮤얼슨Paul Samuelson은 "그들이 지난 5번의 경기침체 중 9번을 예측했다"고 꼬집었다.

이런 세상에서는 큰 그림을 놓치기 쉽다.

혹시라도 의구심이 든다면 주식시장의 장기 우상향 그래프를 보라. 수많은 고통과 공포를 수반한 대규모 하락기1930년대의 대공황, 2008년과 2009년의 대불황조차 일시적 이탈로 보인다. 자세히 들여다봐야 '이런 게 있었구나' 할 정도이다.

'엑셀시오르'는 우연히 생긴 말이 아니다. 이것은 대체로 민간 영역에서 여러 세대에 걸쳐 이룬 노력과 혁신적 사고가 전 세계적으

● "The Harvard CAPS/Harris Poll", 2023. 5.

로 축적된 결과물이다.

지금어느 때든 어떤 사람들은 주식시장의 우상향 추세가 앞으로
도 계속 유지될지 의심한다. 규칙 파괴 투자가 대단히 높은 수익률
을 올릴 수 있는 이유가 거기에 있다.

우리는 공포와 걱정이 아니라 자신감과 애정을 갖고 미래지향적
으로 살아야 한다..

나는 한편으로 매트 리들리가 『이성적 낙관주의자』에서 드러낸
사실을 모두가 알게 되기를 바란다. '어느 시대나 사람들은 상황이
더 나빠질 것이고, 세상이 망할 거라고 생각했다'는 사실 말이다.
"우리가 최후의 날들을 살고 있다면 우리의 행동과 삶 자체가 역사
적 의미를 띠게 되며, 그래서 적지 않은 비장미가 더해진다"는 에릭
젠시의 말 또한 모두가 알기를 바란다.

하지만 다른 한편으로 나는 이런 생각도 한다. '공포를 조장하는
언론이나 젊은 세대의 행태는 걱정의 장벽을 세울 뿐이다. 그러나
이는 여러 세대에 걸쳐서 주식이특히 규칙 파괴 기업이 유례없는 수준
으로 돈을 벌 기회를 제공하게 만드는 원인이 되기도 한다.'

영국 역사학자 토머스 배빙턴 매콜리Thomas Babington Macaulay의
말을 인용해보겠다. "우리는 지금까지 오로지 발전만을 거듭했는
데, 무슨 근거로 앞으로는 쇠퇴하기만 할 것이라고 예상하는가?"

엑셀시오르.

다른 희망이 있다

"어릿광대다, 어릿광대야. 나는 숲속에서 어릿광대를 만났네. 알록달록 옷을 입은 어릿광대motley fool를."

—셰익스피어 『뜻대로 하세요As You Like It』

셰익스피어가 아주 잘 표현하기는 했지만, '바보스러움Foolishness'은 그의 시대보다 수백만 년 전부터 이어져 내려왔다. 그러한 바보스러움Foolishness이 이 세상에 태어난 건 원시인들이 자연환경에 적응해 나가던 때로 거슬러 올라간다.

불을 피우고 다스리는 법을 발견한 것은 인류가 이룬 가장 중요한 진전 중 하나이다. 처음 그 일을 한 인류는 150만 년에서 200만 년 전의 '호모 에렉투스homo erectus'로 알려져 있다.

전통과 권위가 지배하는 부족 사회에서 최초의 '바보Fool'가 등장한 상황을 상상해 보자. 이름은 아마라Amara라고 부를 것이다.

그녀는 번개가 일으킨 불에 의존하여 음식을 조리하고 난방을 하던 소부락에서 살던 초기 인류이다.

어느 날, 아마라는 번개에 맞아 그을린 나무를 살펴보다가 이런 생각을 한다. '불이 나기를 기다릴 필요 없이 직접 피울 수도 있을까?' 이는 들어본 적 없는 일이었으며, 심지어 금기이기도 했다. 불은 강력한 자연의 힘으로서 경외의 대상이었다.

하지만 아마라는 특정한 물질을 마찰시키면 열과 불꽃이 생긴다는 사실을 알아냈다. 누구도 생각지 못했던 방법이었다.

그런데 마을 사람들은 그녀의 생각을 듣고 위험하다며 또는 바보스럽다며 무시했다. 신을 흉내 내는 오만한 짓이라고 꾸짖는 사람도 있었다.

아마라는 물러서지 않았다.

그녀는 며칠 동안 마른 잎과 나무껍질을 모은 다음, 손이 까지도록 돌멩이와 나뭇가지로 마찰열을 만들었다. 마침내 희미한 연기가 피어올랐다. 그녀는 물집과 근육통을 잊고 고개를 숙여서 살살 입김을 불었다. 그러자 불씨가 커지더니 불꽃이 일었다. 온갖 난관에도 불구하고 그녀가 성공한 것이다.

부족 장로들은 아마라가 역사상 최초로 불을 피우는 모습을 놀란 표정으로 바라보았다. 그녀의 발견은 생활방식을 바꿔놓았다. 이제 사람들은 불로 음식을 조리하고 위협을 막아낼 수 있었다.

이는 인류 역사의 결정적인 전환기이기도 했다. 한 용감한 '바보 Fool'가 통념을 거슬렀다. 그 결과 인류는 새로운 지식을 통해 실로 놀라운 진보의 길을 밝혔다.

어쩌면 실제로 이런 일이 일어나지 않았을까?

아니면 더 오래 전, 머나먼 은하에서…?

「스타워즈」에서 진정한 광대는 누구일까?

셰익스피어의 희곡에서 내가 가장 좋아하는 등장인물은 '어릿광대Fool'이다. 그들은 날카로운 위트로 진실을 말하고, 군주에게 거울을 들이댄다. 그들은 겸손하기도 해서 절대 왕이나 여왕이 되기를 바라지 않는다. 어릿광대는 그저 어릿광대일 뿐 그 이상도, 이하도 아니다.

나와 동생은 궁정에서 권력자에게 진실을 말할 수 있는 유일한 존재인 어릿광대를 기리는 의미에서 우리 회사 이름을 지었다.

어릿광대는 셰익스피어의 희곡을 벗어나, 많은 현대 서사에 등장한다. 우리는 영화 등장인물들이 보이는 뜻밖의 지혜와 유머에서 어릿광대의 흔적을 볼 수 있다.

「스타워즈」에서 가장 '광대스러운Foolish' 등장인물은 누구일까?

인간형 로봇 C-3PO가 광대라는 강력한 근거가 있다. 그는 언제나 웃기고, 정직하며, 불편한 진실을 알리는 일을 주저하지 않는다.

위기가 닥쳤을 때 그는 한 솔로를 위해 아주 낮은 생존 가능성을 차분하게 계산하기도 한다. 게다가 영국 억양을 쓰기 때문에 셰익스피어식 말투를 연상시킨다. 그러므로 C-3PO가 광대일지 모른다.

아니면 원통형 로봇 R2-D2일까? 그는 말을 하지 못하지만 가장 중요할 때 소리를 높인다. 그렇게 중요한 대목에서 조언과 해결책을 제시하는 결정적 역할을 한다. 그럼에도 매우 겸손하다. 그래서 레아 공주는 오비완 케노비에게 전할 홀로그램을 그에게 맡긴다.

우리는 R2-D2가 특유의 조신하고 어릿광대 같은 태도로 세트장을 돌아다니는 모습을 좋아한다. 그는 주로 바퀴에 의존하지만 급할 때는 로켓 부스터를 뽐내며 계단을 오르기도 한다! 아이들은 R2-D2와 쉽게 교감한다.

둘 다 강력한 광대 후보로, 내가 설득당할 여지가 있다.

하지만 내가 보기에 스타워즈에서 가장 광대스러운 등장인물은 '요다'이다.

요다는 셋 중에서 가장 뚜렷하게 지혜를 구현한다. 몸집이 작은 그는 위엄 있어 보이지 않는다. 그는 아이들을 웃게 만드는 동시에 어른들의 관심을 끌 만큼 무게감 있는 특이한 화법을 쓴다.

당신이 왕 또는 여왕이라면 이 셋 중에서 누구를 자문으로 선택하겠는가? 나는 요다를 선택하겠다!

이 최고의 광대는 내가 「스타워즈」 시리즈에서 가장 좋아하는 대사를 한다. 당신도 아는 대사일지 모른다.

참고로 약간의 차이로 2위에 오른 광대는 오비완 케노비이다. 그는 이런 대사를 한다. "누가 더 어리석을까? 바보일까 아니면 그 바보를 따르는 사람일까?"

나는 가족과 친구들에게 이 책이 나의 '마지막 투자서'가 될 거라고 말했다.

어떤 면에서 그 말은 맞다. 나는 아직 투자에 전념하고 있지만, 더 이상 종목 추천에 초점을 맞추지는 않을 것이다. 그래서 이게 마지막 '투자서'가 될 것 같다.

언젠가 투자서의 범위를 벗어난 책을 쓴다면, 사람들에게 전하고 싶은 내 머릿속에 남아 있는 이야기가 하나 더 있다.

나는 지금까지 6가지 습관, 6가지 속성, 6가지 원칙을 제시했다. 그 과정에서 '네 번째 6가지 목록'이 있다는 사실을 깨달았다.

바로, 규칙을 깨는 6가지 단계이다.

'규칙 파괴'는 내게 언제나 투자 성공의 필수적인 요소였다. 당신에게도 그렇기를 바란다.

그러나 투자가 내게 유일한 게임은 아니었다. 나는 지금까지 10년 동안 매주 팟캐스트 방송을 했다. 그중 3분의 1은 투자, 3분의 1은 사업직업적 성공, 3분의 1은 인생을 다루었다.

나는 이 세 게임에서 모두 승리하고 싶었다. 하나 혹은 두 개의 게임에서만 승리하는 것으로는 만족할 수 없었다. 그리고 나는 항상 적절한 방법으로, 적절한 시기에 이루어지는 '규칙 파괴'가 3가지 게임에서 승리하는 열쇠라고 믿어왔다.

투자에서 성공하는 비결은 사업과 인생에서 성공하는 비결이기도 하다.

이것을 '규칙 파괴 대통일 이론'이라고 부르면 어떨까?

그러니 이 어릿광대의 말을 언젠가 한 번 더 기꺼이 들어주길 바란다.

투자가 전부는 아니다. 내가 가장 좋아하는 요다의 말처럼, "다른 희망이 있다."

- 6가지 습관, 6가지 속성, 6가지 원칙.
- 트레이딩은 투자의 반대말이다. '인베스티레.' 계속 유니폼을 입어라!
- 주가는 언제나 오를 때보다 더 빠르게 떨어지지만, 결국 떨어진 것보다 더 많이 오른다.
- 조정을 기다리면 랠리를 놓친다.
- 나는 탁월한 주식을 찾아서 매수하고, 시간이 지나면 추가 매수한다. 반면 어중간한 주식은 매도한다. 그게 내가 투자하는 방식이다.
- 먹구름 너머를 보라.
- 흥한 투자에 소중한 돈을 더 넣어라! 가는 종목이 계속 간다.
- 스냅 테스트: 그 기업이 사라지면 누군가가 그 사실을 알아채고 아쉬워할까?
- 콜라 테스트: 그 기업엔 펩시 같은 경쟁자가 있나?
- 당신은 당신이 투자한 기업의 로고가 찍힌 티셔츠를 자랑스럽게 입고 다닐 수 있는가?
- 대단히 중요한 요소를 나타내는 '수치'는 없다.
- 수익의 기쁨은 손실의 고통보다 무한대로 커질 수 있다!
- 3단계로 매수하라.

• 당신의 숙면 지수는 몇인가?

• 잘 달리는 말은 밀어주고, 못 달리는 말은 은퇴시켜라.

• 돈을 넣을 더 나은 종목을 찾으면 거기에 넣어라.

• "할 수 있다고 생각하든, 할 수 없다고 생각하든, 그 생각이 맞다."

• "오늘의 주요 기사를 읽으면 상황이 그 어느 때보다 나쁘다는 결론을 내리게 된다. 하지만 역사서에서 오늘을 읽으면 상황이 그 어느 때보다 낫다는 결론을 내리게 된다."

• 폭등Spiffy-Pop.

• 투자에서 성공하는 비결은 사업과 인생에서 성공하는 비결이기도 하다.

- **100배거**: 당신은 투자자인가? 그렇다면 100배거를 만들 수 있다. 그래야 한다. 그럴 가치가 있다.

- **정확도**: 선정한 종목들의 수익률이 시장수익률S&P500 기준을 넘어서는지 여부. 넘어선다면 종목 선정이 정확한 것이고, 넘어서지 못한다면 정확하지 않은 것이다. 포트폴리오에서 시장수익률을 넘어선 종목의 비율로 나의 정확도를 평가할 수 있다. 60% 이상의 높은 정확도를 추구하면 규칙 파괴자로서 더 높은 기준을 유지하는 데 도움이 된다. 즉, 부실한 종목 선정을 피하고 투자 결정의 기준을 높게 유지하게 만든다.

- **물타기는 두 번 다시 하지 말고, 불타기를 하라**: 규칙 파괴 투자를 위한 습관②. 하락한 종목에 돈을 더 넣지 말고물타기, 상승하는 대박 종목에 돈을 더 넣어라불타기. 모두가 이렇게 했다면 많은 사람들이 큰돈을 아낄 수 있었을 것이다.

- **아마라**: 최초의 규칙 파괴자?

- **기준점 편향**: 주식 매수가 또는 매수 당시 밸류에이션에 집착하는 심리적 경향.

- **잘 달리는 말은 밀어주고, 못 달리는 말은 은퇴시켜라**: 나는 이 말을 좋아한다. 그 이유는 경마에 대한 비유를 좋아하기 때문이다. 하지만 '성은 쌓고 폐허는 버려라'가 여전히 근소한 차이로 더

적절한 비유일지 모른다.

- **배거**식스 배거, 텐 배거 등: 피터 린치가 처음 쓴 표현인 '배거'는 주가가 몇 배로 뛴 주식을 말한다. 이는 야구에서 나온 것이다. '포 배거'는 4배, '텐 배거'는 10배 상승한 종목이다. 희소식이 있다. 좋은 주식은 좋은 안타보다 훨씬 높은 점수를 낸다.

- **야구**: 야구는 미국의 국민 스포츠일 뿐 아니라 규칙 파괴 투자를 대표하는 스포츠이기도 하다. 내가 야구에 대한 비유를 너무 많이 쓴다고 생각하는가? 아마 그럴지도 모른다. 그래도 지금쯤은 그 이유를 알 것이다. 홈런은 삼진보다 훨씬 중요한 의미를 지닌다. 하나의 종목이 전체 포트폴리오의 성공을 견인할 수 있다. 하나의 만루 홈런이 경기를 승리로 이끌듯이 말이다. 베이브 루스는 1,330번이나 삼진을 당했다. 그래도 그가 날린 홈런들이 야구를 영원히 바꿔놓았다. 그러니 과감하게 배트를 휘둘러라.

- **제프 베이조스**: 직원을 시켜서 우리가 같이 찍은 사진을 보내줘요! 사진을 찍은 날짜는 2018년 9월 13일, 목요일입니다.

- **매수 원칙**: 우리에게 가장 중요한 것이지만 많은 투자서에서는 언급도 되지 않는다.

- **고점 매수, 매도 자제**: 통념을 거스르는 우리의 구호. 아주 좋은 주식은 종종 비싸 보인다. 하지만 규칙 파괴자는 매매 타이밍을 맞추기보다 변동성을 견디고 계속 주식을 보유함으로써 이득을 본다.

- **저점 매수, 고점 매도:** 라이너 크니지아_{Reiner Knizia}가 2005년에 선보인 보드게임이며, 아직도 아마존에서 판매되고 있다. 이 구절은 해당 보드게임의 이름으로서만 가치가 있다.

- **3단계 매수법:** 실제로 해보면 좋아하게 될 것이다.

- **능력 범위**확장된 정의**:** 워런 버핏에게서 빌려와 규칙 파괴 투자에 적용한 개념. 최고의 투자는 당신이 지닌 지식의 범위뿐 아니라, 당신이 꿈꾸는 비전의 범위 안에서 이루어진다. 그 범위를 넓혀가라!

- **콜라 테스트:** 이 기업은 코카콜라에 대항하는 펩시 같은 경쟁자를 찾을 수 없을 만큼 너무나 독보적이고 지배적인가? 그렇다면 특별한 기업을 찾은 것일지도 모른다.

- **복리효과:** 포트폴리오를 키우는 최고의 친구. 복리효과를 중단시키지 마라. 재테크 말고도 신뢰와 인간관계 등 많은 영역에서 복리효과가 발생한다. 선물과도 같은 풍요로운 결혼생활은 장기적 복리효과의 멋진 예이다.

- **의식 있는 자본주의:** '수익보다 고객, 직원, 사회주주 포함!를 위해 장기적 가치를 창출한다'는 목적을 중시하는 자본주의의 한 형태. 규칙 파괴자는 의식 있는 자본주의를 실천하는 기업을 찾고 거기에 투자한다.

- **먹구름 너머를 보다:** 시장은 난관에 부딪혔다고 확신하지만 당신은 기회를 보는 상황. 공포로 인해 주가가 급락했지만 당신은 자신 있게 그리고 냉정하게 상승을 내다본다면, 최고의 투자수익률

을 올릴 수 있다.

- **꿀밤 때리기 운동**: 영어를 올바로 사용하고 불필요한 수식어로부터 '투자'라는 단어를 지키기 위한 '광대식' 운동. 투자는 본질적으로 장기적 성격을 띠기에 '장기 투자'라는 표현은 있을 수 없다. 데이비드가 '장기 투자/장기 투자자'라는 말을 쓰거든 꿀밤을 때려도 좋다. 중지를 당겨서 나의 이마를 때려라. 당신만의 꿀밤 때리기 운동을 시작한다면 더 좋다!

- **하락**: 하락을 기다리면 랠리를 놓친다. 매수하기 전에 주가가 하락 또는 추가 하락하기를 기다리는 것은 투자자들이 흔히 저지르는 실수이며, 종종 큰 기회를 놓치게 만든다.

- **엑셀시오르**: '더 높이'를 뜻하는 라틴어로, 나그리고 모틀리풀의 모토이자 규칙 파괴자의 핵심적 마음가짐. 구체적으로는 투자, 사업, 인생에서 낙관주의와 장기적 상향 관점을 견지하는 것을 말한다.

- **모든 종목이 주당 100달러**: 이전의 주가 변동 흐름을 무시하고 현재 및 미래의 잠재력에 초점을 맞추기 위한 가정법.

- **가짜 규칙 파괴 기업**: 요란하고 흥미롭고 파괴적인 모습 때문에 규칙 파괴 기업처럼 보이지만, 실은 내실이나 비전 또는 유지력이 부족한 종목대개 속성④ 결여. 마이스페이스나 냅스터, 보다 근래에는 니콜라를 생각해 보라. 가짜를 조심하라.

- **바보Fool**: 당신이 되어야 하는 유일한 종류의 바보. '바보'는 추종하지 않고 생각하며, 비관하지 않고 낙관한다. 또한 규칙 수

립자가 아니라 규칙 파괴자이다. "누가 더 어리석을까? 바보일까 아니면 그 바보를 따르는 사람일까?"

• **바보식 투자:** 모틀리풀이 1993년 7월에 구닥다리 인쇄판 정보지로 데뷔한 이래 줄곧 실천한 합리적 기업 중심 투자법. 구체적으로는 위대한 기업의 주식을 사서 장기적으로 보유하는 것을 말한다. 이 투자법은 낙관주의, 인내심, 동료 바보들과 함께 실천하는 것이 최선이다.

• **가드너-크레츠만 연속체:** 마침내 제때를 만난 개념. 이름은 거창하지만 고안하는 데 깊은 연구나 정부 지원금은 필요 없었다. 그 내용은 대략 '나이와 같은 수의 종목을 보유해야 한다'는 것이다.

• **헨릭의 티셔츠 테스트:** 주식을 평가하는 간단한 방법으로, 한 천재 독일인이 고안했다. 구체적인 방법은 '기업의 로고가 찍힌 티셔츠를 자랑스럽게 입고 다닐 수 있는지' 자문하는 것이다. 그렇게 하면 당신이 투자하려는 종목이 당신의 가치관과 잘 어울리는지 직관적으로 확인할 수 있다.

• **홈런 대 삼진:** 규칙 파괴 투자에서 10배거짜리 홈런은 모든 삼진실패한 종목 선정보다 훨씬 큰 가치를 지닌다. 따라서 위험을 감수하는 것이 반드시 필요하다. "가장 적게 언급되지만, 가장 큰 위험은 충분한 위험을 감수하지 않는 것이다."

• **투자 대 트레이딩:** 규칙 파괴 투자의 관점에서 구분하자면, 투자는 위대한 기업의 주식을 몇 년, 심지어 몇 십 년 동안 보유하

는 것이고, 트레이딩은 단기적 도박이다. 투자는 부를 쌓아주지만 트레이딩은 수수료와 불안을 쌓는다. 당신은 투자자인가 방구석 애국자인가?

- **인베스티레**: '투자investing'의 라틴어 어원으로서 '옷을 입는 것'을 뜻한다. 정확한 의미는 유니폼을 입는다는 것이다. 투자는 곧 주인의식을 갖고 기업의 유니폼을 입는 것과 같다. 당신이 응원하는 팀의 가치를 믿기에 자랑스럽게 유니폼을 입었다면, 설령 계속 진다고 해도 응원하는 팀을 바꾸지는 않는다. 끝까지 같은 팀을 응원한다.

- **수익의 기쁨**: 수익의 기쁨은 잠재적으로 손실의 고통보다 무한하게 커질 수 있다.

- **수익을 위한 손실**: 몇 번의 큰 손실은 더 큰 수익을 내기 위해 치러야 하는 대가이다. 규칙 파괴 투자의 핵심은 실패를 피하는 게 아니라, 최고 수익 종목이 최고 손실 종목보다 훨씬 큰 비중을 차지하게 만드는 것이다. 이는 투자에서는 물론 인생에서도 진리이다.

- **거시경제**: "거시경제에 대한 의견을 갖추거나, 거시경제 또는 시장에 대한 다른 사람의 예측을 듣는 것은 시간 낭비이다." 워런 버핏.

- **매그니피센트 세븐 점수**: 몇 년마다 한 번씩 'FAANG'이나 '매그니피센트 세븐' 같은 솔깃한 이름들이 등장하여 소수의 초대형 주식들에 대한 관심을 고조시킨다. 그러나 규칙 파괴자는

유행 종목을 쫓아다니지 않는다. 그저 그렇게 거론되는 대박 종목들을 얼마나 오래 보유했는지 점검할 뿐이다. 매그니피센트 세븐 점수는 알파벳, 아마존, 애플, 메타, 마이크로소프트, 엔비디아, 테슬라에 투자한 해를 더한 것이다. 나는 2025년 기준으로 109년이다. 마이크로소프트 주식에는 투자하지 않았다! 사실을 말하는 건 자랑이 아니다.

- **당신의 최선의 비전을 반영한 포트폴리오**: 규칙 파괴 포트폴리오 원칙①. 이 책의 모든 1번과 마찬가지로 가장 중요하다.

- **모틀리**motley: (1)궁정 광대가 입던 알록달록한 옷. (2)당신이 매일 일터에서 실현하는 가치. 모틀리는 하나의 단어 또는 구절이 될 수 있다. 또한 당신이 가장 중시하는 것, 당신이 열망하는 것, 당신을 정의하는 것이자, 당신이 하고 싶은 이야기이기도 하다. '당신의 모틀리는 무엇인가?'

- **모틀리풀**: 데이비드 가드너, 톰 가드너, 에릭 리드홀름Erik Rydholm이 1993년에 우연히 시작한 투자 회사로, 그들이 예상한 것보다 오래 살아남았다.

- **숫자**: 대단히 중요한 요소를 나타내는 '수치'는 없다.

- **선택지 확장성**: 최고의 규칙 파괴 기업은 그냥 성공하지 않는다. 그들은 계속 새로운 성장 기회를 만든다. 더 많은 선택지를 여는 기업을 선택하라.

- **'고평가되었다'**: 규칙 파괴 기업이 대박을 치고 있음을 알려주는 주식 전문가들의 표현. 그들은 본격적인 상승이 시작되기 직전

에 주가가 '너무 비싸다'며 폄하하고 의심한다. CNBC에서 전문가들이 이런 말을 하는 종목은 대박 가능성이 있다.

- **올해의 인물**: 당신이 정확한 판단으로 규칙 파괴 기업을 매수한다면, 10년 후 그 회사의 CEO가 마침내 「타임」지의 '올해의 인물'에 선정될 것이다.

- **피터 린치**: 『전설로 떠나는 월가의 영웅』은 투자계의 위인이 쓴 기념비적인 책이다. 그는 이 책을 통해 '배거', '아는 종목을 사라', '잡초에 물을 주고 꽃을 자르지 마라', '모든 종목이 주당 100달러' 같은 개념을 만들어내고 대중화했다. 또한 그는 좋은 사람이기도 했다.

- **롤러코스터**: 주식시장은 출발한 곳으로 돌아오지 않는 유일한 롤러코스터이다. 이 롤러코스터는 당신이 상상한 것보다 더 높은 곳으로 당신을 데려다준다.

- **쪽배 증후군**: 대다수 시장 참가자는 쪽배를 탄다. 그들은 뒤를 보고 앉아서 과거의 주가에 집착한다. 이 비유는 존 보글이 제시한 바 있다. 나는 거기에 더하여 '트레이더는 카누를 탄다'는 살을 붙였다. 그들은 앞을 보고 앉지만 너무 열심히 노를 젓는다. 또한 나는 돛단배에 대한 비유도 만들어냈다!

- **규칙 파괴자**: 독립적으로 사고하고, 낙관주의를 받아들이고, 미래를 두려워하기보다 미래를 기대하는 사람당신?. 그들은 옳은 것처럼 보이는 모든 통념과 규칙을 파괴한다. 또한 그들은 더 많은 재미도 얻는다!

- **규칙 파괴 기업**: 2부에 나오는 6가지 속성을 모두 충족하는 기업이나 주식 종목.

- **매도 원칙**: 너무 고평가된 개념. 매도 원칙을 따르면 복리효과를 중단하게 되고, 너무 자주 매매하게 된다. 그럼에도 '매도 원칙을 지킨다'고 하면 마치 투자 전문가가 된 듯한 느낌을 준다!

- **숙면 지수**: 한 종목이 포트폴리오에서 차지하도록 허용하면서도 밤에 푹 잘 수 있는 최대 비중. 매트리스 매장에서 발견한 천재적인 개념.

- **스냅-콜라 기업**: 최고의 종목을 가리키는 용어로 이 책에서 소개하는 신조어. 스냅 테스트와 콜라 테스트를 모두 통과하는 기업은 파괴적인 원투 펀치를 소유하고 있는 셈이다.

- **스냅 테스트**: 당신이 손가락을 튕겨서 매수 대상 기업이 사라진다면, 누구라도 그 사실을 알아차리고 아쉬워할까? 정말로 아쉬워하는 사람이 있을까?

- **폭등Spiffy-Pop**: 투자 성공의 성배로, 주가가 하루 만에 자신의 매수가만큼 오르는 것을 말한다. 첫 폭등 경험은 결코 잊을 수 없다.

- **스포츠 베팅**: 당신이 하우스가 아니라면 최고의 돈 낭비.

- **주가는 언제나 오를 때보다 더 빠르게 떨어진다**: 하지만 결국 떨어진 것보다 더 많이 오른다.

- **기술주**: 너무 폭넓고 비일관적으로 붙여진 라벨이라서 더 이상 의미가 없다. 그럼에도 언론에서는 과도하게 뭉뚱그려 사용한

다. 규칙 파괴자는 실체를 명확하게 파악하기 위해 이 단어를 사용하길 피한다.

- **트레이딩:** 아마도 절반 정도의 확률로 돈을 벌려고 수많은 시간을 들이는 것.

- **진실:** "진실은 세 단계를 거친다. 처음에는 조롱당하고, 그다음에는 격렬한 저항에 부딪히며, 마지막으로는 자명한 사실로 받아들여진다." 아르투어 쇼펜하우어.

- **「더 뷰」:** 스타벅스 투자 건의 마무리 방송을 기획하면 재미있을 것 같은데… 프로듀서 양반들, 어떻게 생각하시나요?

- **투자에서 성공하는 비결은 사업과 인생에서 성공하는 비결이기도 하다:** 내가 열렬하게 신봉하는 하나의 틀이다. 자세한 이야기는 다음 책에서.

- **윈-윈-윈:** 인생이라는 게임을 플레이하는 유일하게 윤리적인 방식. 진정한 승자는 혼자 이기지 않고, 다 같이 이긴다. 즉, 모두를 위한 가치를 창출한다.

- **승자:** 승자는 무엇을 할까? 이긴다.

- **전체 경주에 걸쳐 투자해야 한다!:** 규칙 파괴 포트폴리오 원칙⑤. 경마에서는 경주가 시작되기 전에 모든 베팅을 해야 하지만, 투자에서는 대박 종목이 달리는 동안 돈을 더 넣을 수 있다. 맞다. 새크리터리엇이 마지막 코너를 돌 때도 추가로 베팅할 수 있다!

이 책의 독자와 팬들은 다음과 같은 참고자료를 추가로 확인할
수 있다.

- 다운로드 가능한 보너스 챕터.
- 독서 모임 및 투자 모임에서 핵심 내용을 탐구하고 적용하기 위한 토
  론 지침.
- 「룰브레이커 인베스팅」 팟캐스트의 주제별 최고 에피소드 목록.

다음 QR 코드를 스캔하면
이 자료들 외에 더 많은 자료를 얻을 수 있다.

이 책의 수익금 중 일부는 그달 벌어서 그달 살아가는 사람들이
재정적 자유를 얻도록 도와주는 「모틀리풀 재단」에 지원된다. 자세
한 내용은 foolfoundation.org에서 확인할 수 있다.

여기까지 읽었다면 당신은 끝까지 머무는 유형의 사람이다. 이제 당신이 좋아지기 시작한다.

이 책은 모든 훌륭한 규칙 파괴 투자처럼, 시간과 복리효과 그리고 수많은 사람들이 보탠 기여의 산물이다.

먼저, 나의 아내 마가렛과 이제 성인이 된 세 아이들캐서린, 게이브, 잭에게 깊은 감사의 말을 전한다. 그들은 이 책을 쓰는 과정뿐 아니라 인생이라는 더 큰 모험의 과정에서 내내 나를 지지해주었다.

자녀들에게 투자를 가르쳐주고, 오래 전에 나를 이 길로 이끌어 준 아버지, 폴 가드너 주니어에게 감사드린다. 아버지가 일찍이 가르쳐 준 인내와 낙관에 대한 교훈은 지금 내가 하는 모든 일들을 꽃피운 씨앗이 되었다. 아버지의 유쾌한 성격은 그 무엇도 억누를 수 없었다.

담당 편집자로서 이 책을 처음부터 만들어 나가는 데 확고한 파트너가 되어 준 크레이그 피어스에게 감사드린다. 그는 필요할 때마다 나를 북돋아 주고, 자제시켜 주었다. 또한 이 책을 더 나은 책, 심지어 '술술 읽히는 책'으로 만들어 주었다!

초고를 검토해 준 18명에게 감사드린다. 관대하게도 그들은 많은 시간과 통찰을 들여 사전에 이 책을 다듬을 수 있는 아이디어들을 보내주었다. 그들의 피드백은 너무나 귀중했다.

「룰브레이커 인베스팅」 팟캐스트 커뮤니티에 감사드린다. 그들은 오랫동안 우리의 대화에 활력과 열기를 더해주었다. 그들의 호기심, 열의, 사려 깊은 질문은 언제나 내게 힘이 된다.

모틀리풀에서 일하는 모든 친구들, 특히 나의 동생과 애널리스트들에게 감사드린다. 그들은 탁월한 능력과 통찰로 우리 회원들을 섬기는 데 헌신한다. 이 사명을 함께 나누는 데 있어서 그들보다 나은 동료들은 없다.

끝으로 독자 여러분에게 감사드린다. 이것이 여러분의 첫 투자서이든, 50번째 투자서이든 간에 더 현명하고 행복하고 부유해지기를 바란다.

마르셀 프루스트Marcel Proust의 말을 빌리자면 "항해를 통해 찾을 수 있는 유일하고도 진정한 발견은 새로운 땅을 찾는 것이 아니라 새로운 눈을 갖는 것이다." 이 책이 신선한 시각과 새로워진 확신으로 투자를그리고 여러분 자신의 잠재력을 바라보는 데 도움이 되기를 바란다.

한 명의 규칙 파괴자로서 다른 규칙 파괴자들에게 말한다.

계속 '바보'처럼 나아가라!

데이비드

역자 | **김태훈**
전문 번역가로서 인문·교양, 경제·경영 등 다양한 분야의 책들을 번역한다. 옮긴 책으로
는 『가난한 찰리의 연감』, 『티핑 포인트의 설계자들』, 『어떻게 원하는 것을 얻는가』, 『최
선의 고통』 외 다수가 있다.

규칙 파괴자

초판 1쇄 발행 2026년 1월 20일
초판 2쇄 발행 2026년 2월 2일

지은이 데이비드 가드너
옮긴이 김태훈
펴낸이 이종문(李從問)
펴낸곳 국일증권경제연구소

등 록 제406-2005-000029호
주 소 경기도 파주시 광인사길 121 파주출판문화정보산업단지(문발동)
사무소 서울시 중구 장충단로8가길 2(장충동1가, 2층)

영업부 Tel 02)2237-4523 | Fax 02)2237-4524
편집부 Tel 02)2253-5291 | Fax 02)2253-5297
평생전화번호 0502-237-9101~3

홈페이지 www.ekugil.com
블 로 그 blog.naver.com/kugilmedia
페이스북 www.facebook.com/kugilmedia
E-mail kugil@ekugil.com

ISBN 978-89-5782-255-5(03320)

• 값은 표지 뒷면에 표기되어 있습니다.
• 잘못된 책은 구입하신 서점에서 바꿔드립니다.